U0575942

国际石油市场的风险溢出效应及驱动机制研究

丁志华 刘振华 李 睿 著

科学出版社

北 京

内 容 简 介

石油作为重要的能源产品，不仅具有一般的商品属性，还兼具金融属性和政治属性，其价格剧烈波动严重影响全球经济和金融稳定。近年来，世界百年未有之大变局加速演进，伴随着一系列"黑天鹅""灰犀牛"事件，国际油价频繁暴涨暴跌，对世界各国实体经济和金融市场造成严重的外溢冲击。本书基于前沿的石油市场风险测度理论与方法，系统考察国际石油市场风险溢出规律，并对风险溢出效应的驱动机制展开研究，期望为政府和监管部门识别国际石油市场风险传导路径，建立行之有效的石油市场风险预警机制提供参考依据。

本书适合能源相关政府部门、大型能源企业、金融投资机构、科研院所研究人员和行业协会专家参考，也可以供高等院校相关专业的高年级本科生、研究生和教师阅读。

图书在版编目（CIP）数据

国际石油市场的风险溢出效应及驱动机制研究 / 丁志华，刘振华，李睿著. —北京：科学出版社，2023.12

ISBN 978-7-03-076317-4

Ⅰ.①国… Ⅱ.①丁… ②刘… ③李… Ⅲ.①国际市场–石油市场–风险管理–研究 Ⅳ.①F416.22

中国国家版本馆 CIP 数据核字（2023）第 173002 号

责任编辑：刘翠娜　王楠楠 / 责任校对：王萌萌
责任印制：师艳茹 / 封面设计：赫　健

科学出版社 出版
北京东黄城根北街 16 号
邮政编码：100717
http://www.sciencep.com

北京中科印刷有限公司 印刷
科学出版社发行　各地新华书店经销

*

2023 年 12 月第　一　版　开本：787×1092　1/16
2023 年 12 月第一次印刷　印张：13 1/2
字数：306 000

定价：**108.00 元**

（如有印装质量问题，我社负责调换）

序

　　能源安全是国家安全的重要组成部分，能源价格合理运行是国家经济平稳发展的重要保障。相比煤炭、天然气等其他一次能源，原油分布更不均衡，而且其价格波动更加频繁、波动程度更高，这种大幅波动会对一国经济发展和金融市场产生重要影响。中国是世界上的石油消费大国，原油对外依存度呈不断攀升趋势。尽管当前全球能源正进入转型发展的新阶段，呈现出多元化、清洁化、低碳化的特点，但是，能源转型是一个漫长的过程，短期内石油的主体能源地位不会改变。这意味着，中国原油市场和国家经济仍将持续面临国际油价的冲击风险。

　　理解石油市场风险溢出效应及其驱动机制，是制定国际油价冲击风险防范对策的前提和基础。与其他大宗商品不同，石油兼具商品属性、金融属性和政治属性。近年来，受美国页岩油革命、俄乌冲突、极端气候频发、能源转型、国际贸易冲突、新冠疫情等新因素的影响，油价呈现更加复杂的波动规律，表现出显著的非线性、动态性、不确定性、结构突变和多尺度等特征，这给国际油价波动建模及其风险溢出效应测度带来巨大挑战。因此，发展新的石油市场风险测度理论与方法，系统考察国际石油市场风险传染规律，并对风险溢出效应的驱动机制展开研究，可为政府和监管部门识别国际石油市场风险传导路径，建立行之有效的石油市场风险预警机制和完善风险治理提供重要参考。

　　立足以上背景，《国际石油市场的风险溢出效应及驱动机制研究》从石油市场内部和外部两个层面出发，系统地量化分析了中国与国际石油市场之间的内部风险溢出效应，以及国际石油市场与关联市场之间的外部风险溢出效应，并在明晰这一信息溢出的传递方向、路径和结构之后，创新性地从宏观不确定性冲击和微观投资者行为视角揭示了石油市场风险溢出效应的驱动机制，进而从政策制定者、市场投资者和金融监管者角度提出了相应的政策建议。总体而言，该书具有以下鲜明的特点。

　　（1）研究时效性强。中国原油期货于 2018 年 3 月上市，该书通过分析中国原油期货市场与国际基准市场之间的价格联动机制，测算了中国原油期货市场对国际基准价格定价的影响能力，评估了中国新上市原油期货的定价能力。

　　（2）研究内容丰富。该书研究的问题紧扣当前石油市场实践与热点，内容涵盖石油市场定价机制、石油价格波动建模、石油市场风险测度、石油市场风险传染机制等，提出了防范国际油价冲击风险的政策建议。

　　（3）研究视角新颖。不同于以往研究主要从供需基本面因素探讨石油市场风险溢出效应的发生机理，该书从宏观不确定性冲击和微观投资者行为视角揭示了国际石油市场风险溢出效应的驱动机制，扩展了石油金融研究的理论视角。

　　（4）研究方法前沿。该书综合运用计量经济学、金融学、网络拓扑理论等多学科理论，改进了风险溢出测度方法，解决了数据频率不一致和样本具有结构突变点等传统溢出方法难以克服的建模难题，丰富了风险管理研究的方法工具。

　　该书由中国矿业大学丁志华教授领衔的研究团队共同完成,该团队长期致力于能源经济管理领域的学术研究和应用研究,在能源价格波动建模与风险管理方面展开了一系列重要的前沿基础理论与实证研究工作,相关研究成果已通过同行评议,发表于国际国内一流学术期刊。该书的内容是作者团队在总结、凝练前期研究成果的基础上形成的,以严谨的理论和模型方法为基础,对国际石油市场风险管理领域的关键科学问题开展了系统深入的研究工作。

　　希望该书的出版能够促进拓展石油金融相关理论体系,深化对国际石油市场的理解和认识,并为中国的原油市场建设提供有益参考。

湖南大学二级教授

国家高层次人才称号获得者

能源经济管理专家

2023 年 6 月

前　　言

原油（石油）作为最主要的工业生产原材料之一，对世界经济稳定和经济增长具有重要影响。自 20 世纪 70 年代发生第一次石油危机后，国际油价长期处于波动当中，尤其是进入 21 世纪以来，全球不确定性持续加剧，如全球金融危机、中美贸易摩擦、新冠疫情、俄乌冲突等事件发生，国际油价频繁暴涨暴跌，对各国经济运行和金融体系构成严重冲击。国际油价运行现状表明，其波动幅度已经远远超出供需因素所能解释的范畴，原油市场更多地表现出金融属性特征，对石油安全的考量已从"生产-供应"型的"供给安全"转为"市场-金融"型的"价格安全"。在当前全球不确定性逐渐升高的背景下，国际石油市场风险传导路径更加复杂，跨市场风险传染效应加剧，引发系统性金融风险的可能性大幅升高。因此，深入研究国际石油市场的风险溢出效应及其驱动机制，对防范跨市场风险传染引发的风险共振具有重要的学术价值和现实意义。

立足以上背景，本书聚焦石油金融的最新理论和现实问题，尝试回答三个方面的问题。首先，从市场内部角度看，国际石油价格风险对中国石油市场的影响程度如何？其次，从市场外部角度看，如何量化国际石油市场对其他市场的风险溢出效应？最后，哪些因素驱动了国际石油市场的风险溢出效应？为回答上述问题，全书研究内容包括五个部分共 12 章，具体如下。

第一部分：问题的提出与研究的理论基础，由第 1 章和第 2 章构成。第 1 章作为绪论部分，介绍本书的研究背景、研究目的、研究意义，明确本书的研究内容、研究方法和技术路线，阐述本书的创新点。第 2 章作为文献综述和理论基础部分，回顾和评述与本书相关的研究文献，并进一步阐述石油市场风险溢出效应的理论机制，为本书的实证研究提供理论基础和研究思路。

第二部分：国际石油市场内部风险溢出效应，由第 3 章和第 4 章构成。第 3 章构建包含结构突变的多元 GARCH 模型，检验中国原油期货市场与国际原油期货基准市场之间的时变相关性和波动溢出效应，评估中国原油期货的定价权和国际影响力。第 4 章采用时频溢出指数方法，从时间域-频率域视角研究中国与国际原油期货市场波动溢出效应及其非对称性，并进一步构建基于波动溢出信息的石油投资组合策略。

第三部分：国际石油市场外部风险溢出效应，由第 5~7 章构成。第 5 章建立多元 GARCH 模型分别对国际石油市场和中国股市、国际石油市场和美国股市之间的收益率和波动溢出效应进行检验。第 6 章基于隐含波动率视角，估计国际石油与股票市场波动率之间的动态条件相关关系及溢出效应。第 7 章采用新颖的分位数溢出指数方法研究不同市场条件下国际石油市场与石油进口国和石油出口国股票市场之间的极端风险溢出效应。

第四部分：国际石油市场风险溢出效应的驱动机制，由第 8~10 章构成。第 8 章从投资者情绪的视角出发，探究国际原油价格对中国股票市场投资者情绪的长期、短期传染效力和传染时滞。第 9 章结合 DCC-MIDAS 模型和马尔可夫区制转换模型分析经济政策不确定性对石油与股票市场间长期动态相关性的影响。第 10 章建立分位数溢出指数和 GARCH-MIDAS 模型考察气候政策不确定性对石油与其他能源市场之间风险溢出关系的驱动机制。

第五部分：研究结论与政策建议，由第 11 章和第 12 章构成。第 11 章基于全书实证研究结论，从政策制定者、市场投资者和金融监管者三个角度，围绕防范国际油价冲击风险、提高经济政策决策的有效性以及提升市场投资决策效率等方面提出政策建议。第 12 章对全书研究结论进行总结并提出未来研究展望。

本书的研究内容是研究团队在能源经济管理领域长期积累的基础上完成的，值得庆幸的是，相关研究成果已经发表于领域内国内外知名学术期刊，包括《系统工程理论与实践》、*Nature Communications*、*Energy Economics*、*International Review of Financial Analysis*、*Applied Energy*、*Economic Modelling*、*Applied Economics*、*Research in International Business and Finance*、*Resources Policy* 等，得到了同行评审专家的广泛认可。

在长期的能源经济管理的研究过程中，我们得到了众多专家学者的指导和帮助，他们包括但不限于汪寿阳院士、魏一鸣教授、田立新教授、王兆华教授、毕军教授、周德群教授、龙如银教授、张跃军教授、姬强教授、张大永教授、施训鹏教授、王群伟教授、王玉东教授、吕涛教授、何凌云教授、Wu Jy S 教授、Tseng Hui-Kuan 教授、翟鹏翔老师、吴珊老师等，在此对这些专家表达最诚挚的谢意！

同时，先后在我们研究团队工作和学习的老师与同学都对相关研究工作给予了帮助和指导，他们是江欣、刘荣、强薇、张惠莹、段钊平、朱婷婷、陈淑敏、仲鸿羽、王利、李亚勤等，在此一并表示感谢。

本书的研究工作得到了国家社会科学基金重大项目（No. 22ZD&137）和国家自然科学基金面上项目及青年科学基金项目（No. 71573255，No. 72204250）的支持，在此一并致谢。

由于作者水平有限，书中不足之处，期望学界同仁和读者不吝赐正。

丁志华

2023 年 6 月

目　　录

序

前言

第1章　绪论 ·· 1

1.1　研究背景 ·· 1

1.2　研究目的与意义 ·· 3

1.3　研究内容、方法和技术路线 ··· 5

1.4　主要创新点 ·· 9

第2章　文献综述和理论基础 ··· 10

2.1　国内外文献综述 ·· 10

2.2　石油市场风险溢出效应的理论机制 ····································· 20

2.3　石油市场风险溢出关系的驱动机制 ····································· 23

2.4　本章小结 ··· 26

第3章　结构突变下国内外原油市场间的信息溢出效应 ·············· 27

3.1　问题的提出 ·· 27

3.2　模型构建 ··· 30

3.3　数据描述 ··· 33

3.4　结构突变检验 ·· 35

3.5　国内外原油市场间的信息溢出效应 ····································· 38

3.6　投资组合风险管理 ·· 41

3.7　本章小结 ··· 43

第4章　时频视角下国内外原油市场间的波动溢出效应 ·············· 44

4.1　问题的提出 ·· 44

4.2　时频溢出指数模型构建 ·· 46

4.3　变量选择与数据描述 ··· 49

4.4　时频波动溢出效应静态分析 ·· 50

4.5　时频波动溢出效应动态分析 ·· 54

4.6　交易策略分析 ·· 66

4.7 稳健性检验 ··· 69

4.8 本章小结 ··· 72

第5章 国际石油与股票市场间的收益及波动溢出效应 ··········· 73

5.1 问题的提出 ··· 73

5.2 数据及模型 ··· 74

5.3 石油与中国股票市场间的溢出效应 ······························· 77

5.4 石油与美国股票市场间的溢出效应 ······························· 79

5.5 本章小结 ··· 82

第6章 国际石油与股票市场间的隐含波动溢出效应 ··············· 83

6.1 问题的提出 ··· 83

6.2 模型构建 ··· 85

6.3 变量选择与数据描述 ··· 88

6.4 隐含波动率动态相关性分析 ··· 90

6.5 隐含波动溢出效应分析 ··· 94

6.6 本章小结 ··· 96

第7章 国际石油与股票市场之间的极端风险溢出效应 ············ 97

7.1 问题的提出 ··· 97

7.2 分位数溢出指数模型构建 ·· 99

7.3 变量选择与数据描述 ·· 101

7.4 极端风险溢出效应静态分析 ·· 104

7.5 极端风险溢出效应动态分析 ·· 111

7.6 稳健性检验 ·· 117

7.7 风险管理和投资组合启示 ··· 118

7.8 本章小结 ·· 124

第8章 国际石油与股票市场间的信息溢出效应：基于投资者情绪视角 ······ 125

8.1 问题的提出 ·· 125

8.2 研究方法 ·· 127

8.3 数据 ··· 129

8.4 投资者情绪指数构建 ·· 129

8.5 油价冲击与股市投资者情绪的传染效应 ························· 132

8.6 本章小结 ·· 135

第 9 章　国际石油与股票市场间风险联动关系：经济政策不确定性视角 ·············· 137

　9.1　问题的提出 ·· 137

　9.2　模型构建与数据描述 ·· 139

　9.3　石油与股票市场间长期动态相关性 ···································· 143

　9.4　经济政策不确定性对石油-股票长期动态相关性的异质性影响 ·········· 146

　9.5　稳健性检验 ·· 157

　9.6　本章小结 ·· 159

第 10 章　全球能源市场间的极端风险溢出效应：气候政策不确定性视角 ········· 161

　10.1　问题的提出 ··· 161

　10.2　模型构建 ··· 163

　10.3　变量选择与数据描述 ··· 164

　10.4　能源市场间风险溢出效应分析 ······································· 165

　10.5　气候政策不确定性对能源市场间风险溢出效应的影响 ·················· 175

　10.6　稳健性检验 ··· 177

　10.7　本章小结 ··· 179

第 11 章　防范国际石油市场风险的政策建议 ································· 181

　11.1　政策制定者层面 ··· 181

　11.2　市场投资者层面 ··· 183

　11.3　金融监管者层面 ··· 184

　11.4　本章小结 ··· 184

第 12 章　研究结论与展望 ·· 186

　12.1　主要研究结论 ··· 186

　12.2　研究局限与未来展望 ··· 189

参考文献 ··· 190

第1章 绪 论

1.1 研究背景

党的二十大报告明确指出要"提高防范化解重大风险能力""守住不发生系统性风险底线"。然而，近年来国际油价频繁暴涨暴跌，造成全球股市震荡，甚至引发系统性金融风险，对实体经济和金融市场造成严重冲击（如2008年金融危机和2020年初新冠疫情时期全球原油和股票市场的剧烈震荡）。特别是，我国原油对外依存度已突破70%，国际油价冲击风险已成为影响我国经济平稳运行的"灰犀牛"（朱小能和袁经发，2019）。与此同时，层出不穷的"黑天鹅"事件导致全球经济不确定性日益升高。经济不确定性条件下，国际石油市场风险传导路径更加复杂，风险传染效应加剧，引发系统性金融风险的可能性大幅升高。在2019年1月中央党校专题研讨会议上，习近平总书记特别提到要防范"灰犀牛"和"黑天鹅"两种风险事件的发生①。因此，深入研究国际石油市场的风险溢出效应及其驱动机制，对防范跨市场风险传染引发的风险共振具有重要的学术价值和现实意义。具体而言，本书的选题是基于以下研究背景而展开的。

1.1.1 国际石油价格波动特征愈加复杂多变

自20世纪70年代发生第一次石油危机后，长期以来国际油价一直处于波动当中，尤其是进入21世纪后，油价波动更加频繁和剧烈。以美国西得克萨斯中间基（West Texas intermediate，WTI）原油现货价格为例（图1-1），从2007年1月到2008年7月，国际油价从54美元/桶增长到133美元/桶，增长了146%。但国际金融危机爆发后，油价又迅速下降到39美元/桶。之后，油价又出现持续上涨的态势，2011年4月达到109美元/桶，并持续在高位震荡，直到2014年6月开始呈陡崖式下跌，2016年1月降至31美元/桶的低位②。随着2020年初全球新冠疫情的暴发，油价迅速出现新一轮暴涨暴跌。

随着原油市场的发展和期货市场的成熟，原油市场成为全球资源优化配置的有效手段，原油市场的不确定性增加，市场特征更加复杂多变。在新的全球宏观经济形势和能源环境下，原油市场呈现出新的结构特征。特别是2014年以来，原油市场进入新一轮低油价周期，原油市场供需两侧均面临很大的不确定性。从供给看，尽管石油生产国家政治动荡事件频发，但由于石油开采技术的进步和产能的提升，特别是美国页岩油产量的大幅增长，短期内全球原油供应仍然充足。从需求看，在经历国际金融危机和欧洲债务危机后，全球经济增速放缓

---

① http://theory.people.com.cn/n1/2019/0318/c40531-30980680.html。
② 数据来源于美国能源信息署（EIA）：https://www.eia.gov。

将成为常态。英国公投脱欧给全球经济带来了新的风险点，特别是政治方面的影响会增加对宏观经济预期的不确定性，欧盟逐步恢复的经济受到潜在的冲击，原油需求将继续维持低迷状态。而作为原油需求主要驱动力的金砖国家经济增速也进入放缓阶段，中国经济进入中速发展时期，巴西经济出现负增长，南非经济增长也大幅下滑，对原油需求增长的支撑作用变得十分有限。此外，全球气候变化刚性约束将促使主要石油消费国调整能源消费结构、提高能源使用效率、发展天然气等替代能源，预计未来世界原油需求将进入缓慢调整期。因此，在这种复杂的国际形势和市场环境下，国际原油市场的影响机制将呈现出新的规律，需要从新的视角进一步探索。

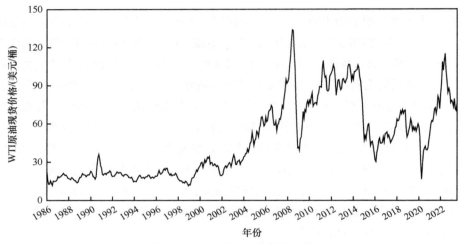

图 1-1　WTI 原油现货价格走势

1.1.2　中国石油对外依存度不断攀升

自 1993 年开始，中国成为原油净进口国。2012 年 12 月，中国首次超过美国成为世界第一大原油净进口国。为满足经济发展的能源消费需求，中国原油对外依存度不断攀升（图 1-2）①。中国石油集团经济技术研究院发布的《2018 年国内外油气行业发展报告》和《2022 年国内外油气行业发展报告》显示，2018 年中国进口原油 4.6 亿吨，原油对外依存度首次超过 70%，2022 年原油对外依存度为 72.2%。同时，中国石油集团经济技术研究院发布的《2018 年国内外石油科技发展与展望》指出，当前全球能源正进入转型发展的新阶段，呈现多元化、清洁化、低碳化的特点。但是，能源转型是一个漫长的过程，在 2050 年之前，石油的主体能源地位不会改变。这意味着，中国原油市场和国家经济将持续面临国际油价的冲击风险。

---

① 原油对外依存度表示原油净进口量与总消费量的比率。

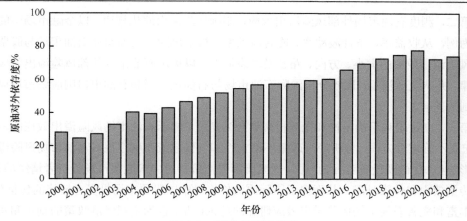

图 1-2 原油对外依存度
资料来源：中国石油集团经济技术研究院发布的《国内外油气行业发展报告》

1.1.3 国际石油市场的风险溢出效应更加凸显

当前油价运行规律表明，其波动幅度已经远远超出供需因素所能解释的范畴，传统的经济学理论已经不足以解释原油价格的波动行为，原油市场更多地表现出金融属性特征。国际原油市场不仅仅是普通的大宗商品市场，更是全球金融市场的重要组成部分。从全球石油总供给量和总需求情况来看，自 2000 年以来，全球石油总的供给量和需求量基本上维持平衡状态，总的供需比在 0.98～1.01 浮动，甚至在 2009 年全球石油供给量和需求量持平。这些数据充分表明，国际油价在近十年当中的剧烈波动并非由石油供需失衡导致的，很可能是其他因素如金融属性因素推动着油价暴涨暴跌。

原油价格波动不仅仅受到原油市场自身供需基本面、市场内部因素的影响，不同层面的外部信息流入也会对市场投资者情绪造成干扰，从而影响市场对未来价格的预期。对石油安全的考量已从"生产-供应"型的"供给安全"转为"市场-金融"型的"价格安全"。原油市场已经成为金融系统中不可或缺的一部分，与金融市场之间的信息传导关系更加多样化和复杂化。实体经济是金融市场的基石，油价变动对实体经济的冲击往往会扩散到金融市场，引起股票市场的剧烈震荡。因此，要理解国际原油价格波动的影响机制必须深入考察原油金融化的作用。

1.2 研究目的与意义

1.2.1 研究目的

第一，测度石油市场内部风险溢出效应，构建石油投资组合策略。基于原油期货价格日内高频数据，首先从结构突变视角考察中国原油期货市场与国际原油期货基准市场[WTI 和布伦特（Brent）]之间的时变相关性和波动溢出效应，其次从时间域-频率域视角研究中国与国际原油期货市场波动溢出效应及其非对称性，并基于波动溢出信息的石油投资组合策略，为石油行业配置资产的投资者提供决策依据。

第二，测度石油市场外部风险溢出效应，刻画风险溢出演化规律。以金融市场中的股票市场为例，从收益率、条件波动率、隐含波动率、极端风险等层面研究石油市场与股票市场之间风险溢出效应的大小、方向、路径及动态演变，以揭示石油市场外部风险溢出效应的演化规律，并从全球视角，比较分析国际石油市场与石油进口国和石油出口国股票市场风险传导机制的差异。

第三，立足宏观不确定性和微观投资者行为角度，揭示石油市场风险溢出效应的驱动机制。宏观不确定性方面，分析经济政策不确定性和气候政策不确定性对石油市场风险溢出效应的影响机制；微观投资者行为方面，探究国际原油价格对中国股票市场投资者情绪的长期、短期传染效力和传染时滞，从而揭示国际原油价格对中国股票市场投资者情绪的传染效应，进而丰富和完善石油市场风险溢出效应研究的理论框架，也为宏观经济政策的制定和实施提供参考依据。

1.2.2 研究意义

1. 理论意义

第一，构建了"宏观-微观视角下石油市场风险溢出效应驱动机制"的研究框架，突破了已有研究从传统渠道分析原油与股票市场关系的范畴。尽管宏观层面的经济政策不确定性和气候政策不确定性，以及微观投资者行为对宏观经济和金融市场的影响已引起广泛关注，但少有研究将其纳入石油市场风险溢出关系研究体系当中。本书从动态视角系统揭示了宏观不确定性因素和微观投资者行为因素在石油市场风险溢出关系中的作用机制，丰富和完善了石油市场风险溢出效应驱动机制的理论框架。

第二，本书通过引入结构向量自回归模型、波动溢出指数分析、混频数据抽样模型和马尔可夫区制转换模型等方法，建立了多领域交叉综合研究框架下的复合分析模型，克服了传统分析方法中遇到的难点和不足，例如，传统的溢出分析方法难以测度市场间波动信息溢出的大小和时变动态变化；频域信息未得到充分挖掘以及数据频率不一致等困难。通过对时间序列分析模型的拓展和丰富，为能源-金融系统的分析提供了新的理论视角。

第三，国际石油市场作为能源金融市场的重要组成部分，通过对国内外石油市场溢出效应和石油市场与股票市场之间风险溢出效应的分析，识别了时间域、频率域和极端市场状态下的风险溢出动态规律，并从经济主体-行业板块角度理解石油市场风险溢出效应的演化规律，丰富了金融时间序列波动理论。而且，通过石油市场内外部风险溢出效应的系统性研究，拓展了金融时间序列关联分析以及能源金融市场信息溢出理论。

2. 现实意义

第一，理解宏观不确定性和微观投资者行为因素对石油市场风险溢出效应的驱动机制，有助于政府的金融监管和政策制定。通过构建宏观不确定性和微观投资者行为影响石油市场风险溢出效应的理论框架，实证分析了石油市场风险溢出效应的驱动机制，对于深化理解全球石油市场内外部风险溢出关系提供了新颖的视角，也有助于监管部门更好地把握金融风险在跨市场之间的传染情况，从而更加有效地防范国际油价冲击风险和维护金融市场的稳定。同时，了解经济政策不确定性和气候政策不确定性对石油市场风险溢出效应的影响，可以帮助政策制定者提前预测和事后评估政策的执行效果。

第二，测度石油市场内部和外部信息溢出和动态相关性有助于金融市场投资组合决策和风险管理。对于市场投资者而言，出于避险的需要，一般会选择多种资产，要构建有效的投资组合，就必须考虑不同资产类别之间的互动关系，这关系到投资者的获利能力。而在投资组合管理当中，原油是重要的投资标的之一，经常被用于资产配置。因此，了解石油市场风险溢出的动态规律，有助于市场投资者更好地构建和调整投资组合策略。此外，从时间域、频率域和不同市场状态角度的深入分析可以为配置资产的投资者提供更准确的信息。

第三，通过对石油市场内部和外部风险溢出效应的动态分析，对比了中国新上市石油期货与不同国际石油基准市场之间溢出效应的差异、石油市场之间溢出效应在不同时间周期上的差异、石油市场与股票市场之间溢出效应在不同行业股市层面的差异、不同政策不确定性因素对石油市场溢出效应影响的差异。丰富了石油市场风险溢出效应及其驱动机制的实证研究，为能源政策制定和市场投资决策提供了精准的时间参考，这对于政策制定和市场投资的准确性及针对性都有实际价值。

1.3 研究内容、方法和技术路线

1.3.1 研究内容

本书从石油市场内部和外部两个层面出发，系统地分析了石油市场内部风险溢出效应和外部风险溢出效应，并在明晰这一信息溢出的传递机制、路径和结构之后，探究了政策不确定性和投资者行为因素对石油市场风险溢出效应的驱动机制。本书共分为五大部分，具体内容如下。

第一部分为绪论与研究的理论基础，包括第 1 章和第 2 章。第 1 章主要介绍本书的研究背景、研究目的、理论意义和现实意义，明确本书的研究内容、研究方法和技术路线，以及对本书的创新点进行阐述。第 2 章作为文献综述和理论基础部分，回顾和评述与本书相关的研究文献，并进一步阐述石油市场风险溢出效应的理论机制，为本书的实证研究提供了理论基础和研究思路。

第二部分为国际石油市场内部风险溢出效应，包括第 3 章和第 4 章。第 3 章基于原油期货价格日内高频数据，首先检测了原油期货价格收益序列的结构突变，进而将检测到的结构突变通过构建虚拟变量的形式纳入 VAR-DCC-GARCH 模型和 VAR-BEKK-GARCH 模型当中，从而更加准确地检验了中国原油期货市场与国际原油期货基准市场（WTI 和 Brent）之间的时变相关性和波动溢出效应，并考察了结构突变对原油期货市场之间相关关系的影响。第 4 章首先基于日内数据，采用 Baruník 和 Křehlík（2018）的时频溢出指数方法，从时间域-频率域视角研究了中国与国际原油期货市场波动溢出效应及其非对称性，并在此基础上构建了基于波动溢出信息的石油投资组合策略。

第三部分为国际石油市场外部风险溢出效应，包括第 5~7 章。第 5 章建立 VAR-BEKK-GARCH 模型分别对国际石油市场和中国股市、国际石油市场和美国股市之间的收益率和波动溢出效应进行检验，并对比分析国际石油市场与中美两国股市溢出效应的差异。第 6 章基于隐含波动率视角，首先使用 DCC-GARCH 模型估计石油与股票市场波动率之间的动态条件相关关系，其次检测动态条件相关序列的结构突变点，进一步识别相关事件对石油与股票市场波动率联动机制的影响，最后采用改进后的完整 BEKK-GARCH 模型来检验石油隐含波动率与股票隐含波动率之间的风险溢出效应。第 7 章首次采用新颖的分位数溢出指数方法研究不同市场条件下石油-股票关系中的风险溢出效应，特别是极端事件发生时的尾部风险依赖性，进一步将历史事件分析纳入分位数溢出指数框架，探讨影响油股关系风险溢出动态的因素，并从全球视角比较分析国际石油市场与石油进口国和石油出口国股票市场尾部风险传导机制的差异。

第四部分为国际石油市场风险溢出效应的驱动机制，包括第 8~10 章。第 8 章从投资者情绪的视角出发，探究国际原油价格对中国股票市场投资者情绪的长期、短期传染效力和传染时滞，从而揭示了国际原油价格对中国股票市场投资者情绪的传染效应。第 9 章采用动态条件相关系数混频数据抽样（DCC-MIDAS）模型测度国际原油市场与中国股票市场之间的长期动态相关性，并结合马尔可夫区制转换模型分析经济政策不确定性与两市场间长期动态相关性的区制关联，并进一步验证经济政策不确定性对原油与股票市场之间长期动态相关性的影响在不同行业股市中是否存在差异。第 10 章采用基于分位数向量自回归（QVAR）模型的溢出指数方法，测度正常状态和极端状态下的全球能源市场间的风险溢出及其动态演变规律，并进一步构建包含气候政策不确定性冲击的广义自回归条件异方差-混频数据抽样（generalized autoregressive conditional heteroskedasticity-mixed data sampling-climate policy uncertainty，GARCH-MIDAS-CPU）模型，对气候政策不确定性对能源市场间风险溢出关系的驱动机制展开深入研究。

第五部分为结论和政策建议部分，包含第 11 章和第 12 章。第 11 章基于以上实证研究结论，从政策制定者、市场投资者和金融监管者三个角度，围绕防范国际油价冲击风险、提高经济政策决策的有效性以及提升市场投资决策等几个方面提出相应的政策建议。最后第 12 章对全书做总结和未来研究展望。

1.3.2 研究方法

本书聚焦于石油市场内部和外部风险溢出效应测度，从外部不确定性和内部投资者行为角度揭示石油市场风险溢出效应的驱动机制。借鉴已有研究成果，以 MATLAB、R 语言、OxMetrics、EViews 等数据分析软件为支持，综合运用管理学、能源经济学、计量经济学、金融学、系统工程学、计算机科学，以及文献研究法、向量自回归模型、动态溢出指数法、滚动窗口分析技术、动态条件相关系数混频数据抽样模型、马尔可夫区制转换模型、对比分析法、归纳总结和演绎分析方法等多学科的理论与方法进行研究，在研究过程中注重研究方法选用的科学性和合理性。

1. 文献研究法

通过搜集、查找和阅读国内外相关文献资料，对与本书研究内容相关的文献进行分析、归纳和梳理，把握相关研究领域的最新发展动态，总结关于石油市场风险溢出效应研究的改进方向，并在理论分析部分，细致梳理石油市场风险溢出的相关理论和传导路径，以及外部不确定性因素和内部投资者行为因素在石油市场风险溢出关系中的作用机理。

2. 计量经济分析方法

在实证分析部分，针对不同的数据序列特征和研究目的选用了一些比较新颖的计量方法来开展本书的研究。第一，采用结构向量自回归（SVAR）模型研究国际原油价格冲击对中国股市投资者情绪的影响；第二，结合时间域、频率域和分位数溢出指数方法和滚动窗口分析技术定量测度石油市场内部和外部风险溢出效应，包括溢出效应的大小、方向和动态演变；第三，采用动态条件相关系数混频数据抽样模型和马尔可夫区制转换模型探究经济政策不确定性对原油与股票市场之间长期动态相关性的影响作用，进而系统揭示经济政策不确定性在国际原油价格冲击传递至股票市场当中的内在渠道和外生冲击作用机制。

3. 对比分析方法

对比分析国际原油市场与中美两国股票市场之间风险溢出效应的差异、石油市场风险溢出效应在不同时间周期上的差异、石油市场风险溢出效应在不同市场状态下的差异。可以更为准确地对原油价格冲击的风险进行预判，从而采取不同的应对策略，深入剖析不同类型的原油价格冲击对股票市场的传导特征，从而为能源政策制定提供针对不同时点的参考基准，为金融市场的投资策略设计提供更为精准的时间参考。

4. 归纳总结和演绎分析方法

基于理论分析和实证研究结论，结合中国政策环境和经济运行实际，归纳总结石油市场内部和外部风险溢出规律及驱动机制，并对各产业在应对国际原油价格冲击过程中的内在性质变化进行分析，从而为政策制定、市场投资决策和金融监管提供相应的依据。

1.3.3　技术路线

根据本书的整体安排，技术路线图如图 1-3 所示。

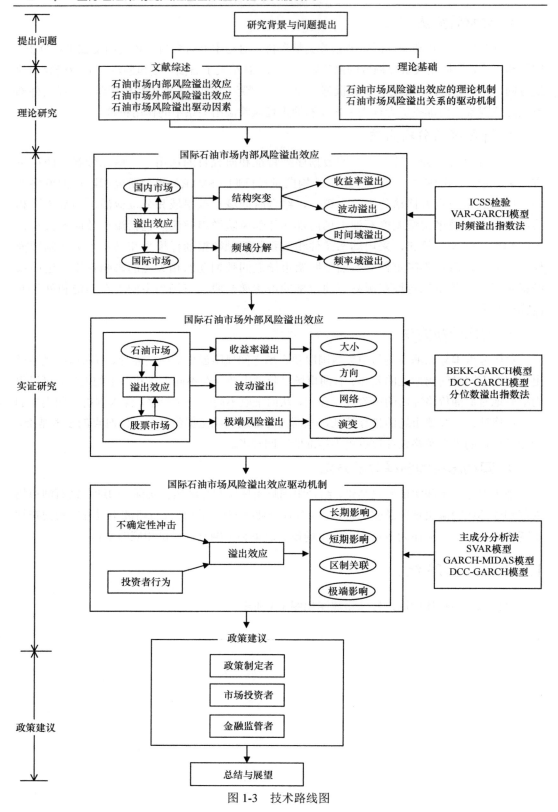

图 1-3 技术路线图

1.4 主要创新点

（1）拓展了国际石油市场风险管理理论。不同于以往研究主要从供需基本面因素探讨石油市场风险溢出效应的发生机理，本书从宏观不确定性冲击和微观投资者行为视角揭示了国际石油市场风险溢出效应的驱动机制，提出了政策不确定性的外部冲击机制和投资者情绪的内部传递机制，创新发展了石油市场风险管理研究的理论体系。

（2）丰富了石油市场风险溢出研究视角。国际石油市场内部溢出效应方面，从结构突变、时间域、频率域、非对称等视角刻画了国内外石油市场风险溢出效应的动态规律；国际石油市场外部溢出效应方面，从隐含波动、极端风险、长期动态相关性等视角检验了石油市场对外风险溢出效应，扩展了石油市场风险溢出关系的研究视角。

（3）改进了金融市场风险溢出测度方法。提出了包含结构突变的多元 GARCH 族模型、非对称频域溢出指数方法和基于分位数模型的溢出指数方法，刻画了石油市场好的和坏的波动溢出效应的非对称性，测度了溢出效应在短期和长期的异质性，揭示了正常和极端状态下的跨市场风险溢出效应，解决了建模数据频率、样本结构性断点、非线性等传统溢出方法难以适应的难题。

（4）评估了新上市原油期货的定价能力。通过分析上海原油期货价格与 WTI、Brent 原油期货价格的联动机制和溢出效应，进而准确测算上海原油期货市场对国际石油定价的影响力，并设计对冲油价不确定性的交易策略，丰富了原油期货及市场定价的相关理论，研究结果有助于进一步理解原油价格的复杂形成机制，为市场定价能力的提高提供了理论和实证依据。

第 2 章 文献综述和理论基础

2.1 国内外文献综述

本书的目的是从新的研究视角来探究国际石油市场的风险溢出效应及其驱动机制。本节将重点从石油市场内部风险溢出效应、石油市场外部风险溢出效应以及石油市场风险溢出的驱动因素三个方面进行国内外研究综述。

2.1.1 石油市场内部风险溢出效应

石油市场内部风险溢出效应是指石油市场中的一个风险事件或波动传播和扩散到其他石油市场的效应。本节将从石油市场整合关系、石油市场内部溢出效应测度方法两个方面进行该研究领域的文献综述。

1. 石油市场整合关系

石油市场已成为全球最大的大宗商品市场,其金融属性日益增强(Zhu et al.,2020;Liu et al.,2021)。许多研究调查了国际石油市场之间的联系(Bachmeier and Griffin,2006;Wang and Wu,2013;Pan et al.,2014;Mann and Sephton,2016;Wang et al.,2019),早期的论文关注的是全球石油市场是否一体化,虽然 Weiner(1991)声称石油价格波动的方式是独立的,但以前的大多数研究都认为世界石油市场是一体化的(Adelman,1984;Ji and Fan,2016;Kuck and Schweikert,2017;Klein,2018;Galay,2019;Wei et al.,2022)。

而在当前全球石油市场的联系日益紧密的大背景下,一系列文献研究了石油市场的收益和波动溢出效应(Fu and Qiao,2022),Zhang 等(2019)揭示了世界七大石油市场之间联系的程度和演变,发现国际原油市场总体溢出程度较高且具有时变特征。Chuliá 等(2019)利用广泛的数据集研究了全球能源市场波动的传导机制,发现 Brent 和 WTI 原油远期市场是相互关联的。中国是世界上最大的石油进口国,当前的许多研究集中在中国对全球石油市场的影响(Liu et al.,2016)。Zhang 和 Wang(2014)发现中国与国际石油市场之间存在显著的双向波动溢出效应,而国际石油市场受中国石油市场的影响程度较小。近期,Zhang(2019)没有发现石油市场一体化的证据,从而得出中国与国际原油市场并非一体化的结论,这一结论与以往的研究结果形成了鲜明的对比。Baruník 等(2015)在度量石油市场总波动溢出和定向波动溢出程度的同时,进一步明确了波动溢出效应的不对称性,表明坏消息(负收益)引发的波动溢出主导了动态波动传递机制。

2. 石油市场内部溢出效应测度方法

在溢出效应的研究中有许多学者利用向量自回归（VAR）模型和多元广义自回归条件异方差（GARCH）模型，提供了不同石油市场之间存在溢出效应的证据。然而，这些模型存在所谓的"维数诅咒"，只能通过观察参数的显著性来定性地确定溢出效应（Chuliá et al.，2019；Zhang，2019），直到 Diebold 和 Yilmaz（2009，2012，2014）开发了克服上述缺陷的溢出指数量化方法，研究人员才开始使用该框架来研究国际石油市场波动之间的联系。金融资产的波动率衡量了标的资产投资收益率的变化程度，对于资产定价、投资组合、风险管理和制定货币政策具有重要意义（Ewing and Malik，2017）。Zhang 和 Ma（2021）应用 Diebold 和 Yilmaz（2012）的溢出指数方法来衡量上海国际能源交易中心（INE）、WTI 和 Brent 原油期货市场之间的收益和波动之间的联系，结果表明，INE 市场是波动溢出的净输出方。Yang 和 Zhou（2020）利用 GARCH 族模型检验了 INE 与全球其他原油期货市场之间的收益和波动传递，证明中国石油期货市场与国际基准原油市场的联系大于与阿曼期货市场的联系。Ji 等（2022）利用复杂网络模型研究了上海原油期货（INE）在白天和夜间交易时段与国际基准原油期货（WTI 和 Brent）的联动变化，发现 INE 在夜间与全球市场的融合程度更高。Huang X 和 Huang Z（2020）将小波分析方法与复杂网络方法相结合，研究了中国与全球石油市场在不同时间尺度上的价格联动关系。他们发现，联动的强度较弱，联动变化特征在长期比短期更稳定。原油市场已成为全球金融市场的重要组成部分，其具有较强的流动性，可以在分钟之内反映更多新的信息，因此日内价格动态更能反映原油市场价格波动特征（Liu and Wan，2012；Elder et al.，2013）。此外，如果价格序列观测间隔太长，则其测序无法确定，那么序列之间初始的变化和反应则会表现出同期性（Hasbrouck，1995）。

现有研究发现石油市场受经济或地缘政治事件影响，原油价格波动可能存在结构性变化（Wilson，1996；Lee et al.，2010；Charles and Darné，2014；Ewing and Malik，2017；Plante and Strickler，2021；Cheng et al.，2022）。已有一些研究将结构突变考虑到不同原油市场关系分析当中，如 Gülen（1999）根据原油价格序列的结构突变点将样本区间分为油价上涨和油价下跌两个子区间，发现联动关系在油价上涨期间显著增强。基于 CUSUM（累积和）结构断点检验，Chen 等（2015）检测到 WTI-Brent 原油价差序列在 2010 年存在结构突变点，并根据结构突变点发生的日期将样本区间分为两个子区间，发现在结构突变发生前后，WTI-Brent 原油价差序列的持续性发生了显著变化。使用 Bai 和 Perron（2003）检验，Ji 和 Fan（2015）发现 WTI 和其他原油价格之间的时变相关性存在一个结构突变点，在结构突变发生之后，相关性显著降低。如果时间序列存在结构突变，那么标准的波动率模型（如 GARCH 模型）会高估序列的波动持续性（Lamoureux and Lastrapes，1990）。

然而目前大部分对波动溢出效应的分析是在总体层面进行的，很少有文献研究考虑石油市场在不同频域上的波动相关性，这可能掩盖了风险在不同频域之间传递的异质性。Toyoshima 和 Hamori（2018）利用原油价格的每日数据集，采用 Baruník 和 Křehlík（2018）的新方法来探索石油市场的动态频域溢出效应。他们的研究结果表明，绝大多数波动溢出是由长期因素驱动的；此外，长期溢出效应在波动系统中的重要性随着时间的推移而变化，并在 1991～2018 年保持在较高水平。考虑到与基于高频的衡量方法相比，基于每日数据的波动性溢出可能被低估（Baruník et al.，2015），Křehlík 和 Baruník（2017）利用日内数据计算了已实现的波动率指标，来探讨石油市场波动溢出的周期性，他们还发现了长期溢出主导波动传导机制的证据，以及短期成分对总波动溢出的贡献在过去 20 年中稳步增加，认为这可能是由大宗商品市场持续金融化造成的。Li 等（2023）以国际原油市场为基准，构建时变参数向量自回归（time-varying parameter vector autoregression，TVP-VAR）网络溢出模型来研究时频视角下石油市场的收益与风险溢出效应，得到了不同市场间的溢入溢出水平。

2.1.2 石油市场外部风险溢出效应

关于石油市场外部风险溢出效应的研究非常广泛，石油市场对金融市场的溢出效应研究也拥有着丰富的研究方向和研究对象。本书尝试使用股票市场这一典型金融市场来探究石油市场外部溢出效应的影响。本节从石油市场与股票市场静态溢出效应、动态溢出效应和非对称溢出效应以及石油市场外部溢出效应测度方法共四个方面进行文献综述。

1. 静态溢出效应

从 20 世纪 80 年代开始，大量学者对国际石油价格与股票市场之间的相关关系进行了研究，初期的研究仅仅是将石油价格作为股票定价的影响因素，将其引入变量因素模型当中（Chen et al.，1986；Hamao，1988；Ferson and Harvey，1994；Kaneko and Lee，1995）。而直接将油价与股价作为主要内容的研究则开始于 20 世纪 90 年代中后期，由于资产价格的波动率可以有效测度金融市场信息流动的速率，波动率可能在市场互动中发挥重要作用（Ross，1989），已有研究大多是围绕探究石油价格与股票市场的溢出效应展开的（Malik and Ewing，2009；Arouri et al.，2011；Vo，2011；Jouini，2013；Jouini and Harrathi，2014；Broadstock and Filis，2014；Bouri，2015a；Salisu and Oloko，2015；Boldanov et al.，2016；Liu et al.，2017a）。Vo（2011）发现石油市场与美国股票市场波动率之间存在显著的相依性，股票（石油）市场过去的波动率对未来石油（股票）市场的波动率具有预测能力。同样关注美国市场，Salisu 和 Oloko（2015）认为美国股市与石油市场波动之间具有显著的双向冲击溢出关系。Sadorsky（1999）运用 VAR 模型研究了石油价格与股票市场之间的关系，结果表明石油价格及波动对股票收益的影响具有重要作用，石油价格波动能够解释一定比例的股票收益预测误差方差，并且石油价格冲击对经济的影响表现出非对称的特征，即石油价格上涨的影响大于石油价格下跌的影响。Jammazi 等（2017）研究发现如果石油与股票市场之间存在显著的波动率相关性，那么在多样化投资组合中，将石油相关的资产和股市结合在一起并不能有效降低风险。

采用的研究方法和选取的研究对象的不同，使得到的油价与股市溢出效应的结论也存在着差异。Kang 等（2015a）基于美国的日数据和月数据，研究了石油价格冲击对美国股市收益率和波动的协方差的影响，指出油价波动与股市收益率及波动的协方差之间具有显著的溢出效应。Jammazi 和 Aloui（2010）认为原油价格冲击不影响衰退期的股市，但是，暂时会显著减少温和期或者扩张期股市收益，并且这种负向关系在 1999 年之前更加明显。一些学者的研究也得出了相似的结论，即石油市场与股票市场之间存在明显的溢出效应（Aloui and Jammazi，2009；Broadstock and Filis，2014；Du and He，2015；Khalfaoui et al.，2015；Ewing and Malik，2016；Liu et al.，2017b；Boubaker and Raza，2017；Mensi et al.，2017）。但也有学者持有不同观点，如 Alsalman（2016）认为石油价格波动率对美国股市收益没有显著的影响，意味着油价波动率对企业现金流或贴现率没有起到重要作用，其原因可能是企业对冲油价波动或者大多数公司将高油价转嫁到消费者身上。同样有中国学者认为，国际原油市场与股票市场之间的均值溢出效应十分微弱和不稳定（朱慧明等，2016）。

一部分文献是从石油进口国和出口国角度探究原油价格与股票市场之间的关系。根据收入转移理论，石油价格上涨后，将会出现从石油净进口国向石油净出口国的收入转移。因此，石油价格冲击可能会对石油净进口国和石油净出口国股票市场产生不同的影响效应，即石油价格冲击会对石油净出口国股市产生正向的影响，而对石油净进口国股市产生负向的影响。Boldanov 等（2016）认为石油市场与股票市场波动率之间的时变条件相关关系在石油进口国和石油出口国之间存在异质性。一些学者研究了石油价格与石油净进口国和净出口国股票市场之间的关系，并进行了对比分析（Park and Ratti，2008；Wang et al.，2013；Creti et al.，2014；Le and Chang，2015；Boldanov et al.，2016；Antonakakis et al.，2017；Filis et al.，2011；Ali et al.，2022）。与理论预期相一致，上述研究普遍认为石油价格对石油进口国具有负向影响而对石油出口国具有正向影响。

此外，还有部分学者基于行业视角研究了石油市场与特定行业股票市场之间的关系。通常情况下，金融资产是基于行业股票收益进行交易的，所以对于交易者来说，了解行业层面的油价传导机制至关重要，以便做出最优的投资组合决策。不同行业股票市场对原油价格冲击的传导路径有所差异，而使用综合股市的分析可能会掩盖重要的行业影响，并且难以捕捉原油价格对行业股票市场影响的异质性（Nandha and Faff，2008；Zhu et al.，2016）。Bondia 等（2016）研究了国际原油价格与清洁能源公司股票价格之间的关系，结果表明，在短期内国际原油价格对替代能源公司的股票价格有重要影响，而从长期来看，石油价格对替代能源公司的股票价格基本没有影响。Singhal 和 Ghosh（2016）通过研究国际原油价格与印度金属及其他行业股票指数的收益率和波动关系，发现石油市场对印度股票市场的直接波动溢出在总体水平上不显著，而在汽车、电力和金融行业是显著的。还有学者从市场参与者的视角，研究了国际原油价格波动对股票市场投资者情绪的传染效应。Ding 等（2017）发现国际原油价格波动是中国股票市场投资者情绪的格兰杰原因，油价波动对股市投资者情绪具有负向传染力。

以上文献主要围绕石油市场与发达经济体系股票市场之间的关系展开研究，还有一些学者研究了石油价格对新兴股票市场的影响。Arouri 等（2011）发现国际油价与海湾阿拉伯国家合作委员会（以下简称海湾合作委员会）国家股票市场之间存在显著的波动溢出效应。Awartani 和 Maghyereh（2013）基于海湾合作委员会国家的股票市场数据，通过采用 Diebold 和 Yilmaz（2009，2012）提出的新的溢出效应定向测量方法来探究石油市场与股市的收益率及波动溢出，结果表明两市场之间存在双向的收益率和波动溢出效应，而且是非对称的。在石油市场与股票市场之间的信息传导机制中，油价占据主导地位。Tian 等（2022）利用十个重要国家股市和 Brent 原油市场的每日价格数据估计了石油对股市的下行和上行风险溢出。实证结果表明石油对股市具有强烈的风险溢出效应。此外，石油对巴西和俄罗斯股市的下行和上行风险溢出效应是新兴市场国家的最大风险。

2. 动态溢出效应

近年的研究试图从动态视角探究石油与股票波动率之间的时变相关性与信息溢出，因为已有的研究表明石油与股票市场之间的关系确实是动态变化的（Filis et al.，2011；Broadstock and Filis，2014；Chkili et al.，2014a；Singhal and Ghosh，2016；Joo and Park，2017；Bouri et al.，2017a；Liu et al.，2017b；Nadal et al.，2017；Bai and Koong，2018；Ping et al.，2018；Shahzad et al.，2018；Yu et al.，2018）。大量研究表明石油价格波动率是时变的，会受基本面因素、金融因素和地缘政治等多种因素的影响而发生变化（Chkili et al.，2014b；Ewing and Malik，2016；Joo and Park，2017）。Foroni 等（2017）发现自 20 世纪 70 年代以来，原油价格变化与美国股市收益之间的相关性在影响方向上发生了多次变化，相关性在 2005 年以后一直增加，在 2007 年初开始转为正向相关性，时变性主要归因于美国短期利率和消费者信心的变化。相关文献主要从原油价格与股票市场之间的动态相关性和动态溢出效应两方面展开。动态相关性方面，基于 DCC-GARCH、cDCC-GARCH、DECO-GARCH、Copula 等研究方法①提供了原油价格与股票市场之间的关系具有时变性的实证证据（Basher and Sadorsky，2016；Al-Yahyaee et al.，2019；Ji et al.，2020；Liu et al.，2020）。其中，引起原油价格与股票市场之间相关性动态变化的因素主要包括金融冲击（Broadstock and Filis，2014）、战争（Bhar and Nikolova，2010）、国家宏观政策（Foroni et al.，2017）等。动态溢出效应方面，现有研究主要采用 Diebold 和 Yilmaz（2009，2012，2014）提出的溢出指数法量化了原油价格与股票市场之间的溢出效应及其动态演化（Zhang，2017；Demirer et al.，2020）。Chang 等（2013）综合运用 CCC、VARMA-GARCH 和 VARMA-AGARCH 模型②分析了国际原油价格与股指收益的条件相关关系和波动溢出效应，发现原油价格与金融市场之间的波动溢出效应十分微弱。随后，少量研究开始采用 Baruník 和 Křehlík（2018）提出的频域溢出指数方法揭示原油价格与股票市场之间在不同频域上的溢出效应（Ferrer et al.，2018）。石油价格波动率的时变性意味着历史信息波动仅能反映过去的市场波动状况，且具有一定的滞后性，并不一定能真正反映当前的市场状况。

相较于历史信息波动率，由期权计算得到的隐含波动率可以更准确地测度市场的不确定性（Borovkova and Permana，2009）。但是，目前隐含波动率在石油与股票之间的关系中的作用还是一个较新的研究方向，现有相关研究文献十分有限，且主要关注了石油隐含波动率对股市收益的影响。Luo 和 Qin（2017）认为石油隐含波动率（OVX）对中国股市收益有显著影响，而已实现波动率对股市收益的影响可以忽略不计。Dutta（2017）发现美国清洁能源股市收益对 OVX 冲击非常敏感，OVX 比原油价格已实现波动率的影响强度更大，OVX 指数还可以提高清洁能源股票市场的预测能力。Ahmad 等（2018）进一步指出，OVX 可以有效对冲清洁能源股票市场风险。在最近的研究中，Bouri 等（2017b）认为 OVX 与印度股

---

① DECO-GARCH：Dynamic Equicorrelation-Generalized Autoregressive Conditional Heteroskedasticity（动态等相关 - 广义自回归条件异方差）；cDCC-GARCH：corrected Dynamic Conditional Correlation-Generalized Autoregressive Conditional Heteroskedasticity（修正动态条件相关-广义自回归条件异方差）。

② CCC：Constant Conditional Correlation（常数条件相关）；VARMA-GARCH：Vector Autoregressive Moving Average-Generalized Autoregressive Conditional Heteroskedasticity（向量自回归移动平均-广义自回归条件异方差）；VARMA-AGARCH：Vector Autoregressive Moving Average- Asymmetric Generalized Autoregressive Conditional Heteroskedasticity（向量自回归移动平均-非对称广义自回归条件异方差）。

票隐含波动率（Indian VIX）之间存在协整关系，石油隐含波动率对股票隐含波动率有非线性正向影响。Dutta（2018）发现石油隐含波动率与美国能源行业股市隐含波动率之间存在长期关系，石油与股市隐含波动率之间存在双向格兰杰因果关系。Li 等（2022）发现原油价格波动和隐含波动率指数在短期内同向变化，但在长期内反向变化。

目前存在多种研究动态波动溢出效应的方法，这些方法旨在深入理解和分析波动如何随着时间的推移而扩散或变化。Chkili 等（2014a）使用 DCC 模型发现原油与美国股票市场在 1988～2013 年的条件相关关系是动态变化的，动态条件相关性受一些经济或政治事件的影响。基于 Kilian（2009）的油价分解框架和 Scalar-BEKK 模型，Broadstock 和 Filis（2014）认为不同类型的石油价格冲击与股市收益在 1995～2013 年存在明显的时变性相关关系。Singhal 和 Ghosh（2016）使用 VAR-DCC-GARCH 模型发现了原油市场与印度股票收益在总量和行业层面联动关系时变性的证据，这也表明，投资者在选择投资多样化策略时应考虑动态波动率和时变关系，以使收益最大化和风险最小化。Liu 等（2017b）结合小波分析和 BEKK 模型，发现 2003～2014 年石油与股票市场溢出效应的强度和方向具有时变性，石油市场与美国股票市场在长期的相关性在减弱，而石油市场与俄罗斯股票市场之间的相关性在所有时间尺度下都有所增强。Bai 和 Koong（2018）同时关注了中国市场和美国市场，使用对角 BEKK 模型检验了石油价格、汇率变化和股市收益之间的时变关系。除了关注原油市场以外，Ping 等（2018）使用 DCC 模型和 BEKK 模型检验了中国燃料油现货和期货价格与能源股票市场在 2004～2016 年的联动关系和波动溢出，结果表明，在全球金融危机之前市场相关性很高，而在全球金融危机期间相关性迅速下降。

3. 非对称溢出效应

随着研究的逐渐深入，部分文献开始探究原油价格与股票市场之间的非对称关系。一般而言，同等规模的油价冲击可能对股票市场产生不同的影响，这取决于市场是处于正常市场、牛市还是熊市状态，因为投资者应对油价冲击的交易将受到当前市场状态的影响（Balcilar et al.，2019）。然而，关于石油与股市之间非对称影响的研究结论存在着争论。早期一些研究表明石油价格对股票市场没有非对称影响效应，其中，Park 和 Ratti（2008）、Nandha 和 Faff（2008）、Cong 等（2008）分别使用了综合股市、行业股市和公司层面的数据，均没有发现非对称性的证据。可以看出，上述研究基于均值回归刻画两个市场的影响关系，忽略了不同行情下原油市场与股票市场的异质性关系，尤其难以刻画极端市场状况下两个市场之间的影响关系。基于分位数回归方法，Lee 和 Zeng（2011）发现油价冲击与 G7 国家股市收益之间存在明显的非对称性。相似地，Ding 等（2016）使用分位因果检验也提供了原油价格与股市收益之间存在非对称因果关系的证据。进一步，Sim 和 Zhou（2015）在标准分位数回归模型的基础上进行了改进，提出了运用分位数对分位数（quantile-on-quantile）方法，研究了石油价格和美国股票市场之间的分位数相依关系，发现当美国股市表现良好时（美国股市收益高分位数），巨大的负向石油价格冲击（石油价格冲击低分位数）对美国股市产生正向影响，但正向的石油价格冲击对股票市场的影响十分微弱。此外，还有一些学者引入 Copula 模型研究原油与股票市场之间的非线性和非对称关系，发现油价冲击与股票市场的上行和下行风险溢出具有显著的非对称效应（Li and Wei，2018；Ji et al.，2020；Mo et al.，2023）。

但是，Copula 模型难以揭示原油市场与股票市场之间极端风险传递的路径结构。Wang 和 Li（2021）使用非对称的 DCC-MIDAS 模型发现国际原油市场与中国三大金融市场存在非对称的溢出关系。Jia 等（2021）研究了国际原油市场与其他市场（包括大宗商品市场和金融市场）之间的不对称风险溢出效应，发现国际原油市场与大宗商品市场或金融市场之间的风险溢出随着收益的上升而显著增强。

4. 石油市场外部溢出效应测度方法

有效测度石油市场外部溢出效应一直是石油市场风险管理研究的核心问题，现有研究主要采用以下四类方法。第一，早期研究主要采用协整分析、VAR 模型分析了石油价格与其他能源价格的互动关系（Mohammadi，2009；Zhang and Wei，2011），但此类模型难以考察变量之间关系的非线性和时变性。第二，一些研究使用 GARCH 模型检验了石油市场与其他能源市场的波动溢出关系（Serletis and Xu, 2016；Balcilar et al., 2017；Wang and Guo, 2018），但此类方法无法量化溢出效应的大小和动态演变。第三，还有一些研究采用 Adrian 和 Brunnermeier（2016）以及 Acharya 等（2017）提出的 CoVaR 和 MES 等方法[①]，考察单个市场与整体系统间的风险联动（Ji et al.，2018a；Tiwari et al.，2020；Sheng et al.，2023）。但此类方法仅能在单个方向上刻画变量与系统之间的关联，难以量化跨市场的多方向风险溢出（Yang et al.，2021；Bouri et al.，2022）。第四，在近期的研究中，Diebold 和 Yilmaz（2012）在 VAR 模型框架下基于方差分解提出的溢出指数方法，可以有效测度市场间溢出效应的大小和动态变化，该方法被广泛应用于石油市场与其他能源市场的收益和波动溢出效应研究（Baruník et al.，2015；Zhang and Ji, 2018；Chuliá et al.，2019）。进一步，Baruník 和 Křehlík（2018）通过引入方差分解的频谱形式，实现了对溢出指数在频率域的分解，能够测度不同频率域层面石油市场的外部溢出效应（Ma et al.，2022a；Lovcha and Perez-Laborda，2020；Naeem et al.，2020）。但是，此类溢出指数方法难以揭示不同市场状态下跨市场风险溢出效应的异质性。

2.1.3　石油市场风险溢出的驱动因素

石油市场风险溢出效应主要受供需基本面、宏观经济、投资者情绪、政策不确定性、气候变化等因素驱动。因此，本节对石油市场与股票市场溢出的驱动因素方面的研究文献进行回顾。

1. 供需基本面因素

Hamilton（1983）开创性的研究指出石油价格上涨是导致美国经济衰退的主要因素。Ju 等（2014）实证研究了石油价格冲击对宏观经济的影响，结果表明石油价格冲击对消费价格指数（CPI）具有积极的影响，对国内生产总值（GDP）和汇率具有消极的影响。Zhang 和 Wang（2013）实证分析了投机交易和 WTI 原油期货价格波动之间的关系，通过对原油和汽油期货市场的价格和风险转移效应的研究发现，原油期货市场价格风险传递能力更强，原油和汽油期货市场之间的风险传递效应不明显。Ju 等（2016）还提出了一种预测石油价格冲击

[①] CoVaR：Conditional Value at Risk（条件风险价值）；MES：Marginal Expected Shortfall（边际预期差额）。

和宏观经济之间联动效应的激励导向预警系统。Sun 等（2016）研究了美国电力市场价格波动对政权转移的影响。随着国际金融市场之间的互动不断增强，国际原油市场与股票市场之间的相关关系也日益密切，因此国际原油价格对股票市场影响的研究文献较多。早期研究主要关注了原油价格对综合股市收益的影响，得出了混合的研究结论。其中，绝大多数研究认为原油价格对股市收益有负向影响（Sadorsky，1999；Asteriou and Bashmakova，2013）。但是，也有一些研究认为原油价格对股市收益有正向影响或两者之间没有显著的相关关系（Dagher and Hariri，2013；Tursoy and Faisal，2018）。影响方向结论不一致可能归因于以下几点：首先，对于石油进口国和出口国而言，原油价格对股市的影响方向可能是相反的。其次，过往研究忽略了国际油价驱动因素及国家经济结构变化等导致原油价格对股票市场影响关系的时变效应（Kilian and Park，2009）。能源商品的供给和需求是决定能源价格的基本面因素，由于不同能源产品之间存在替代和互补效应，能源供需关系、能源结构调整、可再生能源发展等因素都将通过能源替代机制增强不同能源产品价格之间的互动（Karali and Ramirez，2014）。

2. 宏观经济因素

宏观经济影响企业生产经营水平，主要通过能源供求量进而影响能源价格波动及其溢出水平，股票市场价格作为反映宏观经济形势的重要指标，与受工业生产等经济活动影响的能源市场存在紧密联系（Karali and Ramirez，2014）。部分学者发现金融危机对石油市场与股票市场之间的溢出效应存在着不可忽视的影响。Zhu 等（2014）的研究表明：在全球金融危机发生前，原油价格与亚太股票市场收益之间的依赖关系比较微弱，而全球金融危机过后这种依赖关系大幅增强。Bouri（2015a）运用方差因果分析方法研究了金融危机发生前后国际原油价格与约旦股票市场收益率风险溢出效应的差异，发现金融危机发生前，两个市场之间的溢出效应十分微弱，而危机发生之后，存在从国际原油市场向股票市场的单向溢出效应。Wen 等（2012）和 Zhu 等（2014）发现经济危机发生后，原油市场和股票市场之间的相互依赖关系显著增强。Chen 和 Lv（2015）、Kang 等（2017a）的研究则表明在金融危机发生期间，石油市场与金融市场之间的联系会显著增强，而金融危机过后这种联系会有所减弱。Wen 等（2012）运用时变 Copula 相关性模型对能源（石油）市场与股票市场在经济危机中的传染进行测度，研究肯定了传染效应的存在，同时发现这种传染效应在中国市场比美国市场微弱。Chen 等（2015）研究原油价格与中国股票市场之间的传染效应，发现在金融危机时期，这种传染效应会大幅增强，而在金融危机过后，两个市场之间的传染效应会显著降低。Yousaf 等（2021）使用 DCC-GARCH 模型，研究了金融危机期间原油与新兴拉丁美洲股票市场之间的收益和波动溢出效应，发现巴西和墨西哥的股价变化对石油市场产生了积极的因果效应，而石油和拉丁美洲股市之间没有明显的波动传导。

3. 投资者情绪因素

投资者的个体决策行为会影响对市场的有效判断，因而会引起股票市场短时间内的急剧波动，而这一波动从传统的经济学角度有时难以解释。为了解释这一现象，行为金融学引入了一种假设，将不能用基本面信息解释的投资者预期称为投资者情绪。Baker 和 Wurgler（2007）认为投资者情绪是基于投资者对资产未来现金流和投资风险预期而形成的一种信念，而这种信念并不能完全反映目前的事实，并提出了代理变量：封闭式基金折价、NYSE（纽约证券交易所）股票换手率、IPO（首次公开发行股票）数量、IPO 上市首日平均收益率、股权融资的比例和股利升水等，通过这些代理变量来度量投资者情绪。中国学者易志高和茅宁（2009）在借鉴 Baker 和 Wurgler 指数构建方法的基础上，融入了能够反映中国股票市场投资者情绪变化的指标，构建了能够较好地测度中国股票市场投资者情绪的综合指数（CICSI）。能源市场存在的信息不对称导致较高的信息成本，使投资者往往由于认知偏差而导致决策偏差，出现系统的投资者非理性行为，如过度自信、羊群行为、投机交易等（Prange，2021），此类行为因素对能源价格波动及其溢出效应也起到了推波助澜的作用。目前，探讨投资者情绪与股票市场关系的研究较多，主要围绕投资者情绪对股票收益的影响（Corredor et al.，2013；Ni et al.，2015；He and Casey，2015；Frugier，2016）、对股票收益的预测（Vozlyublennaia，2014；Kim et al.，2014；Aissia，2016；Liu et al.，2022）、对股票市场波动的影响（Kumari and Mahakud，2015；Zhang et al.，2021a），以及投资者情绪与不同类型股票市场之间的关系（Baker and Wurgler，2007；Kadilli，2015；Liston，2016；Li et al.，2021；Chiah et al.，2022）。相较而言，从投资者情绪视角研究石油市场风险溢出效应的文献还较为缺乏。

4. 政策不确定性因素

尽管关于原油价格、经济政策不确定性和股市之间的复杂关系逐渐引起了研究人员的关注，但早期研究主要关注经济政策不确定性对股票市场收益率和波动率的影响，这部分研究的主要结论有：第一，与理论预期基本一致，目前的研究普遍认为经济政策不确定性对股市收益率产生负向影响（Pástor and Veronesi，2012；Wen et al.，2018；Wu et al.，2021）。第二，这种影响程度跟经济政策环境有关，且具有时变性。一方面，经济政策不确定性越高，股市收益下跌幅度越大（Pástor and Veronesi，2012）；另一方面，在股票市场极端波动时期，经济政策不确定性的影响程度更高和更持久（Arouri et al.，2016）。近年来，学术界已经逐渐意识到政策的制定和变迁会对资产价格的波动性产生关键作用，这部分研究主要得到以下三方面的结论：一是经济政策不确定性上升会抬高股市波动率（Pastor and Veronesi，2013；Ma et al.，2022a）。二是经济政策不确定性为股市长期波动的驱动因素之一（Li et al.，2019）。这方面的研究主要使用 GARCH-MIDAS 模型，该模型可以有效地提取股市波动的长期成分和短期成分，有助于识别影响股市波动的宏观经济因素，为分析股市波动中的长期趋势和短期波动提供了一个新的视角。三是经济政策不确定性在经济萎靡时期更容易导致股市的频繁波动（Pastor and Veronesi，2013）。

在经济政策不确定性、石油市场和股市的相关关系上近年来又涌现出许多研究成果。Kang 和 Ratti（2013）的研究是探讨经济政策不确定性与原油和股市互动关系这一领域的开创性研究之一，发现油价冲击与经济政策不确定性相互关联进而影响股市收益，且经济政策不确定性放大了油价冲击对实际股市收益的直接影响。You 等（2017）采用分位数回归方法研究了熊市、正常市场和牛市等不同市场环境下原油冲击和中国经济政策不确定性对股市收益的影响，发现油价冲击和经济政策不确定性的影响是不对称的，与经济环境和股票市场状况密切相关。Ftiti 和 Hadhri（2019）发现经济政策不确定性和油价信息可以提高股票市场收益的预测能力。Zhu 等（2022）基于小波的分解序列来建立分位数中的多尺度因果关系检验和分位数对分位数回归方法来揭示涉及原油、经济政策不确定性和股票收益的复杂关系。研究发现，首先，在极端市场条件下，原油和经济政策不确定性对行业股票收益的可预测性明显较强。其次，经济政策不确定性对行业股票长期收益的解释能力强于经济政策不确定性对短期收益的解释能力。再次，原油和经济政策不确定性对行业股票收益的影响在分位数水平上仍然非常不对称。最后，非能源密集型行业也受到原油冲击的影响，但低于能源密集型行业。

除了股票市场以外，近年不断涌现出政策不确定性对其他资产影响的研究，包括外汇市场（Krol，2014；Chen et al.，2020；Wang et al.，2023）、债券市场（Ioannidis and Ka，2018；Lee et al.，2021）、黄金市场（Beckmann et al.，2019；Zhang et al.，2021b）、石油市场（Ji et al.，2018a；Gao et al.，2021）、加密货币市场（Fang et al.，2020；Mokni，2021）等，均发现政策不确定性是此类资产价格波动的影响因子。相比之下，气候政策不确定性对于能源市场的溢出效应的研究较少，Hoque 等（2022）研究了美国气候政策不确定性对能源股票、替代能源股票和碳排放期货的关联性和溢出效应，发现世界能源股票和碳排放期货与美国气候政策的不确定性有关，并且气候政策对世界能源股票和碳排放期货的收益率和波动性具有溢出效应，冲击可能会传导到能源部门。

5. 气候变化因素

关于气候变化因素对石油和股票市场间溢出效应影响的研究主要得出两点结论：第一，温度、降雨量、风速等天气变化因素会对电、气、热等能源的需求和消耗产生影响，进而影响能源市场的价格变动及其溢出效应（Ilhan et al.，2021）；第二，社会各界通常将异常高温天气现象认定为碳排放量增多、气候问题愈发严重的信号，这一信号则会促使政策主体采取更加严厉的减排措施，进而增强化石能源市场与碳交易市场之间的溢出效应（Liu et al.，2013a）。

2.1.4　研究评析

鉴于石油在经济中的重要地位，国内外学者围绕石油市场内外部风险溢出效应及其驱动机制进行了广泛研究，其研究成果具有较好的借鉴意义，但仍有以下不足之处值得进一步探究。

1. 国际石油市场内部风险溢出效应研究不足

第一，现有研究采用多元 GARCH 模型探讨石油市场间溢出效应时忽略了结构突变的影响，对不同石油市场之间的波动率传导测度不够精准。虽然已有部分研究考虑了石油价格序列中的结构性变化，但这些研究只是将结构突变作为划分样本区间的依据，并没有将结构突变纳入实证模型当中。如果时间序列存在结构突变，那么标准的波动率模型（如 GARCH 模型）会高估序列的波动持续性。因此，将结构突变纳入建模过程当中可以更加准确地测度原油价格波动特征和不同原油市场之间的波动率传导。

第二，现有研究主要集中在总量层面的石油市场间信息溢出，忽略了溢出效应在不同时间周期上的异质性。石油市场涉及许多利益主体，如政府、市场投资者和制造商，由于他们的目标不同，行为和活动在不同的时间尺度上具有不同的特征，因此跨市场波动溢出在频域上存在异质性，而现有研究忽略了石油市场之间在频域范围内的波动溢出关系。

2. 国际石油市场外部风险溢出效应研究不足

第一，现有研究主要集中于石油市场对发达国家或地区股市的溢出效应，较少对新兴股票市场展开研究，对石油市场与股票市场的溢出效应的研究不够全面。既有研究对新兴股票市场的影响，尤其是石油市场对中国股票市场影响的研究还相对较少，对国际原油价格与发达股票市场及新兴股票市场的影响的差异性比较分析更为缺乏。

第二，现有研究主要使用了以历史价格信息为基础的波动率模型，缺乏从隐含波动率视角探讨石油市场对外风险溢出效应。相较于基于历史价格信息的波动率，由期权计算得到的隐含波动率不仅包含了市场参与者对历史波动信息的理解，还含有对未来市场走势的预期，能够更准确地反映市场的波动状况。但是，目前关于石油与股票隐含波动率之间关系的研究十分匮乏。

第三，现有研究主要聚焦于石油市场一般市场状态下的溢出效应，缺乏考察跨市场间的极端风险传递机制。既有研究主要考察了一般市场状态下风险溢出的水平、方向、路径和动态演化，很少有研究揭示不同规模冲击下溢出效应的异质性和不对称性，缺乏对原油市场与其他市场之间尾部风险溢出的相关研究。

3. 国际石油市场风险溢出效应驱动机制研究不足

第一，现有研究主要从供需基本面层面考察石油市场风险溢出机制，缺乏从微观投资者行为角度揭示石油市场风险溢出机制的研究。目前国内外的相关研究主要围绕国际原油价格对股票市场波动和收益的影响，而从投资者情绪视角讨论国际原油价格波动对股票市场传染效应的研究文献十分匮乏。

第二，现有关于石油与股市关系的研究主要从股票估值渠道、货币渠道、产出渠道和财政渠道等方面进行分析，对经济政策不确定性纳入原油与股市互动关系框架的研究相对匮乏，关于经济政策不确定性对石油与股市关系产生影响的作用机制尚不明晰。

第三，现阶段从气候政策不确定性视角考察石油风险溢出的研究仍相对较少，且气候政策不确定性在石油市场风险传递过程中的作用机制尚不明晰。为缓解气候变化的不利影响，以实现碳中和为目标的能源结构转型已成为全球趋势，与之相伴随的气候政策不确定性正成为石油风险溢出的重要驱动力量。

总体而言，当前关于石油市场内外部风险溢出效应以及驱动因素的研究仍然存在值得进一步探讨之处。本书将采用新的研究方法，从新的研究视角系统地分析石油市场内部风险溢出效应和外部风险溢出效应，并在明晰这一信息溢出的传递机制、路径和结构之后，探究政策不确定性和投资者行为因素对石油市场风险溢出效应的驱动机制，以期为防范国际石油市场风险提供参考价值。

2.2　石油市场风险溢出效应的理论机制

风险溢出效应是指当不同市场或经济体之间进行信息交换时，一个市场特定状况的变动所带来的冲击，不仅会影响其本身所在的市场，而且还会对其他关联的市场造成冲击，进而影响其他市场的相应状态，这种效应可以反映市场间相互关联的程度（Chen et al.，2022）。本节主要对石油市场内外部风险溢出的理论机制进行阐述。

2.2.1 石油市场内部风险溢出的理论机制

石油目前仍是最广泛使用的能源，而且石油市场比其他能源市场的市场一体化程度更高，所以相关因素造成的冲击可能会持续引发全球石油市场的剧烈波动。中国与国际石油市场波动的相互作用关系可以通过供需、资产定价、金融化和汇率等理论进行解释。

1. 供需相关理论

供需相关理论认为国际石油市场波动引起的石油进口国家和石油出口国家之间的资产重新配置，会导致政府支出的变化，从而影响到消费水平和企业的现金流和收益水平（He et al.，2022）。石油进口国面临的预期财富减少可能会限制消费和投资能力，对企业的盈利能力产生不利影响。相反，石油出口国的政府支出增加可能刺激经济增长和消费水平的提高，对企业的业绩产生积极影响。石油市场波动会通过资产重新配置的过程影响到企业的收益水平和整体经济的表现。

2. 资产定价相关理论

进入 21 世纪以来，我国石油定价市场化与国际化进程不断加快，国际市场石油价格波动加剧，国内外石油价格的联系较以往更为密切（Yang et al.，2023）。当基准油价发生波动时，必然会对国内油价产生溢出效应，而且基准石油（如 WTI、Brent 等）往往在国际石油市场上占据相当份额，许多国家的石油也与基准石油挂钩。因此，国内外的石油价格相依性，不仅仅表现为我国石油价格与国际基准油价的相依，还表现为我国石油价格与其他国家的石油价格相依，其他石油市场的价格波动会传导到我国市场（Dai et al.，2022a），当石油市场价格上涨或下跌时，这种波动往往会通过供求关系、成本结构和市场预期等渠道影响其他市场的价格水平和波动性。

3. 金融化相关理论

伴随着石油金融化属性不断加深，以往单纯的定价机制已经不足以解释油价波动带来的石油市场之间风险传染的现象，也就是说石油价格的决定机制变得比以往更加复杂，还会影响不同石油价格之间的依存性。例如，当国际投资者大规模做空某国石油期货时，在市场供求机制作用下，该国石油期货价格就会下跌。由于期货市场信息传递效率远远超过现货市场，相关负面冲击会直接影响其他石油市场投资者的心理预期，引发羊群效应和从众行为。

进一步地，在金融化背景下，受资本投机套利等因素影响，石油价格波动会比以往更加剧烈。为规避单一市场风险，机构投资者更倾向于通过资产组合的方式来配置石油资产，跨市场组合管理会影响不同石油品种之间的价格联系。例如，设定一个投资组合包括 A 和 B 两种不同石油品种，如果石油 A 价格发生剧烈波动，投资者为降低风险会减少石油 A 的配置比例且增加 B 的配置比例。如果组合规模较大，则这种资产组合的调整必然引起 B 市场的价格变化。

4. 汇率相关理论

石油以美元计价，美元的走势与石油价格走势高度相关，而我国缺乏石油定价权，现阶段国内外石油价格相依关系更多地表现为国际油价对国内油价的影响，所以国家间汇率的变动也会引起石油价格的波动（Guo et al., 2022）。国际油价的变化通过汇率渠道来影响国内油价，其过程可分为两步：第一步，国际石油价格变化通过资产替代、预期等因素引起美元币值变化；第二步，汇率具有价格传递效应，即汇率变化会影响一国进出口商品价格以及国内物价水平。

2.2.2 石油市场外部风险溢出的理论机制

石油市场在区域经济发展中占有重要地位，其市场波动会形成一系列连锁反应，不仅对区域经济发展构成深远影响，还会波及其他金融市场，扩大市场的风险和不确定性。由此可见，石油市场波动会对金融市场等产生广泛的影响，本书以股票市场为例阐述石油市场与股票市场之间风险溢出的相关理论机制，主要包括通货膨胀、利率、股票估值、投资组合、噪声交易、羊群效应、外部环境不确定性等相关理论。

1. 通货膨胀理论

通货膨胀理论认为国际石油价格的波动通过影响通货膨胀率，进而影响货币政策和整个经济。国际石油价格上涨会导致微观企业成本上升，推动通货膨胀率的增加。高通货膨胀率会影响消费者需求、企业销售和利润水平，并增加企业的借贷成本，对投资决策产生负面影响（Gong et al., 2022）。可见石油市场的价格波动对宏观经济和企业的借贷环境具有重要影响，进而引发股票市场的波动。

2. 利率理论

利率理论认为国际石油价格的波动通过引起通货膨胀率的变化，进而受到货币政策的调节，影响到借贷成本和投资者的持有成本。国际石油价格上涨带来的通货膨胀率增加可能导致央行提高利率，从而增加微观企业的借贷成本和投资者的持有成本。这些因素直接影响了股市的表现，可能导致股票市场价格的下跌和收益水平的变化（Sardar and Sharma, 2022）。因此，国际石油市场的价格波动与货币政策和利率之间存在着紧密的关联。

3. 股票估值理论

从股票市场的角度来看，石油市场的变动会直接影响能源板块的预期收益和与石油相关企业的股票收益率。这些变化将进一步传导到整个股票市场，因为能源板块在整个市场中占据重要的地位。国际石油价格的上涨或下跌将改变与石油相关的企业的预期现金流和贴现因子，从而影响它们的股票价格。这种影响可能通过市场的情绪和投资者的预期扩散到其他股票，从而对整个股票市场产生一定程度的影响。

4. 投资组合理论

一般而言，理性投资者均是风险厌恶者，对于投资者来说，他们会尽可能地选择组合投资，以此规避风险，提高收益。但众所周知，金融资产的收益和风险并存，即收益越高的资产所对应的投资风险也越大。因此，投资者可以通过选取两种及以上不完全相关的资产，进行适当比例的组合，从而实现分散风险，找寻风险与收益之间的最佳平衡点。尽管石油价格波动会引起股票市场发生变动，但从本质看，石油和股票分别从属于两种不同的资产类别，因此投资者在进行投资时可以选择两种产品的组合，这种投资组合机制也带动了石油与股票市场之间的传染效应（Xiao et al.，2022）。

5. 噪声交易理论

噪声交易理论认为，由于市场上存在信息不完全现象，因此投资者不能完全获取市场上的交易信息，导致投资者不能对市场信息进行有效判断，并利用这些信息进行决策，从而导致证券价格与实际价值产生偏离。国际石油价格波动与股票市场亦是如此，尽管国际石油价格波动信息会传递至股票市场，但与石油相关的行业的股票会最先发生变化。而信息的不对称使持有其他行业股票的投资者无法做出合理的判断，他们往往会根据历史数据和经验去做出决策，这些决策会影响到整个股票市场。

6. 羊群效应理论

羊群效应理论是指金融市场上有很多投资者不能掌握一手信息，即使他们掌握了一定的市场信息，也不能及时地通过信息判断证券价值，因此投资者在进行决策时往往难以抉择。在这种情况下，投资者往往会跟随其他投资者的行为选择制定自己的投资策略。这种基于羊群效应的行为很容易从个人行为演变到集体行为，从而影响部分乃至整个市场。在股票市场上，投资者根据石油价格变化选择买进或者卖出股票，这就增加了两者之间的关联性。

7. 外部环境不确定性相关理论

地缘政治、经济政策不确定性、突发事件等风险会直接冲击国际石油市场的供给和需求，从而间接对进出口国家的股市产生不同影响，这些外部因素对整个国民经济造成了冲击，从而直接影响投资者的投资情绪和预期。特别是突发事件，如政治危机、自然灾害或地缘冲突，往往会对石油市场产生直接影响（Gong et al.，2022）。这些事件可能导致供应中断、需求下降或市场恐慌情绪，进而引发石油价格的剧烈波动。这种价格波动会直接传导到相关的股票市场，对相关企业的盈利能力和投资者的预期投资产生影响。此外，外部因素的不确定性和突发事件也会对投资者情绪产生消极影响，进而影响他们对股票市场和石油市场的投资决策。根据风险厌恶理论，投资者在面临高风险时更加厌恶风险，更倾向于减少对股票市场和石油市场的投资。金融危机的出现会影响居民对未来可支配收入的预期回报估算，进一步加剧了投资者对风险的厌恶情绪。

综上所述，地缘政治、经济政策的不确定性以及突发事件对国际石油市场和股票市场产生直接和间接的影响。这些外部因素的冲击会引发投资者的消极情绪，使其降低对股票市场和石油市场的投资意愿。同时，情绪的影响也被研究用于解释金融危机期间石油市场和股票市场之间异常的关联性。

2.3　石油市场风险溢出关系的驱动机制

基于 2.2 节对石油市场风险溢出机制的总结梳理，本节内容在理论机制的基础上，探究石油市场之间的风险溢出关系的驱动因素，并结合研究内容分别从外部的不确定性冲击的驱动机制和内部投资者行为的驱动机制进行阐述。

2.3.1 不确定性冲击对石油市场风险溢出关系的驱动机制

经济政策不确定性作为影响宏观基本面走势、抑制经济复苏或导致股市崩溃的重要因素，在跨市场风险传递中的作用不容忽视。为缓解气候变化对能源市场（特别是石油市场）的不利影响，政府出台了许多政策，与之相伴的气候政策不确定性正成为能源市场间风险溢出的重要驱动力量。因此，经济政策不确定性和气候政策不确定性构成了国际石油市场风险溢出关系的重要驱动因素。

1. 经济政策不确定性对石油市场风险溢出关系的驱动机制

中国股票市场具有明显的政策干预特征，且经济政策不确定性在国际油价冲击影响中国经济的过程中发挥着重要作用。具体而言，主要包括以下几点理论机制。

股利贴现模型理论。当经济不景气时或经济处于衰退期时，石油市场不确定性会大大增加，投资者认为未来的经济发展趋势难以被估计，在市场上处于观望状态。相反，当经济形势较好时，政策不确定性波动较小，此时投资者对投资风险的承受能力较强，会增加投资。因此，经济政策不确定性的增加对投资有负向的影响。除此之外，经济政策不确定性的变化还会通过相关石油企业高层对投资活动的决策速度影响企业未来的现金流，进而影响石油相关的股票价格。

金融摩擦理论。当金融摩擦存在时，企业面临的外部融资成本较高，大于内源融资方式所需的资金，而此时企业的外部融资成本与内源融资成本之间的差额就形成了外部融资溢价。由此说明经济政策不确定性加大了金融摩擦程度，提高了溢价水平，其产生的实物期权效应会引起投资下降，进而引起资产价格下跌，最终导致企业净资产贬值。对于企业而言，金融摩擦的出现导致外部融资成本提高，融资难度也进一步加大，从而造成信贷和投资下降与资产价格下跌的无限循环，再将这种影响传导至实体经济和股票市场当中，股票市场在接收到这一信号之后，便会呈现股价波动反馈。

可见，股票市场会对市场经济情况作出一定的反应，而股票市场中存在的非理性波动又会迫使政府出台相应的经济政策以应对市场中的非理性因素。我国股票市场中的散户占比较大，市场中的非理性因素更强，为了抑制非理性因素蔓延，我国政府实施的相关政策又会使得经济政策不确定性升高，并降低政策制定主动性以及灵活性。

油价对宏观经济来说至关重要，政策制定者会对油价冲击作出适当反应从而引起经济政策不确定性发生变化。我国是石油进口大国，超过70%的石油依赖于进口，目前我国在国际能源市场中并没有定价权，因此国际油价的变化会引起我国石油价格的变动（Chen and Sun，2021）。当国际油价上涨时，我国作为进口国，会被动地接受国际油价的上涨，企业的生产成本因此提高，根据经济学的生产和成本理论，原材料价格的提升会引起消费者生活成本的提高。为了缓解上述情况，阻止经济衰退，政府会出台一系列经济政策，如通过提高利率以抑制通货膨胀。综上，石油价格的变动会使得经济政策不确定性指数发生一定变化。

2. 气候政策不确定性对石油市场风险溢出关系的驱动机制

世界百年未有之大变局加速演进，全球气候变化引发的环境危机事件频发。在全球应对气候变化背景下，政府将不可避免地实施和调整一系列与气候变化相关的政策，而气候政策的调整具有不确定性。气候政策不确定性主要通过石油市场基本面和投资者行为渠道影响石油市场间的风险溢出效应。

投资组合理论。投资组合理论认为现实中的投资者分为理性投资者和感性投资者，理性投资者属于风险厌恶型，即这些投资者在投资时往往选择风险较小的投资组合，以便获得收益最大化。但现实中，金融资产的收益性和风险性呈现负相关关系，因此投资者可以在众多金融产品中选择两种或以上不完全相关的产品，从而分散风险。为了对冲气候变化带来的不确定性，投资者会在绿色股票和棕色股票之间转移，当气候政策不确定性增加时，投资者倾向于投资相较于棕色股票表现更好的绿色股票。绿色企业实际投资增多，棕色企业实际投资减少，进一步倒逼石油等高碳行业转型升级，产生积极的社会影响（Pástor et al.，2021；Venturini，2022）。

供需相关理论。气候政策不确定性会加剧能源市场供需基本面的失衡，而且能够通过预期效应影响能源企业的投资行为，进而引起能源市场风险上升。从具体路径来看，主要包括实物期权和金融摩擦效应。根据实物期权理论，企业投资具有不可逆性，在气候政策不确定性条件下，能源企业往往会选择推迟投资，同时研发投入和融资需求也会降低。对于能源企业而言，金融摩擦效应加大企业的融资难度，造成信贷和投资同步下降。气候政策不确定性的存在使得企业主体难以对政策的方案和后果形成准确预期，这种担忧可能导致产能下降，同时提高化石能源成为搁浅资产的可能性。能源供需基本面的变化会进一步通过替代效应和总需求效应直接对能源价格形成冲击，最终增强各个能源市场之间的互动及其溢出效应（Wen et al.，2022）。

非理性行为相关理论。传统的经济学理论认为，市场主体在决策时总是能理性地、正确地考虑获得的所有相关信息，并以明智的方式评价收益和成本，实现效用最大化。然而，越来越多的研究指出化石能源市场、碳市场、清洁能源市场都并非有效市场。随着研究的进一步深入，不少研究发现能源市场非有效性难以通过分析市场基本面因素得到合理解释，还需要考虑能源市场投资者的心理、情绪及行为等因素。对于投资者而言，政策不确定性是影响个体投资决策的关键因素。不确定的气候政策环境增加了投资者对未知风险的敏感程度和厌恶水平，进而强化了投资者的有限理性特征，极易表现出羊群行为、投机交易等非理性行为（Chen et al.，2023）。由于不同类别的能源资产具有不同的收益-风险特征，投资者为规避风险往往会投资不同类别的能源资产，在气候政策不确定性冲击下，投资者恐慌情绪会迅速在市场间传染扩散，从而加剧了能源市场间的风险溢出水平。

2.3.2　投资者行为对石油市场风险溢出关系的驱动机制

考虑到投资者是非理性的，个体间的差异性决定了现实中投资者的决策过程受到非理性因素的影响，同样他们的非理性行为产生的影响也会通过石油市场传递至股票市场（Dai et al.，2022a）。本节在以往研究的基础上，进一步梳理投资者行为对于石油市场风险溢出关系的驱动机制。

不对称相关理论。当人们面临着众多的选择时，注意力的有限性会让人们倾向于使那些容易引起他们注意的选项进入考虑范围内（Białkowski et al.，2022）。比如，投资者在石油市场处于稳定状态时会被其高的投资回报所吸引，从而倾向于投资棕色股票；但是，当石油市场受到外部冲击处于不稳定状态时，投资者担心自己的资产受损，为规避风险会选择关注一些政策扶持的绿色股票。可见投资者在行为上也存在着不确定性，其不确定的投资行为会带来股票市场的波动。

羊群效应理论。金融市场上的部分投资者由于信息获取不全等，在投资时很难做出明智的投资决策，他们往往根据其他投资者的行为制定自己的投资策略。投资者之间互相学习、模仿等行为的存在，极易导致个体市场行为趋同，从而引起资本市场的暴涨或者暴跌。这种基于羊群效应的行为很容易从个人行为演变到集体行为，从而对石油与股票市场之间的相关性产生影响。在市场传染假说背景下，当石油（股票）市场处于经济政策环境不稳定情形时，投资者的恐慌情绪会即时传染至股票（石油）市场，从而引起股票（石油）市场发生波动（Wang et al.，2022）。

过度自信理论。心理学家发现，人们往往过分相信自己的判断能力，高估自己对事物的控制，把成功归因于自己，低估了外部环境和运气的作用，这种对自己行为的心理认知偏差称为"过度自信"。现实中，概率估计的准确性往往远低于实际结果，过度自信致使投资者高频交易，而过度交易会降低投资者的收入。人们往往过于相信自己在专业领域的判断能力，投资者往往把成功交易归因于自己的判断能力，而认为失败投资则是由外部因素而不是自身的失误所造成的。投资者受到过度自信的影响并对未来石油市场指数进行了预测，预测结果往往与实际指标相差甚远，导致过度自信显著增加了石油市场波动性和交易量。

投资者风险偏好理论。风险偏好指在不同风险环境下个人投资者做出的选择。过往学者的研究结果发现，投资者的投资行为或投资决策会因为个体特征内部因素与所处环境的外部因素影响产生不同的风险偏好，即内外部因素的影响会形成不同的风险偏好。例如，当对气候变化的担忧上升时，投资者从棕色资产转向绿色资产，导致绿色股票的表现优于棕色股票，从而对石油行业产生冲击（Bouri et al.，2022）。

行为组合理论。该理论认为个人投资者得出的最优投资决策是在随机条件下个人偏好的选择。与马科维茨的现代资产组合理论相比，行为组合理论更符合实际情况，更贴近个人投资者实际发生的投资行为。投资者通过综合考察现有财富、投资石油市场的安全性、期望财富水平、达到期望水平的概率等几个因素来选择符合个人愿望的最优投资组合，当石油市场发生剧烈波动影响股票市场时，为规避投资风险，投资者会调整自己的投资组合，进而对股票市场起到反馈作用。

2.4 本章小结

本章作为文献综述和理论基础部分，首先，针对与本书相关的文献进行回顾，包括石油市场内部风险溢出效应、石油市场外部风险溢出效应及石油市场风险溢出的驱动因素的相关研究，并进一步对已有相关研究进行述评。其次，从石油市场内部和外部两个层面阐述了石油市场风险溢出效应的理论机制，并结合本书研究内容，从不确定性冲击和投资者行为两个方面阐述了石油市场风险溢出关系的驱动机制，从而为本书的实证研究章节提供了理论基础和研究思路。

第 3 章　结构突变下国内外原油市场间的信息溢出效应

目前，WTI 和 Brent 是国际石油市场上两个主要的原油定价基准，分别代表北美和欧洲石油市场的供求情况。尽管中国已经成为全球最大的原油净进口国和重要的原油生产国，但在原油定价方面，中国仍然被动地跟随国际市场，无法真实准确地反映本国市场的供求信息（Chen et al.，2009）。自 2018 年 3 月 26 日以来，中国开始在 INE 推出以人民币计价的原油期货交易，这一新的原油期货市场是否能够填补原油定价方面的空白呢？在此背景下探究国内外原油市场间的信息溢出效应，不仅可以深入了解中国新上市原油期货在国际原油市场的地位和影响力，对于风险监管者制定中国原油期货市场风险防控策略以及市场投资者进行资产配置也都具有重要的理论和现实意义。

3.1　问题的提出

中国以人民币（元）计价的原油期货于 2018 年 3 月 26 日在 INE 上市，不仅可以为中国企业提供有效的价格风险管理工具，优化石油资源配置和服务实体经济，还将有利于形成反映亚太地区石油市场供需关系的基准价格体系，填补国际原油期货市场（WTI 和 Brent）在交易时区上的空白，形成 24 小时连续交易机制，同时也补充完善了国际原油定价体系。INE 推出的原油期货是中国推出的第一个国际化期货品种，其与国际原油期货市场的整合程度引起了广泛关注。本章使用日内高频数据检验了原油期货市场之间的时变相关性和波动溢出效应，同时考虑了金融时间序列中存在的结构突变的影响。

中国原油期货市场与国际原油期货市场之间的整合关系具有重要的经济和政策启示：第一，中国已超过美国成为世界第一大原油净进口国（EIA，2018），据《BP 世界能源展望（2018 年版）》（BP，2018a）估计，中国原油对外依存度将从 2016 年的 63%上升至 2040 年的 72%，这意味着相比于其他石油市场而言，中国石油市场和石油安全更可能面临着国际油价的波动风险。第二，这种整合关系可以反映中国新上市的原油期货市场在全球石油市场中的地位。目前，国际石油市场中的 WTI 和 Brent 两大原油定价基准，分别代表着北美和欧洲石油市场的供求关系。尽管中国已成为世界第一大原油净进口国和重要的原油生产国，但是在原油定价方面只能被动跟随，无法真实准确反映来自本国市场的供求信息（Chen et al.，2009）。从更广泛的角度来看，亚太地区石油基准市场空白，是所谓的"亚太溢价"效应的根本原因（Ji and Zhang，2019）。尽管亚太地区的其他一些国家，如日本和新加坡，都在致力于形成油价基准，但都没有取得成功。那么，中国原油期货市场在上市之后能否填补这一空白？本章希望通过提供实证证据来回答这个问题。第三，国内外原油期货市场之间的整合关系可以为石油企业和投资者进行能源风险管理提供有价值的信息。由于原油通过期货合约进行交易，原油期货市场在价格发现功能方面具有重要作用，因此对原油期货价格的分析有助于解释石油市场的运行机制（Elder et al.，2014；Chang and Lee，2015）。此外，原油期货合约是对冲未来石油价格变化风险的重要衍生工具，交易商和投资者利用原油期货合约设计对冲策略，进行能源风险管理（Lean et al.，2010）。而对冲策略可能因原油市场而异，因此不同原油期货市场之间的关联程度可以为资产配置和对冲策略提供有价值的信息（Reboredo，2011）。

关于石油市场整合关系的研究可以追溯至 20 世纪 80 年代，当时 Adelman（1984）提出了全球石油市场一体化的假说，认为全球石油市场就像"one great pool"（一个大池塘），即一个地区石油价格的变化会对其他地区的石油市场产生影响。相比之下，Weiner（1991）则支持石油市场区域化的观点，认为各地区石油市场是独立变动的，其石油价格变动主要跟当地政府的能源政策和供需平衡有关。围绕"一体化-区域化"假说，后续研究展开了广泛讨论。从结果来看，大多数实证研究使用线性和非线性模型提供了原油市场整合的证据，如 Rodriguez 和 Williams（1993）使用协整分析基于 1982～1992 年月度数据检验了 WTI、Brent、ANS（Alaskan North Slope）和 Dubai 原油市场之间的关系，该研究发现了原油市场整合的证据，从而支持了"one great pool"假说。Gülen（1999）认为，较高频率的数据可用于分析世界不同地区原油价格之间在短期内的联动关系。他使用原油现货价格周数据，发现联动关系在油价上涨期间比油价下跌期间更强，这意味着线性协整模型不适合用于分析全球原油市场的价格动态。为了探究原油价格之间潜在的非线性关系，Hammoudeh 等（2008）基于 1990～2006 年日数据，运用动量阈值自回归（MTAR）模型检验了四个原油市场（WTI、Brent、Dubai 和 Maya）之间的关系，该研究结果表明原油价格之间存在协整关系。基于 1997～2008 年周数据和阈值自回归（TAR）模型，Fattouh（2010）发现原油价差是平稳的，表明全球石油市场是一体化的。但是，石油市场之间的整合关系是动态变化的。关注全球 24 个主要原油生产国和消费国原油市场，Ji 和 Fan（2016）使用 2000～2011 年原油现货价格周数据验证了全球原油市场的整合关系，支持"one great pool"假说。在最近的一项研究中，Kuck 和 Schweikert（2017）使用马尔可夫-转换误差修正模型检验了五个主要原油市场（WTI、Brent、Bonny Light、Dubai 和 Tapis）现货价格在 1987～2015 年的长期均衡关系，该研究认为全球原油市场是一体化的，原油市场之间的关系随时间动态变化。

随着中国成为世界主要原油进口国，原油对外依存度不断升高，探究中国原油市场与国际原油市场之间的整合关系可以为全球石油市场一体化或区域化假设提供更多依据（Liu et al.，2013a）。基于 1997～2010 年原油现货价格周数据，Li 和 Leung（2011）发现中国原油市场（大庆）与全球主要原油市场之间存在高度联动关系，实证结果表明中国石油市场是世界石油市场不可分割的一部分。使用 1991～2011 年原油现货价格月数据，Song 和 Li（2015）结合 VAR 和 VEC-TARCH（向量误差修正-门限自回归条件异方差）模型检验了中国原油市场（大庆）与 WTI 原油市场之间的关系，发现这两个原油市场逐渐整合。Song 等（2016）使用原油现货价格周数据和 DCC-GARCH 模型检验了中国原油市场（大庆）与三个全球主要原油市场（WTI、Brent 和 Dubai）之间的动态关系，发现中国原油市场与国际原油市场之间的联动关系在 2005 年以后有所增强。

受经济或地缘政治事件影响，原油价格波动可能存在结构性变化（Wilson，1996；Lee et al.，2010；Charles and Darné，2014；Ewing and Malik，2017）。已有一些研究将结构突变考虑到不同原油市场关系分析当中，如 Gülen（1999）根据原油价格序列的结构突变点将样本区间分为油价上涨和油价下跌两个子区间，发现联动关系在油价上涨期间显著增强。基于 CUSUM 结构断点检验，Chen 等（2015）检测到 WTI-Brent 原油价差序列在 2010 年存在结构突变点，并根据结构突变点发生的日期将样本区间分为两个子区间，发现在结构突变发生前后，WTI-Brent 原油价差序列的持续性发生了显著变化。使用 Bai 和 Perron（2003）检验，Ji 和 Fan（2015）发现 WTI 和其他原油价格之间的时变相关性存在一个结构突变点，在结构突变发生之后，相关性显著降低。

可见多数已有研究证实了全球石油市场一体化，表明供给和需求冲击对一个地区原油价格的影响会迅速溢出到其他地区的原油市场；原油价格之间的相关关系是动态变化的。此外，经济或地缘政治事件可能引起原油价格序列的结构性突变，进而对原油价格之间的关系产生影响。

然而，已有研究仍存在一些不足之处。

第一，大多数研究基于原油现货价格检验了不同石油市场之间的整合关系，却很少关注使用原油期货价格。相比于原油现货价格，原油期货价格包含更多准确信息，交易者使用这些信息来形成对未来石油供给、需求和均衡价格的预期（Kao and Wan，2012）。除了价格发现功能以外，原油期货合约还是石油企业和投资者对冲未来石油价格变化风险的重要衍生工具。因此，不同原油期货市场之间的互动关系可以为市场参与者进行能源风险管理提供有价值的信息。

第二，现有研究主要使用了月数据、周数据或日数据，没有考虑日内价格动态。在金融市场中，数据的离散采集必然会造成信息不同程度的缺失，而高频数据则可保留更多原始数据信息。原油市场已成为全球金融市场的重要组成部分，其具有较强的流动性，可以在分钟之内反映更多新的信息，因此日内价格动态更能反映原油市场价格波动特征（Liu and Wan，2012；Elder et al.，2013）。此外，如果价格序列观测间隔太长，则其测序无法确定，那么序列之间初始的变化和反应则会表现出同期性（Hasbrouck，1995）。

第三，现有研究主要检验了石油价格或收益水平上的整合关系，很少关注石油市场之间在波动率水平上的关联。金融资产的波动率衡量了标的资产投资收益率的变化程度，对于资产定价、投资组合、风险管理和制定货币政策具有重要意义（Ewing and Malik，2017）。因此，对于波动率关系的分析有助于理解市场不确定性或风险在不同原油市场之间的转移机制。

第四，虽然已有部分研究考虑了石油价格序列中的结构性变化，但这些研究只是将结构突变作为划分样本区间的依据，并没有将结构突变纳入实证模型当中。如果时间序列存在结构突变，那么标准的波动率模型（如 GARCH 模型）会高估序列的波动持续性（Lamoureux and Lastrapes，1990）。因此，将结构突变纳入建模过程当中可以更加准确地测度原油价格波动特征和不同原油市场之间的波动率传导。

出于以上考虑，跟以往研究相比，本章的主要贡献如下。第一，本章提供了基于日内高频数据的实证证据，而这是以往研究鲜有涉及的。第二，除了原油价格收益水平上的互动关系以外，本章还考虑了不同原油市场之间的波动率传导。第三，本章检测了原油价格序列中可能存在的结构突变，并将这些结构突变通过构建虚拟变量的方式纳入原油市场互动关系建模过程当中，进一步检验结构突变对原油价格波动特征及跨市场互动关系的影响。第四，本章从动态视角揭示了原油市场之间的时变关系。尽管全球原油价格变动趋势接近（Ji and Fan，2015），但区域贸易的多样化、能源政策的差异化及特定的地缘政治风险等因素又会对区域石油价格产生重要影响（Jia et al.，2017）。所以，不同市场的原油价格变化并不总是保持一致，其联动关系呈现动态相依特征。具体而言，本章基于原油期货价格日内高频数据，首先应用 Bai 和 Perron（2003）方法检测原油期货价格收益序列的结构突变，接着将检测到的结构突变通过构建虚拟变量的形式纳入 VAR-DCC-GARCH 模型和 VAR-BEKK-GARCH 模型当中，从而更加准确地检验中国原油期货市场与国际原油期货基准市场（WTI 和 Brent）之间的时变相关性和波动溢出效应，并考察了结构突变对原油期货市场之间相关关系的影响[①]。

使用 2018 年 3 月 26 日至 2018 年 8 月 25 日日内 5 分钟数据，本章的主要实证结果表明，中国原油期货市场与国际基准市场之间的时变相关性在样本的大部分时期超过 0.7，市场之间存在显著的双向波动溢出效应。结构突变对市场之间的相关性、最优投资组合权重和对冲比率都有显著影响。这些结果对投资者和政策制定者具有重要的经济启示。

本章的其余部分组织如下：3.2 节介绍了研究方法，3.3 节展示了数据和初步分析，3.4 节和 3.5 节提供了实证结果，3.6 节讨论了投资组合管理的经济启示，最后，3.7 节总结本章内容。

3.2　模　型　构　建

本章研究的主要目的是检验原油期货市场之间的时变相关性和溢出效应，为了更准确地进行模型估计，考虑了原油价格序列中的结构突变的影响。研究框架包括：第一，使用 Bai 和 Perron（2003）断点检验方法检测原油期货价格收益序列中的结构突变；第二，将检测到的结构突变通过构建虚拟变量的形式纳入均值方程 VAR 模型中；第三，基于 VAR 模型估计结果，分别使用 DCC-GARCH 和 BEKK-GARCH 模型估计原油期货市场之间的动态条件相关性和波动溢出效应。

3.2.1　结构突变检验方法

忽视金融时间序列中的结构突变，可能会导致 GARCH 模型估计产生偏差，高估其波动持续性（Lamoureux and Lastrapes，1990；Mikosch and Stărică，2004；Charles and Darné，2014；Tule et al.，2017）。现有几种方法可以用来检验金融时间序列的结构突变，如 Chow test（邹氏检验）（Chow，1960）、CUSUM test（累积和检验）（Brown et al.，1975）、BP（Bai and Perron，2003）检验。但是，Chow test 需要预知结构突变的确切数据点（McLeod and Haughton，2018）。CUSUM test 方法不能提供断点个数及相应的日期等信息（Mensi et al.，2016）。因此，本章

---

① 在国际原油市场，WTI 和 Brent 是全球交易量最大、流动性最强的原油期货合约，它们的期货价格常用作石油企业经营、金融交易和政策制定的代表性原油价格参考（Elder et al.，2014；Chen et al.，2015）。

使用 BP 结构突变检验，该检验可以基于最小二乘技术有序检测时间序列中的多个突变点，并且内生性地定位断点发生的日期。如果检测到的结构突变点的个数为 m，整个样本区间可以划分为 $m+1$ 个区制。该检验可以通过以下线性回归方程表示。

$$y_t = \delta_j z_t + \gamma \varphi_t + \epsilon_t, \quad t = T_{j-1}+1, \cdots, T_j, j = 1, \cdots, m+1 \tag{3-1}$$

其中，y_t 为时刻 t 的因变量；z_t 为常数项；φ_t 为自变量；δ_j 和 γ 为相应的系数；ϵ_t 为 t 时刻的分布；$T_1, \cdots, T_m$ 为结构突变点。Bai 和 Perron（2003）发展了不同的检验方法，包括全局最大化断点检验法和循序检验法。在本节研究中，我们采用循序检验法。

3.2.2　VAR 模型

VAR 模型可用于预测相互关联的时间序列，分析随机扰动对变量系统的动态冲击，并解释经济冲击或事件对经济变量的影响（Zhang and Sun，2016）。本节使用 VAR 模型作为条件均值方程，来分析市场之间的收益率溢出，为进一步使用多变量 GARCH 模型研究市场之间的相关性和溢出效应提供基础（Mensi et al.，2013）。根据赤池信息量准则（AIC）最小的原则，我们选择了 VAR（1）模型。包含结构突变的双变量 VAR（1）模型设定如下：

$$r_t^c = \mu^c + a^c r_{t-1}^c + b^c r_{t-1}^g + d_1 D_1 + \cdots + d_p D_p + \varepsilon_t^c \tag{3-2}$$

$$r_t^g = \mu^g + a^g r_{t-1}^g + b^g r_{t-1}^c + e_1 D_1 + \cdots + e_q D_q + \varepsilon_t^g \tag{3-3}$$

其中，r_t^c 和 r_t^g 分别为中国原油期货（INE）价格和国际原油期货（WTI 和 Brent）价格序列的对数收益率，计算公式为 $r_t = 100 \cdot \ln(P_t / P_{t-1})$，$P_t$ 为各原油期货市场在 t 期的收盘价格；μ^c 和 μ^g 为常数项；a^c 和 a^g 可以测度其自身的均值溢出；b^c 和 b^g 测度跨市场之间的均值溢出；ε_t^c 和 ε_t^g 为 VAR（1）模型的残差序列；p 和 q 分别为中国原油期货收益和国际原油期货收益序列的结构突变点个数；D_p 和 D_q 为对应结构突变的虚拟变量，与 Tule 等（2017）研究一致，将虚拟变量设定为从结构突变点开始取值为 1，其他取值为 0；d_1、e_1 为系数矩阵。

3.2.3　MGARCH 模型

本节使用两个多变量 GARCH（1，1）模型来建模分析中国原油期货市场与国际原油期货市场之间的动态条件相关性和波动溢出。第一个是 Engle（2002）提出的 DCC-GARCH 模型，其不仅可以测度每个市场的波动持续性，还可以灵活地对方差-协方差矩阵进行建模，描述市场之间的时变联动关系。尽管滚动窗口方法也可以估计时变相关系数，但是在滚动窗口方法中，估计结果高度依赖于窗口长度的选择，而窗口长度的选择需要在数据的噪声强度和窗口宽度之间权衡，DCC-GARCH 模型可以避免窗口长度选择的干扰（Ji and Fan，2016）。第二个是 Engle 和 Kroner（1995）改进的完整的 BEKK-GARCH 模型，该模型可以测度市场自身的以及市场之间的波动溢出效应。

1. DCC-GARCH 模型

DCC-GARCH 模型的参数估计有两个步骤：第一步，先估计每个收益率序列的单变量 GARCH 模型，然后用得到的条件方差去除残差，得到标准化残差序列。第二步，用第一步得到的标准化残差序列计算动态条件相关系数。首先，构建单变量 GARCH（1，1）模型：

$$\varepsilon_t \big| \Omega_{t-1} \sim N\left(0, H_t\right), \quad \varepsilon_t = \begin{bmatrix} \varepsilon_t^c \\ \varepsilon_t^g \end{bmatrix}, \quad H_t = \begin{bmatrix} h_t^{cc} & h_t^{cg} \\ h_t^{gc} & h_t^{gg} \end{bmatrix} \tag{3-4}$$

$$h_t = \omega + \alpha \varepsilon_{t-1}^2 + \beta h_{t-1} \tag{3-5}$$

其中，ε_t 为一个由 VAR 模型得到的 2×1 残差矩阵；Ω_{t-1} 为包含截止时间 $t-1$ 的信息集；H_t 为残差的条件方差-协方差矩阵；h_t^{cg} 和 h_t^{gc} 为中国原油期货收益和国际原油期货收益之间的协方差；h_t^{cc} 和 h_t^{gg} 分别为从中国原油期货收益和国际原油期货收益序列的单变量 GARCH 模型得到的条件方差；$\omega > 0$，$\alpha \geqslant 0$，$\beta \geqslant 0$，这确保了条件方差（h_t）为正，ω 为常数项，α 和 β 之和衡量了给定冲击的波动持续性。

其次，计算市场之间的 DCC 系数。残差的条件方差-协方差矩阵可以表示如下：

$$H_t = D_t R_t D_t \tag{3-6}$$

$$D_t = \mathrm{diag}\left(\sqrt{h_t^{cc}}, \sqrt{h_t^{gg}}\right) \tag{3-6a}$$

$$R_t = \mathrm{diag}\left(Q_t\right)^{-\frac{1}{2}} Q_t \mathrm{diag}\left(Q_t\right)^{-\frac{1}{2}} \tag{3-6b}$$

$$Q_t = \left(1 - \theta_1 - \theta_2\right)\overline{Q_t} + \theta_1\left(z_{t-1}z_{t-1}'\right) + \theta_2 Q_{t-1} \tag{3-6c}$$

$$z_t = \left(\varepsilon_t^c, \varepsilon_t^g\right)' \tag{3-6d}$$

其中，R_t 为动态条件相关系数矩阵；D_t 为残差的条件标准偏差的 2×2 对角矩阵；Q_t 为标准残差的 2×2 条件方差-协方差矩阵；$\overline{Q_t}$ 为标准残差的 2×2 非条件方差-协方差矩阵；z_t 为一个 2×1 标准化残差矩阵；θ_1 和 θ_2 分别为短期和长期冲击对 DCC 的持续性，θ_1 和 θ_2 均为非负值且满足 $\theta_1 + \theta_2 < 1$；z_{t-1}' 为标准误差项的转置矩阵。

DCC-GARCH 模型的参数通过准最大似然方法进行估计，见式（3-7）。其中，假定 ε_t 的条件分布服从一个联合的高斯对数似然函数，在双变量中设定观测值样本量为 T 且 $k=2$。

$$\log L = -\frac{1}{2}\sum_{t=1}^{T}\left[k\log\left(2\pi\right) + 2\log\left|D_t\right| + \log\left|R_t\right| + \varepsilon_t' R_t^{-1}\varepsilon_t\right] \tag{3-7}$$

其中，ε_t' 为残差矩阵的转置。

2. BEKK-GARCH 模型

对 H_t 的不同设定会产生不同的多变量 GARCH 模型，如 Engle 和 Kroner（1995）通过假定协方差矩阵具有正定性，引入了 BEKK-GARCH 模型。中国原油期货市场和国际原油期货市场的完整 BEKK-GARCH（1，1）模型描述如下：

$$H_t = CC' + A'\varepsilon_{t-1}\varepsilon_{t-1}'A + B'H_{t-1}B \tag{3-8}$$

$$C = \begin{bmatrix} c^{cc} & 0 \\ c^{cg} & c^{gg} \end{bmatrix}, \quad A = \begin{bmatrix} a^{cc} & a^{cg} \\ a^{gc} & a^{gg} \end{bmatrix}, \quad B = \begin{bmatrix} b^{cc} & b^{cg} \\ b^{gc} & b^{gg} \end{bmatrix} \tag{3-9}$$

其中，C 为一个 2×2 下三角常数矩阵；C' 为 C 的转置矩阵；a^{cg} 和 b^{cg} 分别反映了中国原油期货市场向国际原油期货市场的短期和长期波动溢出；a^{gc} 和 b^{gc} 分别反映了国际原油期货市场向中国原油期货市场的短期和长期波动溢出；a^{cc} 和 a^{gg} 分别为前期冲击对自身当期波动的影响；b^{cc} 和 b^{gg} 分别为前期波动对自身当期波动的影响。

相似地，BEKK-GARCH 模型的参数通过准最大似然方法进行估计，方程如下：

$$\log L = -\frac{1}{2}\sum_{t=1}^{T}\left[k\log(2\pi) + \ln|H_t| + \varepsilon_t' H_t^{-1}\varepsilon_t \right] \tag{3-10}$$

3.3　数据描述

3.3.1　数据

本章考察中国原油期货市场与国际原油期货市场之间的整合关系,分别选取纽约商品交易所的 WTI 原油期货近月合约和伦敦洲际交易所的 Brent 原油期货近月合约价格为国际原油期货市场价格的代表,同时选取中国上海国际能源交易中心的 INE 原油期货近月合约价格作为中国原油期货市场价格的代表,样本区间为 2018 年 3 月 26 日至 2018 年 8 月 25 日,数据来源于 Bloomberg。样本时间范围取决于中国原油期货价格数据的开始日期。

3.3.2　去除日内季节效应

在金融市场中,采样频率对波动率的估计有重要影响。高采样频率会产生微观结构噪声效应,而低采样频率不能包含当日的全部波动信息(Gong and Lin,2018)。因此,与 Liu 和 Wan(2012)、Rosa(2014)、Wen 等(2016)的研究一致,我们选取了 5 分钟频率的样本数据。从交易时间来看,三个原油期货市场的交易存在不同步性。其一,中国、美国和英国的节假日有所不同,从而三个市场的交易日期不同步。其二,由于三个市场分布在三大洲,存在时差。具体来说,中国原油期货市场的交易时间为周一至周五北京时间 9:00～11:30、13:30～15:00、21:00～2:30(T+1),WTI 原油期货市场的交易时间为周日至周五纽约时间 18:00～17:00(T+1),Brent 原油期货市场的交易时间为伦敦时间 1:00～23:00。为了便于数据选取,我们将 WTI 和 Brent 原油期货的交易时间都转换为北京时间(图 3-1)。此外,三个原油期货市场定价币种也有所不同,中国原油期货合约以人民币定价,WTI 和 Brent 以美元定价。因此,在完成人民币兑美元汇率换算、时区转换以及剔除不同市场交易时间不重合的数据之后,我们最终得到 10582 组 5 分钟频率的观察值。

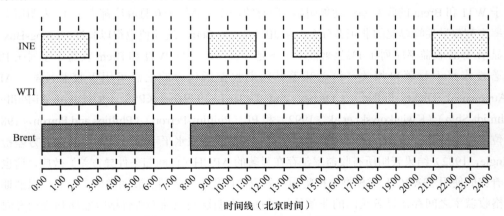

图 3-1　INE、WTI 与 Brent 原油交易时段

图 3-2 展示了 INE、WTI 和 Brent 原油期货价格变动趋势，可以看出三个原油期货市场价格变化趋势十分相似。这意味着，原油期货价格在很大程度上受供给和需求、地缘政治、经济增长和金融市场等共同潜在因素驱动。总的来说，在大部分时期 INE 的价格介于 WTI 和 Brent 之间。在 INE 上市的首月，INE 和 WTI 的价格较为接近，随后 INE 和 WTI 的价差逐渐增大，进入第三个月，两者之间的价差又开始缩小。在 INE 上市四个月后，INE 的价格逐渐超过 Brent 价格，在第五个月 INE 价格又开始回落。三个原油期货市场价格之间的共同变动趋势可以初步表明市场之间可能存在冲击和波动相关关系，因此需要使用多变量方法进一步深入揭示市场之间的相关性和溢出效应。

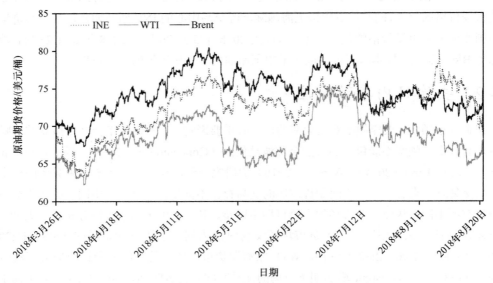

图 3-2　INE、WTI 与 Brent 原油期货价格变动趋势

3.3.3　数据的描述性统计

表 3-1 展示了收益率的描述性统计和统计检验结果。从标准差来看，INE 的收益率波动相对于 WTI 和 Brent 的收益率波动更明显。所有的偏度显著异于 0 且峰度都大于 3，表明所有收益率序列都呈尖峰厚尾的非正态分布，从 JB（Jarque-Bera）统计值也得以验证。Ljung-Box 检验显示，INE 收益率序列在 1%显著性水平下是显著自相关的，WTI 和 Brent 收益率序列在 10%显著性水平下显著自相关，这意味着其前期收益所包含的信息可用于收益预测。ADF（Augmented Dickey-Fuller）（Dickey and Fuller，1979）、KPSS（Kwiatkowski-Phillips-Schmidt-Shin）（Kwiatkowski et al.，1992）和 PP（Phillips-Perron）（Phillips and Perron，1988）单位根检验结果都表明，所有收益率序列在 1%的显著性水平下是平稳的。条件异方差检验（Engle，1982）结果表明所有收益率都存在显著的 ARCH（自回归条件异方差）效应，这也引导着我们使用 GARCH 类模型来检验国内外原油期货市场之间的波动溢出。最后，原油期货价格收益率之间存在显著正向的非条件相关性，表明这些原油期货价格收益序列变动方向基本一致。

表 3-1　各个原油市场 5 分钟频率收益的描述性统计

变量	INE 市场	WTI 市场	Brent 市场
面板 A：基本描述性统计			
均值	0.0001	0.0002	0.0005
标准差	0.1760	0.1549	0.1451
最大值	5.0626	1.8799	1.8111
最小值	−3.7218	−3.1202	−2.1645
偏度	0.4989	−1.5546	−1.0442
峰度	112.3539	49.4133	39.6380
JB 检验	5272543.0000	95399.2000	593729.7000
P 值	0.0000	0.0000	0.0000
$Q(20)$	224.7500***	28.6590*	29.9310*
面板 B：单位根检验			
ADF 检验	−33.4589***	−101.8118***	−103.6664***
PP 检验	−109.0753***	−101.8114***	−103.6981***
KPSS 检验	0.1093***	0.0714***	0.0919***
面板 C：条件异方差检验			
ARCH-LM 检验	2225.9720***	19.6142***	14.7772***
面板 D：非条件相关性			
INE 市场	1.0000		
WTI 市场	0.6499**	1.0000	
Brent 市场	0.6784**	0.7955**	1.0000

注：JB 检验为正态分布检验。P 值表示能拒绝原假设的最低置信水平。Ljung-Box 检验的统计量 $Q(n)$ 分别检查变量到 n 阶回归的序列相关性。ARCH-LM 检验参考了 Engle（1982）的条件异方差检验。*、**和***分别表示在 10%、5% 和 1%的显著性水平下拒绝原假设。

3.4　结构突变检验

本节展示了使用 Bai 和 Perron（2003）检验的原油期货价格收益序列中的结构突变检测结果，以及将结构突变纳入双变量 VAR-DCC-GARCH 模型和 VAR-BEKK-GARCH 模型对原油期货市场之间的动态条件相关性和波动溢出效应的估计结果。3.6 节将提供关于原油期货投资组合管理和对冲风险策略的讨论。

表 3-2 展示了结构突变检验结果，分别包括突变点的个数及其对应日期、循序 F 统计量和临界值。结果表明，INE 收益序列存在两个结构突变点，对应日期分别为 2018 年 3 月 26 日和 2018 年 8 月 21 日，WTI 和 Brent 收益序列各存在一个结构突变点，其对应日期分别为 2018 年 8 月 22 日和 2018 年 8 月 21 日。可以看出，在 2018 年 8 月 22 日附近，三个原油期货收益序列均检测到一个结构突变点，这主要是跟中美贸易争端有关，美国宣布自 2018 年 8 月 23 日起对 160 亿美元中国输美产品加征 25%的关税，紧接着中国也做出同样的反应，

并与美国同步实施[①]。全球最大的两个经济体之间的贸易争端加剧了全球原油市场的波动，以 WTI 市场为例，WTI 原油期货价格从 2018 年 8 月 21 日的 68.10 美元/桶降低到 8 月 22 日的 66.05 美元/桶，一日之内降幅达 3%。

表 3-2　结构突变检验结果

序列	突变点/个	突变日期	循序 F 统计量	临界值
INE 收益	2	2018 年 3 月 26 日 2018 年 8 月 21 日	11.20**	10.13
WTI 收益	1	2018 年 8 月 22 日	34.15**	8.58
Brent 收益	1	2018 年 8 月 21 日	43.82**	8.58

注：**表示在 5%水平上显著。

表 3-3 展示了包含和不包含结构突变的双变量 VAR-DCC-GARCH 模型估计结果。

表 3-3　有无结构突变的双变量 VAR-DCC-GARCH 模型估计结果

变量	INE 市场与 WTI 市场		INE 市场与 Brent 市场	
	无结构突变	有结构突变	无结构突变	有结构突变
面板 A：均值方程				
μ^c	0.0039*** (0.0010)	0.1098*** (0.0333)	0.0028** (0.0012)	0.1016*** (0.0335)
μ^g	0.0036*** (0.0011)	0.0282 (0.0254)	0.0023* (0.0012)	0.0022 (0.0245)
a^c	−0.1031*** (0.0130)	−0.1050*** (0.0137)	−0.1876*** (0.0163)	−0.1686*** (0.0146)
a^g	−0.0158 (0.0136)	−0.0105 (0.0142)	−0.0023 (0.0167)	−0.0197 (0.0154)
b^c	0.0675*** (0.0122)	0.0709*** (0.0124)	0.1482*** (0.0158)	0.1351*** (0.0149)
b^g	−0.0186* (0.0104)	−0.0217** (0.0107)	−0.0327** (0.0138)	−0.0086 (0.0113)
面板 B：方差方程				
ω^c	0.0091*** (0.0003)	0.0103*** (0.0004)	0.0094*** (0.0004)	0.0098*** (0.0004)
ω^g	0.0097*** (0.0004)	0.0127*** (0.0006)	0.0084*** (0.0004)	0.0088*** (0.0004)
α^c	0.3106*** (0.0156)	0.3382*** (0.0156)	0.2240*** (0.0129)	0.2374*** (0.0133)
α^g	0.2744*** (0.0165)	0.3479*** (0.0216)	0.1883*** (0.0121)	0.2058*** (0.0129)
β^c	0.3875*** (0.0203)	0.3149*** (0.0202)	0.4286*** (0.0227)	0.4020*** (0.0237)
β^g	0.3908*** (0.0204)	0.2212*** (0.0313)	0.4819*** (0.0212)	0.4491*** (0.0219)
$\alpha^c+\beta^c$	0.6981	0.6531	0.6526	0.6394
$\alpha^g+\beta^g$	0.6652	0.5691	0.6702	0.6549
面板 C：相关系数				
θ_1	0.0018*** (0.0001)	0.0017*** (0.0001)	0.0039*** (0.0004)	0.0039*** (0.0003)
θ_2	0.9981*** (0.0001)	0.9982*** (0.0001)	0.9958*** (0.0004)	0.9957*** (0.0004)

① http://www.xinhuanet.com/world/2018-08/09/c_1123244855.htm。

续表

变量	INE 市场与 WTI 市场		INE 市场与 Brent 市场	
	无结构突变	有结构突变	无结构突变	有结构突变
面板 D：残差诊断检验				
$Q_c(10)$	19.1343^{**}	19.3664^{**}	32.1833^{***}	27.1407^{***}
$Q_g(10)$	15.6527	14.7777	14.2534	12.6831
$Q_c^2(10)$	3.4389	4.8125	2.8226	3.2530
$Q_g^2(10)$	5.0008	7.0499	5.9285	6.9314
$ARCH_c(10)$	3.4500	4.8600	2.8500	3.3000
$ARCH_g(10)$	4.9600	6.9600	5.9100	6.8700
面板 E：模型选择标准				
AIC	−2.817	−2.829	−2.932	−2.941
SIC	−2.808	−2.816	−2.923	−2.927
对数似然值	14919.7044	14988.0990	15526.7336	15578.1208

注：$\alpha+\beta$ 衡量波动持续性。括号内的数字是标准误差。*、**和***分别表示在 10%、5%和 1%的显著性水平上显著。SIC（Schwarz information criterion，施瓦茨信息准则）。

　　如 3.2 节所述，在使用 DCC-GARCH 模型估计动态条件相关性之前，先进行原油期货收益的双变量 VAR 模型估计。均值方程（面板 A）估计结果表明，在 1%的显著性水平下 INE 收益的滞后一期的值（a^c）显著影响当期值，这意味着前期价格收益可以用来预测未来价格收益，即市场收益具有短期可预测性；而 WTI 和 Brent 收益的滞后一期的值（a^g）则不显著。跨市场收益溢出方面，INE 市场与国际市场（WTI 和 Brent）之间存在显著的双向收益溢出（b^c 和 b^g），但符号相反。具体来说，从国际市场向 INE 市场具有正向的收益溢出，而 INE 市场向国际市场具有负向的溢出效应，这意味着国际原油期货价格上升会增加 INE 市场收益，INE 原油期货价格上升会降低国际市场收益。

　　方差方程（面板 B）估计结果表明，所有原油期货收益在 1%显著性水平上均具有显著的 ARCH 和 GARCH 效应。并且，滞后平方误差（α）和滞后条件方差（β）的系数之和接近 1，意味着冲击对条件方差的影响具有持续性，以及前期条件波动率可用于预测市场未来波动率。此外，β 多数情况下大于 α，表明前期波动率比前期冲击对于预测市场未来波动率更加重要。

　　为进一步分析原油期货市场收益之间相关性的时变特征，我们估计了动态条件相关系数，结果如面板 C 所示。θ_1 和 θ_2 分别表示动态条件相关关系的短期和长期持续性，θ_1 和 θ_2 的参数估计均在 1%的水平上显著，说明市场之间的相关性具有显著的时变性。并且，θ_2 十分接近于 1，意味着原油期货市场之间的相关性显示出强烈的长期持续性，这个结果也跟每个原油期货市场具有波动持续性相一致。如图 3-3 所示，INE 市场和国际市场之间的动态条件相关性在整个样本区间的上升期和下降期显示出显著的可变性。这个发现对能源风险管理具有重要启示。具体来说，使用常量条件相关性计算最优投资组合权重和对冲比率可能导致有偏的估计，能源投资者应意识到相关性随时间动态变化，因此投资组合应随时间进行动态调整（Mensi et al.，2015）。此外，我们发现 INE 市场和国际市场之间具有强互动关系，INE 市场与 WTI 市场和 Brent 市场之间的动态条件相关系数均值均在 0.75 左右。但是，从 2018 年 8 月 20 日开始，INE 市场与国际市场的相关性急剧下跌，可能跟中美贸易争端和伊朗核问题等事件有关，这些事件加剧了市场的不确定性。根据诊断性检验结果（面板 D），残差不具有 ARCH 效应，表明 DCC-GARCH 模型设定是合理的。

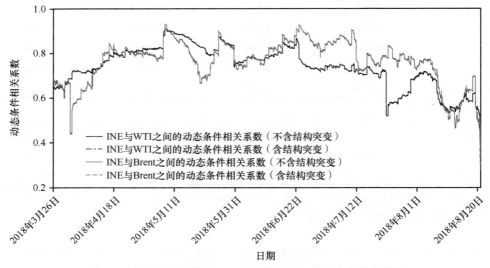

图 3-3　有无结构突变情况下原油期货之间的动态条件相关性

3.5　国内外原油市场间的信息溢出效应

3.5.1　收益率信息溢出效应

在忽略时间序列存在的结构突变的情况下对波动率建模可能会因高估波动率而产生虚假回归（Lamoureux and Lastrapes，1990）。因此，将 3.4 节检测到的结构突变以虚拟变量的形式纳入均值方程中，从而更加准确地估计原油价格收益的波动率以及原油期货市场之间的动态条件相关性。包含结构突变的均值方程估计结果（表 3-3 面板 A）表明，所有原油期货市场自身的溢出效应结果跟忽略结构突变的估计结果相似，在此我们不再赘述。但是，我们发现 INE 市场和 Brent 市场的跨市场收益溢出效应发生了显著变化，当控制结构突变以后，只存在 Brent 市场向 INE 市场的单向收益溢出，INE 市场向 Brent 市场的收益溢出效应消失。方差方程估计结果（表 3-3 面板 B）显示，包含结构突变后所有原油期货收益序列的波动持续性都显著降低，意味着忽略原油价格收益序列的结构突变确实会高估其波动持续性。因此，忽略结构突变的影响可能导致误导性的资产配置和对冲策略。这个发现跟 Kang 等（2011）、Ewing 和 Malik（2016）的研究相一致。此外，从图 3-3 我们可以看出，INE 市场与 WTI 及 Brent 市场之间的波动相关性在识别的结构突变期间大幅下降。这意味着导致结构突变的经济和地缘政治事件，如中美贸易争端和伊朗核问题，会显著降低原油期货市场之间的波动相关性。

模型选择标准可以判定改进后的模型是否优化了模型估计，这些模型选择标准包括 AIC、SIC 和对数似然函数。由表 3-3 面板 E 可知，包含结构突变的双变量 VAR-DCC-GARCH 模型优于不包含结构突变的同样的模型。此外，遵循 Yin 等（2018）的研究，我们还使用配对 t 检验（paired t test）来衡量包含结构突变前后原油期货市场之间的动态条件相关系数是否有显著差异。配对 t 检验结果（表 3-4）显示，在包含和不包含结构突变的情况下估计的 INE 和 WTI 以及 INE 和 Brent 之间的动态条件相关系数均值在 1% 的显著性水平下具有显著的差异。

表 3-4　配对 t 检验结果

变量	条件相关性		投资组合权重		对冲比率	
	INE-WTI	INE-Brent	INE-WTI	INE-Brent	INE-WTI	INE-Brent
无结构突变	0.7397	0.7631	0.5022	0.3874	0.771	0.8367
有结构突变	0.7391	0.7610	0.4996	0.3868	0.775	0.8317
差值	0.0006	0.0021	0.0026	0.0006	−0.0024	0.0050
t 检验	30.2816***	54.5803***	9.2937***	2.3782***	−4.8457***	4.8677***
观察值	10581	10581	10581	10581	10581	10581

注：表格报告了 INE-WTI 和 INE-Brent 的条件相关性、投资组合权重和对冲比率的配对 t 检验结果。配对 t 检验在假设数据成对且方差不变的情况下，对两样本均值进行 t 检验。例如，在 INE-WTI 存在条件相关性的情况下，检验 VAR-DCC-GARCH 模型中有无结构突变的 INE 和 WTI 市场收益的条件相关系数均值是否相同。***表示在 1% 水平上显著。

表 3-5 总结了原油期货市场之间动态条件相关系数的描述性统计。从表 3-5 可知，不论包含结构突变与否，INE 市场与 Brent 市场之间的动态条件相关系数均值都大于 INE 市场与 WTI 市场的动态条件相关系数均值。图 3-3 也显示出，在样本区间的大部分时期内，INE 市场和 Brent 市场的条件相关性高于 INE 市场和 WTI 市场的条件相关性。这些发现表明 INE 市场和 Brent 市场的联动关系更强一些。这跟 Song 等（2016）的研究一致，该研究使用原油现货价格检验了 1997～2011 年中国原油市场与国际原油市场之间的联动关系，发现 2003 年以后中国原油市场与 Brent 原油市场之间的相关性显著高于中国原油市场与 WTI 原油市场之间的相关性。我们归纳可能的原因主要有两点：第一，虽然 Brent 原油价格和 WTI 原油价格均是全球原油定价的基准，但是 WTI 原油主要反映美国的原油市场供需状况，原油主要来源于加拿大和墨西哥，相比之下，Brent 原油价格主要反映欧洲原油市场的供需，原油主要来源于中东、北非地区。中国原油进口大部分来源于中东、非洲、俄罗斯等国家或地区（BP，2018b），主要以 Brent 原油价格作为定价基础。第二，近年来美国实施独立能源战略，大力发展页岩气等替代能源，导致石油需求下降，使 WTI 原油价格基准的地位受到动摇，而 Brent 原油价格对基本面变化的敏感度更高，更能代表全球油价的趋势。特别地，2010 年之前 WTI 是全球原油价格主要参考基准，而从 2011 年开始 Brent 逐渐发挥全球原油价格领导者的作用（Ji and Fan，2015）。

表 3-5　有无结构突变的原油期货收益动态条件相关系数的描述性统计

描述性统计	INE 市场与 WTI 市场之间的动态条件相关系数		INE 市场与 Brent 市场之间的动态条件相关系数	
	无结构突变	有结构突变	无结构突变	有结构突变
均值	0.7397	0.7391	0.7631	0.7610
中位数	0.7426	0.7421	0.7841	0.7823
最大值	0.9111	0.9080	0.9319	0.9318
最小值	0.3204	0.3438	0.3371	0.2734
范围	0.5907	0.5642	0.5948	0.6584
标准差	0.0923	0.0913	0.0978	0.0988

注：范围是通过最大值减最小值计算得到。

3.5.2　波动溢出效应

分析原油期货市场之间的波动溢出效应有助于理解跨市场的信息和风险传导，以及计算投资组合的最优权重和对冲比率。因此，本节基于前面得到的均值方程（VAR 模型）估计结果，进一步使用双变量 BEKK-GARCH 模型分析中国与国际原油期货市场之间的波动溢出效应。基于式（3-8）和式（3-9），表 3-6 展示了完整的 BEKK-GARCH（1, 1）模型的估计结果。方差方程估计结果（表 3-6 面板 A）显示，所有原油期货收益当期的波动取决于它们的前期冲击（a^{cc} 和 a^{gg}）以及前期波动（b^{cc} 和 b^{gg}）。这意味着原油市场的意外事件能够加剧市场自身的波动性；原油市场当前的波动具有在后续时期推动更高波动的潜力。

表 3-6　有无结构突变情况下原油期货收益的双变量 BEKK-GARCH（1, 1）模型估计结果

变量	INE 市场与 WTI 市场		INE 市场与 Brent 市场	
	无结构突变	有结构突变	无结构突变	有结构突变
面板 A：方差方程				
c^{cc}	0.0950*** (0.0034)	0.0951*** (0.0030)	0.0825*** (0.0021)	0.0849*** (0.0022)
c^{cg}	0.0813*** (0.0034)	0.0841*** (0.0034)	0.0709*** (0.0026)	0.0746*** (0.0026)
c^{gg}	0.0406*** (0.0014)	0.0428*** (0.0014)	0.0419*** (0.0011)	0.0413*** (0.0012)
a^{cc}	0.6393*** (0.0295)	0.6159*** (0.0243)	0.5035*** (0.0258)	0.5044*** (0.0193)
a^{cg}	0.0826*** (0.0228)	0.0639*** (0.0200)	−0.0961*** (0.0265)	−0.0797*** (0.0171)
a^{gc}	−0.2097*** (0.0226)	−0.1854*** (0.0209)	−0.1543*** (0.0254)	−0.1484*** (0.0222)
a^{gg}	0.3086*** (0.0189)	0.3381*** (0.0201)	0.4304*** (0.0291)	0.4350*** (0.0220)
b^{cc}	0.6603*** (0.0279)	0.6887*** (0.0238)	0.8188*** (0.0153)	0.8014*** (0.0131)
b^{cg}	−0.1136*** (0.0221)	−0.0828*** (0.0205)	0.0759*** (0.0147)	0.0453*** (0.0143)
b^{gc}	0.0088 (0.0166)	−0.0270 (0.0204)	−0.0631*** (0.0188)	−0.0588*** (0.0181)
b^{gg}	0.8146*** (0.0162)	0.7665*** (0.0219)	0.6957*** (0.0204)	0.7008*** (0.0206)
面板 B：诊断检验				
Q_c（10）	16.1670*	17.9067*	15.9940*	13.8706
Q_g（10）	14.4892	13.8546	15.2977	14.0430

续表

变量	INE 市场与 WTI 市场		INE 市场与 Brent 市场	
	无结构突变	有结构突变	无结构突变	有结构突变
Q_c^2（10）	3.0958	3.0808	2.6140	2.5042
Q_g^2（10）	3.1591	3.3894	3.8559	4.5224
$ARCH_c$（10）	3.0900	3.0900	2.6300	2.5500
$ARCH_g$（10）	3.1400	3.3700	3.8700	4.5100
面板 C：模型选择标准				
AIC	−2.830	−2.837	−2.976	−2.989
SIC	−2.819	−2.821	−2.964	−2.973
对数似然值	14990.5020	15033.2895	15759.9018	15834.1662

注：括号内为标准误差。*、**和***分别表示在 10%、5%和 1%的显著性水平上显著。

跨市场波动估计结果表明，INE 市场与 WTI 市场之间存在显著的双向的短期波动溢出，INE 市场向 WTI 市场具有单向的长期波动溢出。但是，WTI 市场向 INE 市场的长期波动溢出不显著。相比之下，INE 市场和 Brent 市场之间存在显著双向的短期和长期波动溢出。这些结果表明中国原油期货市场与 Brent 市场的互动关系强于 WTI 市场。从短期来看，中国原油期货市场与国际原油期货市场之间的波动性相互依赖，一个市场的波动会对另外一个市场的波动性产生影响。从长期来看，中国原油期货市场的波动会对 WTI 和 Brent 市场的波动性产生重要影响，并且 Brent 原油期货市场波动也会传导至中国原油期货市场。本节的结果跟 Liu 等（2013a）的研究有所差异，该研究使用原油现货价格周数据和 BEKK-GARCH 模型检验了中国原油市场（大庆）和国际原油市场[WTI、Brent、Dubai 和 Saudi Arabia Medium（沙特阿拉伯中质原油）]在 2001～2011 年的波动溢出效应，发现只存在国际原油市场向中国原油市场的单向波动溢出效应，中国原油市场对国际主要市场的影响十分微弱。研究结论出现差异的主要原因在于，一方面，原油期货市场具有价格发现功能；另一方面，中国原油期货市场已具有一定的国际市场影响力和地位。

控制结构突变后，BEKK-GARCH 模型估计结果跟不包含结构突变时相似，在此我们不再赘述。但是，从模型选择标准（表 3-6 面板 C）可知，包含结构突变的 VAR-BEKK-GARCH 模型优于不包含结构突变的同样的模型。

3.6 投资组合风险管理

本章的实证结果具有重要的经济启示，因为资产配置和投资组合风险管理相关决定依赖于条件波动率的准确估计（Ewing and Malik，2013）。投资组合管理的本质是引导一个投资者如何从两个资产市场之间的投资组合多样化中获益（Tule et al.，2017）。在投资组合管理中，降低固有的不确定性风险可以考虑以下两个重要指标：①最优投资组合权重；②对冲比率。本节展示了这些指标的估计结果，并从资产配置和风险管理方面提供了经济启示。

3.6.1 最优投资组合权重和对冲比率

为了更加有效地管理原油风险，本节使用包含和不包含结构突变的双变量 VAR-BEKK-GARCH 模型来计算最优投资组合权重和对冲比率，以便于设计最优投资组合策略。

本节考虑的投资组合可以在不降低预期收益的情况下将风险降至最低。假设投资者持有 INE 原油，希望对冲国际原油市场价格变化带来的不利影响。本章遵循 Kroner 和 Ng（1998）的研究，投资组合权重表达如下：

$$w_t = \frac{h_{22,t} - h_{12,t}}{h_{11,t} - 2h_{12,t} + h_{22,t}} \tag{3-11}$$

$$w_t = \begin{cases} 0, & w_t < 0 \\ w_t, & 0 \leqslant w_t \leqslant 1 \\ 1, & w_t > 0 \end{cases} \tag{3-12}$$

其中，w_t 为 t 时刻在一个包含 INE 和 WTI（Brent）的两资产投资组合中 INE 的权重；$h_{11,t}$ 和 $h_{22,t}$ 分别为 INE 和 WTI（Brent）收益的条件波动率；$h_{12,t}$ 为 INE 和 WTI（Brent）收益之间的条件协方差。因此，WTI（Brent）在投资组合中的最优权重为 $1-w_t$。

对于对冲比率，本章遵循 Kroner 和 Sultan（1993）的研究，假设为了最大限度地降低投资组合中 1 美元 INE 原油多头的风险，投资者应该卖空 B 美元 WTI 或 Brent 原油，其中"风险最小化对冲比率"B_t 的表达如下：

$$B_t = \frac{h_{12,t}}{h_{22,t}} \tag{3-13}$$

3.6.2 投资组合管理的经济意义

表 3-7 展示了包含和不包含结构突变的 VAR-BEKK-GARCH 模型计算的最优投资组合权重和对冲比率。我们发现，包含结构突变前后，投资组合权重有所差异。具体而言，INE 和 WTI 的投资组合当中，不包含结构突变时 INE 的权重均值为 0.5022，而包含结构突变后 INE 的权重均值降低到 0.4996。权重 0.4996 表示，对一个愿意投资 100 美元的投资者来说，INE 原油的最佳持有量为 49.96 美元而 WTI 原油的最佳持有量为 50.04 美元。至于 INE 和 Brent 的投资组合，INE 的权重从不包含结构突变时的 0.3874 降低到包含结构突变后的 0.3868。这些结果表明：①如果不考虑原油收益序列中的结构突变，可能会导致最优投资组合权重的估计结果产生偏差。②总的来说，在投资组合中，投资者倾向于多投资国际原油期货，这可能归因于投资者对中国新上市的原油期货市场不确定性的担忧。

表 3-7 投资组合权重和对冲比率的汇总统计

变量	组合权重				对冲比率			
	均值	标准差	最小值	最大值	均值	标准差	最小值	最大值
面板 A：无结构突变的二元 VAR-BEKK-GARCH 模型的估计值计算								
INE-WTI	0.5022	0.2409	0.0000	1.0000	0.7761	0.2110	−2.4439	4.4332
INE-Brent	0.3874	0.2363	0.0000	1.0000	0.8367	0.2225	−5.1629	5.8565

续表

变量	组合权重				对冲比率			
	均值	标准差	最小值	最大值	均值	标准差	最小值	最大值
面板 B：有结构突变的二元 VAR-BEKK-GARCH 模型的估计值计算								
INE-WTI	0.4996	0.2402	0.0000	1.0000	0.7785	0.2122	−3.6839	6.2606
INE-Brent	0.3868	0.2372	0.0000	1.0000	0.8317	0.2208	−4.9436	3.9519

对冲比率方面，INE 和 WTI（Brent）之间的对冲比率的均值在不考虑结构突变时为 77.61%（83.67%），包含结构突变后为 77.85%（83.17%）。这意味着，对于持有 100 美元 INE 原油多头头寸的投资者而言，在忽略结构突变时会卖空 77.61（83.67）美元 WTI（Brent）原油，在考虑结构突变后会卖空 77.85（83.17）美元 WTI（Brent）原油。对冲比率的最小值和最大值则表明，对冲比率显示出相当大的可变性。因此，投资者必须经常性地调整对冲策略。

配对 t 检验结果（表 3-4）显示，在包含和不包含结构突变的情况下计算出的投资组合权重和对冲比率的均值在 1% 的显著性水平下具有显著的差异。

3.7　本　章　小　结

原油期货市场之间的整合关系可以为市场投资者进行能源风险管理提供有价值的信息。本章使用日内 5 分钟高频数据探究了中国原油期货市场与国际原油期货基准市场（WTI 和 Brent）之间的时变相关性和波动溢出效应，同时将经济或地缘政治事件导致的结构突变纳入模型中，从而提供了更加准确的实证结果。

Bai 和 Perron（2003）的研究显示所有原油收益序列都存在结构突变，把这些结构突变纳入模型后，可以发现所有原油期货收益序列的波动持续性都显著降低，说明忽略结构突变确实会高估其波动持续性。原油期货市场之间的相关性具有显著的时变特征，这意味着投资组合应随时间进行动态调整。特别地，在经济和地缘政治事件导致的结构突变发生时期，原油期货市场之间的相关性显著降低。

INE 市场与国际市场之间具有强烈的整合关系。一方面，不论是否包含结构突变，INE 市场与 WTI 和 Brent 市场之间的条件相关性的均值均超过 0.7。另一方面，INE 市场和 Brent 市场之间存在显著双向的短期和长期波动溢出；INE 市场和 WTI 市场之间具有显著双向的短期波动溢出，以及 INE 市场向 WTI 市场的单向长期波动溢出。这些发现反映出中国原油期货市场已具有一定的国际市场影响力和地位。但相对而言，INE 市场与 Brent 市场之间的相关关系比 WTI 市场更强。此外，本章还计算了最优投资组合权重和时变对冲比率，发现忽略结构突变的影响可能导致误导性的资产配置和对冲策略。对冲比率显示出相当大的可变性，因而投资者必须经常性地调整对冲策略。配对 t 检验结果表明，在包括和不包括结构突变的情况下计算得到的原油期货市场之间的动态条件相关系数、投资组合权重和对冲比率的均值在 1% 的显著性水平下都具有显著的差异。总之，在模型估计中纳入结构突变虚拟变量提升了人们对原油期货市场之间相关性和溢出效应的理解。

第4章 时频视角下国内外原油市场间的波动溢出效应

自 2018 年 3 月开始，中国原油期货市场（INE 市场）迅速引起了国际投资者的广泛关注（Liu et al.，2019；Ripple and Broadstock，2019；Huang and Huang，2020）。石油市场中涉及众多利益主体的参与，如政府、市场投资者和生产厂商，由于各自利益主体的目标差异，他们的行为活动存在不同的周期特征。具体表现为，政府制定经济政策的长周期、市场投资行为的短周期和生产厂商活动的中等时间周期。原油价格是活跃在不同时间周期的各利益主体共同作用下形成的市场信号，这可能是不同原油市场间相互作用关系表现出时变性和复杂性特征的主要原因。因此，本章采用了 Baruník 和 Křehlík（2018）提出的新方法，同时从时间域和频域两个维度刻画石油市场间的动态波动联系，以了解 INE 市场的波动动态及其与其他石油市场之间的相互作用，这对于衡量中国原油期货上市后的国际影响力具有重要的参考价值。

4.1 问题的提出

截止到 2021 年，原油占全球能源消费的 30%，仍然是使用最广泛的能源（BP，2022），对世界经济的稳定和发展产生深远影响。然而，长期或短期因素（如石油消费的意外变化、新的钻井技术和投资者情绪变化）造成的冲击可能会持续引发全球原油市场的剧烈波动，尽管这种波动具有不同程度的持久性，但会造成原油定价过程的高度波动（Křehlík and Baruník，2017；Tiwari et al.，2019；Ma et al.，2022b）。更重要的是，原油市场比其他能源市场的市场一体化程度更高（Bachmeier and Griffin，2006；Li et al.，2010，2014；Chuliá et al.，2019），随着原油金融化的持续，通过投资组合的再平衡和投资者的投机交易，国际市场的波动很容易蔓延到整个石油系统，甚至区域石油市场（Kilian and Murphy，2014；Singleton，2014；Baruník et al.，2015；Křehlík and Baruník，2017；Dahl et al.，2020）。直观上看，中国作为石油净进口国和快速增长的新兴经济体[①]，受国际石油市场价格不确定性溢出效应的影响较大（Wu，2021）。另外，中国自 2012 年首次成为全球第二大原油消费国后，其巨大且不断增长的需求可能会带动当地石油市场价格波动，从而以需求侧冲击的形式影响国际市场的波动。中国与国际原油市场波动的相互作用引起了海外投资者和相关从业人员的极大兴趣，特别是在 2018 年中国新原油期货在 INE 推出后，这些影响预计将更加明显（Liu et al.，

---

① http://paper.people.com.cn/zgnyb/html/2019-09/23/content_1947831.htm。

2019；Yang and Zhou，2020）。

INE 原油期货是中国推出的第一个面向境外投资者的国际期货产品，受到国际机构和个人投资者的广泛关注（Liu et al.，2019；Ripple and Broadstock，2019；Huang and Huang，2020）。在推出两年后，INE 在交易量方面已成为全球第三大原油期货市场，也是最活跃的原油期货市场之一（Xinhua，2020）。更有趣的是，大约 70%的外汇交易是在隔夜交易期间[中国当地时间 21:00～2:30（T+1）]进行的，这与纽约的公开叫价交易时段相对应，这意味着重大影响可能来自于国际市场参与者，特别是美国投资者（Ji and Zhang，2019；Ripple and Broadstock，2019）。在此背景下，本章系统地分析中国与全球四个原油市场（如 WTI 和 Brent）之间的波动溢出效应。

本章采用了 Baruník 和 Křehlík（2018）新开发的方法从时间域和频率域两方面描述石油市场的动态波动联系①。石油市场波动率之间的关联性应该以不同的频率变化的原因有两方面。第一，金融市场中相互作用的利益主体具有异质性，并且投资行为偏好不同（Ortu et al.，2013；Dew-Becker and Giglio，2016；Baumöhl and Shahzad，2019；Jiang et al.，2021；Khalfaoui et al.，2021a；Zhai et al.，2022）。在石油市场，炼油厂在做出投资决策时可能倾向于长期偏好；因此，它们应对经济和金融冲击的投资行为可能会持续很长一段时间。相反，偏好短期投资的金融投资者可能是造成油价短期不稳定的原因（Lombardi and Robays，2011）。第二，信息冲击本身可能具有不同程度的持续性，以石油市场为例，石油输出国组织（OPEC）提出关于未来石油产量的公告和北美页岩油的开采可能会对油价的长期波动产生影响（Mensi et al.，2014；Baruník and Kočenda，2019；Sun et al.，2020）。相比之下，突发事件和心理因素仅在高频下才可能产生短期的和显著的影响（Ferrer et al.，2018；Wang X and Wang Y，2019）。因此，当这些冲击在石油市场传播时，经济和金融冲击将产生不同的频率响应，从而产生频域驱动的波动性联系。在获得整个石油市场的波动溢出信息后，投资者可以对其石油投资组合管理活动进行相应的调整，以提高套期保值的有效性和业绩表现（Kang et al.，2019）。然而，基于跨市场溢出信息的规模、方向和动态性，石油市场投资者是否能够获得更好的对冲组合，目前缺乏实证证据。

本章首先基于日内数据，采用 Baruník 和 Křehlík（2018）的时频溢出框架，研究中国与国际原油期货市场波动溢出的非对称性和时频动态变化，并在此基础上构建基于波动溢出信息的石油投资组合。与已有研究相比，本章的主要贡献包括以下三个方面。

第一，石油市场波动间的相互关系一直是能源金融领域常研常新的研究话题（Toyoshima and Hamori，2018），特别是中国 INE 市场上市后，研究人员的研究热情进一步高涨（Fu and Qiao，2022；Wei et al.，2022）。然而，这些研究忽略了市场冲击对波动溢出的非对称影响。非对称是能源金融市场最重要的典型特征之一，它刻画了好消息冲击（好的波动率）和坏消息冲击（坏的波动率）对石油市场波动率影响的不一致性。Yang 和 Zhou（2020）以及 Chkili 等（2014b）已经表明中国和国际石油市场的波动均存在显著的不对称性。因此，有必要考虑波动溢出效应的不对称性，本章将实际波动率分为好的波动率和坏的波动率（或正向波动

---

① 参考 Lovcha 和 Perez-Laborda（2020）的研究，本书提出的波动率连通性与波动溢出可以互换，两者都反映了市场波动率之间的相互依赖关系。

率和负向波动率），分析中国 INE 市场与国际原油市场之间的非对称波动溢出效应，对国际石油市场一体化研究具有一定的借鉴意义。

第二，与基于高频的测度相比，基于每日数据的波动溢出效应可能被低估（Baruník et al.，2015）。因此，本章借鉴 Křehlík 和 Baruník（2017）的研究，在研究石油市场波动溢出的周期性特征时，利用高频数据计算的已实现波动率进行度量，考虑了不同频率响应冲击引起的波动溢出的周期性，根据持续程度将总波动溢出分解为短期波动溢出、中期波动溢出和长期波动溢出三个部分，并识别了它们在波动系统中的重要性。本章的实证结果不仅表明我国 INE 石油市场与国际原油市场之间存在高度的波动相关性，而且提供了波动溢出效应在不同频域存在异质性的有力证据。此外，我们发现对波动溢出效应贡献最大的市场在不同的频域上存在差异。

第三，本章阐述了如何利用基于溢出信息的实证结果来设计对冲油价不确定性的交易策略。除了中国新推出的原油期货外，还将两个主要国际基准市场的原油期货和现货纳入其中，系统地研究原油市场在时间域和频率域的信息溢出动态。进一步地，通过对净定向波动溢出的估计，我们可以确定在波动系统中，哪些石油市场是净溢出的接收者，哪些市场是净波动的贡献者。在 Batten 等（2019a）的研究的基础上，本章构建了净接收者的石油市场多头头寸和净溢出者的石油市场空头头寸的对冲策略，并将这些策略与 WTI 和 Brent 石油市场的两种多空策略的收益进行了比较。研究结果表明，中国新推出的原油期货市场存在较大的套利机会。

本章的其余部分的结构框架如下：4.2 节为本章相关指标的构建；4.3 节展示了数据描述和一些初步分析；4.4 节和 4.5 节报告实证结果和讨论；4.6 节进行交易策略分析；4.7 节进行稳健性检验；4.8 节总结了本章内容。

4.2　时频溢出指数模型构建

本章利用 Baruník 和 Křehlík（2018）开发的时频溢出指数方法，考察中国与国际原油期货市场的波动关联性。与 Diebold 和 Yilmaz（2012）提出的溢出指数方法相比，Baruník-Křehlík 框架具有在时间域和频率域同时定量测度各市场溢出效应的优势。本章首先考虑了 Diebold-Yilmaz 框架的主要特征，然后引入时频溢出指数方法。

基于 VAR 模型的预测误差方差分解，可以简单有效地量化时间域上的溢出效应。考虑一个有 n 个变量和 p 个滞后的 VAR 模型：

$$\mathrm{RV}_t = \Phi_1 \mathrm{RV}_{t-1} + \Phi_2 \mathrm{RV}_{t-2} + \cdots + \Phi_p \mathrm{RV}_{t-p} + \epsilon_t \tag{4-1}$$

其中，$\mathrm{RV}_t = (\mathrm{RV}_{1,t}, \mathrm{RV}_{2,t}, \cdots, \mathrm{RV}_{n,t})'$ 为包含 n 个市场波动率的 n 维向量；$\Phi_1, \Phi_2, \cdots, \Phi_p$ 为系数矩阵；ϵ_t 为协方差矩阵 Σ 的白噪声；p 表示滞后期。假设 $\Phi(L) = [I_n - \Phi_1 L - \cdots - \Phi_p L^p]$ 为 $n \times n$ 滞后多项式矩阵，其中 I_n 为单位矩阵，$L, \cdots, L^p$ 为滞后算子，则 VAR 模型可以表示为 $\Phi(L)\mathrm{RV}_t = \epsilon_t$。考虑到协方差的平稳性，VAR 过程的移动平均表示可以写成

$$\mathrm{RV}_t = \Psi(L)\epsilon_t \tag{4-2}$$

无限滞后多项式 $\Psi(L)$ 可以从 $\Phi(L) = [\Psi(L)]^{-1}$ 递归地确定。参考 Diebold 和 Yilmaz（2012）的研究，为了保证结果在变量的阶数上是稳定的，本章进一步采用 Koop 等（1996）、Pesaran

和 Shin（1998）的广义预测误差方差分解（GFEVD）方法。对于一个预测水平 H，将变量 j 的广义预测误差方差分解为变量 k 冲击引起的分量，可以确定为

$$\left(\Theta_H\right)_{j,k} = \frac{\sigma_{k,k}^{-1} \sum\limits_{h=0}^{H} \left(\left(\Psi_h \, \Sigma\right)_{j,k}\right)^2}{\sum\limits_{h=0}^{H} \left(\Psi_h \, \Sigma \, \Psi_h'\right)_{j,j}} \tag{4-3}$$

其中，Ψ_h 为滞后 h 对应的移动平均系数矩阵；$\sigma_{k,k} = \left(\Sigma\right)_{k,k} \cdot \left(\Theta_H\right)_{j,k}$ 为变量 k 在水平 H 处对变量 j 预测误差方差的贡献。由于在广义 VAR 框架中没有假设冲击是正交的，因此变量自身方差和其他变量方差的贡献之和不一定等于 1，即 $\sum\limits_{j=1}^{n} \left(\Theta_H\right)_{j,k} \neq 1$。进一步，可以归一化 $\left(\Theta_H\right)_{j,k}$ 并按行加总计算如下：

$$\left(\tilde{\Theta}_H\right)_{j,k} = \frac{\left(\Theta_H\right)_{j,k}}{\sum\limits_{k=1}^{n} \left(\Theta_H\right)_{j,k}} \tag{4-4}$$

此时，$\sum\limits_{j=1}^{n} \left(\tilde{\Theta}_H\right)_{j,k} = 1$，$\tilde{\Theta}_H$ 中所有元素的和等于 n。

式（4-4）表明 $\left(\Theta_H\right)_{j,k}$ 量化了 H 区间 j 到 k 的两两波动溢出。因此，溢出指数衡量的是由非自身误差贡献的误差在预测中的比例，它等于非对角元素的和与整个矩阵的和的比值：

$$S^H = \frac{\sum\limits_{j=1, j \neq k}^{n} \left(\tilde{\Theta}_H\right)_{j,k}}{\sum\limits_{j,k} \left(\tilde{\Theta}_H\right)_{j,k}} = 1 - \frac{\sum\limits_{j=1}^{n} \left(\tilde{\Theta}_H\right)_{j,k}}{\sum\limits_{j,k} \left(\tilde{\Theta}_H\right)_{j,k}} \tag{4-5}$$

由式（4-5）可知，S^H 衡量的是整个市场的总波动溢出。

近年来的研究表明，在不同的持续水平上，金融市场之间的波动溢出存在异质性（Baruník et al.，2015）。Stiassny（1996）、Dew-Becker 和 Giglio（2016）、Baruník 和 Křehlík（2018）的研究表明利用协方差的频谱表示，可以从频率响应函数推导出频域的广义方差分解，频率响应函数在这个框架中起着重要的作用。该函数可以作为一个傅里叶变换的系数 Ψ_h，可以被定义为

$$\Psi\left(e^{-i\omega}\right) = \sum_h e^{-i\omega h} \Psi_h \tag{4-6}$$

其中，ω 为频率。

具体而言，某一特定频率下的广义预测误差方差分解 ω 可确定为

$$\left(\Theta(\omega)\right)_{j,k} = \frac{\sigma_{kk}^{-1} \left| \left(\Psi\left(e^{-i\omega}\right) \Sigma\right)_{j,k} \right|^2}{\left(\Psi\left(e^{-i\omega}\right) \Sigma \Psi'\left(e^{i\omega}\right)\right)_{j,j}} \tag{4-7}$$

$\left(\Theta(\omega)\right)_{j,k}$ 反映第 j 个变量在给定频率 ω 上的频谱部分，正如第 k 个变量中的冲击所解释的。

与时域分析类似，将式（4-7）归一化为

$$\left(\tilde{\Theta}(\omega)\right)_{j,k} = \frac{\left(\Theta(\omega)\right)_{j,k}}{\sum_{k=1}^{n}\left(\Theta(\omega)\right)_{j,k}} \tag{4-8}$$

可以清楚地看到，$\left(\tilde{\Theta}(\omega)\right)_{j,k}$ 量化了给定频率 ω 下从 j 到 k 的两两波动溢出，这种单一频率的波动溢出可以衡量短期、中期和长期波动溢出。对于任意给定的频带 $d=(a,b)$：$a, b\in(-\pi, \pi)$，$a<b$，可以将频带 d 上的广义方差分解定义为

$$\left(\tilde{\Theta}_d\right)_{j,k} = \int_a^b \left(\tilde{\Theta}(\omega)\right)_{j,k}\,\mathrm{d}\omega \tag{4-9}$$

进一步地，基于 Diebold 和 Yilmaz（2012）提出的时域溢出分析框架，可以开发一套频域溢出指标。例如，给定频带 d 内的总波动溢出可以计算为

$$S^d = \frac{\sum_{j=1,j\neq k}^{n}\left(\tilde{\Theta}_d\right)_{j,k}}{\sum_{j,k}\left(\tilde{\Theta}_d\right)_{j,k}} = 1 - \frac{\sum_{j=1}^{n}\left(\tilde{\Theta}_d\right)_{j,k}}{\sum_{j,k}\left(\tilde{\Theta}_d\right)_{j,k}} \tag{4-10}$$

如 Baruník 和 Křehlík（2018）的研究所示，Baruník-Křehlík 框架也可以识别波动溢出的方向，具体地，在频域中定义了四个方向的溢出。

频率定向溢出（来自其他市场的溢出效应），$S^d_{j\leftarrow\cdot} = \sum_{k=1,j\neq k}^{n}\left(\tilde{\Theta}_d\right)_{j,k}$，测度所有其他变量 $j\neq k$ 对变量 j 在频带 d 处方差的贡献。

频率定向溢出（对其他市场的溢出效应），$S^d_{j\rightarrow\cdot} = \sum_{k=1,j\neq k}^{n}\left(\tilde{\Theta}_d\right)_{k,j}$，测度变量 j 在频带 d 处对所有其他变量 $j\neq k$ 的贡献。

频率净定向溢出，$S^d_{j,\mathrm{net}} = S^d_{\rightarrow j} - S^d_{j\leftarrow\cdot}$，反映给定变量传递和接收的方差之间的差异。

市场 j 和 k 之间的频率域净配对波动溢出，$S^d_{j,k} = \left(\tilde{\Theta}_d\right)_{k,j} - \left(\tilde{\Theta}_d\right)_{j,k}$，表示从市场 j 传递到市场 k 的总波动冲击与从市场 k 传递到市场 j 的总波动冲击之间的差值。

值得注意的是，这些测度被称为"within measures"（内部测度），因为它们只报告特定频带内的波动溢出，给定频带 d 对总体溢出的贡献可以通过对"within measures"进行加权得到：

$$\tilde{S}^d = S^d \cdot \Gamma(d) \tag{4-11}$$

其中，频谱权重 $\Gamma(d) = \sum_{j,k=1}^{n}\left(\tilde{\Theta}_d\right)_{j,k} \bigg/ \sum_{j,k=1}^{n}\left(\tilde{\Theta}\right)_{j,k} = 1/k \sum_{j,k=1}^{n}\left(\tilde{\Theta}_d\right)_{j,k}$ 表示频带 d 的溢出对整个 VAR 系统的贡献；S^d 为给定频带 d 的总波动溢出测度。

最后，需要指出的是，分区间内所有频率波动溢出的总和等于 Diebold 和 Yilmaz（2012）提出的原始总波动溢出测度，即 $S = \sum_d \tilde{S}^d$。

根据 Barndorff-Nielsen 等（2010）以及 Baruník 等（2016）的研究，我们将原始序列分解为正、负半方差序列，半方差可以估计由正收益或负收益引起的波动溢出，量化溢出效应的不对称性（Baruník et al.，2017）。在这种情况下，定义 $RV_t = (RV_{1,t}, RV_{2,t}, \cdots, RV_{n,t})'$ 衡量总波动溢出效应，$RV_t^+ = (RV_{1,t}^+, RV_{2,t}^+, \cdots, RV_{n,t}^+)'$ 衡量正收益带来的溢出效应，$RV_t^- = (RV_{1,t}^-, RV_{2,t}^-, \cdots, RV_{n,t}^-)'$ 衡量负收益造成的溢出效应。负、正的已实现半方差如下：

$$RS^- = \sum_{t=1}^{n}(r_t < 0)r_t^2 \tag{4-12}$$

$$RS^+ = \sum_{t=1}^{n}(r_t \geqslant 0)r_t^2 \tag{4-13}$$

其中，r_t 为 t 时刻石油市场的收益。

已实现半方差 RS^- 和 RS^+ 是已实现方差的完全分解，则有

$$RV = RS^- + RS^+ \tag{4-14}$$

然后，在 t 时刻提前 H 步预测的情况下，定义非对称溢出测度（SAM）为

$$SAM = S^+ - S^- \tag{4-15}$$

其中，S^+、S^- 分别为正半方差的波动溢出效应和负半方差的波动溢出效应。如果 SAM 大于 0，则表示正半方差引起的溢出效应占主导地位，反之，如果 SAM 小于 0，则表示负半方差引起的溢出效应占主导地位。

4.3　变量选择与数据描述

参考 Gong 和 Lin（2018）的研究，选择日内 5 分钟数据频率。具体而言，数据集包括两种主要的国际原油期货和现货（WTI 和 Brent），以及中国新推出的原油期货的 5 分钟频率价格；所有原油价格均来自专业高频金融数据供应商大富翁数据中心[①]。

对于 INE 市场，剔除第一个月（即 2018 年 3 月 26 日至 2018 年 4 月 25 日）的期货交易数据，因为这一时期被视为市场不稳定的学习阶段（Hou and Li，2016；Liu et al.，2019）。因此，样本跨度为 2018 年 4 月 26 日至 2022 年 12 月 24 日。参考 Liu 等（2019）的研究，以人民币计价的 INE 原油折算为美元计价，剔除交易时间太短、成交太少的时间段，最终得到 117153 个 5 分钟高频观测值。对于计量分析而言，56 个月（共 117153 个观测值）的日内 5 分钟数据长度可以保证有效估计，且没有严重的小样本偏差（Yang et al.，2012；Huo and Ahmed，2018）。至于波动率的计算，我们引入了使用原油价格 5 分钟收益率衡量的日度已实现波动率。日度已实现波动率的计算方法为 $RV_t^d = \sum_{k=1}^{T} r_{t,k}^2$，$r_{t,k}$ 表示第 t 天第 k（$k=1, \cdots, T$）时刻的收益率，即 $r_{t,k} = \log P_{t,k} - \log P_{t,k-1}$，$P_{t,k}$ 为第 k 时刻原油收盘价。已实现波动率数据构成 1333 个交易日的样本。之所以选择这个时间跨度，是因为它涵盖了一些影响全球原油市场的事件，如中美关系的不确定性、贸易争端、OPEC 成员国减产、产油国之间的地缘政治冲

[①] 大富翁数据中心（http://list.marketdata.cn）是中国的第三方数据提供商。

突，以及新冠疫情的暴发。在分析框架中首选使用已实现波动率的对数，因为这样的处理过程保证了局部平稳序列的统计特性（Stărică and Granger，2005；Křehlík and Baruník，2017）。对数已实现波动率的汇总统计如表 4-1 所示。

表 4-1　对数已实现波动率序列的描述性统计

变量	INE_F	WTI_F	WTI_S	Brent_F	Brent_S
均值	−8.26	−8.07	−8.08	−8.23	−8.23
中位数	−8.16	−8.10	−8.09	−8.22	−8.23
标准差	1.27	1.27	1.27	1.22	1.22
最小值	−15.87	−11.91	−11.95	−12.16	−11.92
最大值	−3.94	−1.70	−1.67	−2.20	−1.93
偏度	−0.93	0.56	0.51	0.36	0.34
峰度	6.93	5.31	5.27	4.59	4.63
ADF 检验	−4.40***	−4.26***	−4.08***	−4.01***	−4.43***
PP 检验	−42.75***	−36.37***	−36.60***	−37.66***	−38.16***
KPSS 检验	1.41	0.66	0.70	0.72	0.75

注：INE_F 为 INE 期货市场；WTI_F 为 WTI 期货市场；WTI_S 为 WTI 现货市场；Brent_F 为 Brent 期货市场；Brent_S 为 Brent 现货市场。***表示在 1%水平上显著。

4.4　时频波动溢出效应静态分析

本节使用 Baruník-Křehlík 框架展示了不同原油市场之间的时间和频率波动之间的联系。为了捕捉波动溢出在不同频域上的异质性，首先选取 1～5 天（1 周）、6～22 天（1 周至 1 个月）和 22 天以上（1 个月以上）三个不同的频域。这些频率域使我们能够刻画不同原油市场之间各自的短期、中期和长期波动联系的动态变化。时间域和频率域动态波动溢出估计中的滚动窗口大小为 100 天，预测期为 $H=100$（Zhang，2017；Ferrer et al.，2018）。最终由 SIC 确定 VAR（1）模型。

4.4.1　时域波动溢出效应

本节测度了不同原油市场在时间域和频率域上的总波动溢出效应，包括整个样本周期的静态和动态溢出分析。

表 4-2 展示了不同原油市场在研究期内的时频波动溢出指数。更准确地说，面板 A 和面板 B 分别给出了使用 Diebold 和 Yilmaz（2012）方法估计的时域波动溢出指数表和使用 Baruník 和 Křehlík（2018）方法估计的频域波动溢出指数表。对角线值表示各个市场的动态受到其自身变化的影响，从而反映了 VAR 模型中变量的自相关性。然而，我们关注的是非对角值，它表明了系统中变量之间的波动性联系。

表 4-2　时域和频域的波动溢出效应　　　　　　（单位：%）

面板 A：时域波动溢出效应

变量	INE_F	WTI_F	WTI_S	Brent_F	Brent_S	FROM	NET
INE_F	26.15	18.30	18.27	18.69	18.60	73.85	−17.48
WTI_F	13.85	23.05	21.88	20.84	20.37	76.95	5.46
WTI_S	13.85	22.15	22.69	20.50	20.81	77.30	4.72
Brent_F	14.33	21.16	20.72	22.48	21.31	77.50	3.89
Brent_S	14.34	20.80	21.15	21.39	22.32	77.70	3.41
TO	56.35	82.40	82.00	81.40	81.10	76.66	

面板 B：频域波动溢出效应

短期溢出效应（对应 1～5 天）

变量	INE_F	WTI_F	WTI_S	Brent_F	Brent_S	FROM	NET
INE_F	18.78	11.91	12.00	12.35	12.35	48.6	−12.45
WTI_F	8.74	13.02	12.40	11.93	11.69	44.75	3.78
WTI_S	8.76	12.38	12.97	11.71	12.01	44.85	4.02
Brent_F	9.30	12.22	12.05	13.43	12.69	46.25	2.51
Brent_S	9.36	12.04	12.44	12.76	13.51	46.60	2.14
TO	36.15	48.55	48.90	48.75	48.75	46.22	

中期溢出效应（对应 5～22 天）

变量	INE_F	WTI_F	WTI_S	Brent_F	Brent_S	FROM	NET
INE_F	5.28	4.49	4.41	4.47	4.40	17.75	−3.61
WTI_F	3.57	6.92	6.55	6.16	6.00	22.30	1.19
WTI_S	3.55	6.74	6.72	6.07	6.08	22.45	0.55
Brent_F	3.53	6.19	6.00	6.29	5.99	21.70	0.97
Brent_S	3.50	6.06	6.03	5.99	6.12	21.55	0.90
TO	14.15	23.45	23.00	22.70	22.45	21.15	

长期溢出效应（对应超过 22 天）

变量	INE_F	WTI_F	WTI_S	Brent_F	Brent_S	FROM	NET
INE_F	2.09	1.90	1.86	1.87	1.84	7.45	−3.61
WTI_F	1.54	3.11	2.94	2.75	2.68	9.90	1.19
WTI_S	1.53	3.03	3.01	2.72	2.72	10.00	0.55
Brent_F	1.50	2.76	2.67	2.76	2.64	9.55	0.97
Brent_S	1.49	2.70	2.68	2.64	2.69	9.50	0.90
TO	6.05	10.40	10.15	9.95	9.90	9.29	

注：面板 A 为时域波动溢出指数表，面板 B 为三个频域波动溢出指数表。INE_F、WTI_F、WTI_S、Brent_F 和 Brent_S 分别指 INE 期货市场、WTI 期货市场、WTI 现货市场、Brent 期货市场和 Brent 现货市场。TO 表示从某一石油市场传导到其他市场的波动溢出之和。FROM 为某一石油市场接收其他市场波动溢出效应的总和。NET 是指石油市场传递和接收的波动溢出效应之间的差值，略有出入，是数据四舍五入引起的。

　　如表 4-2 面板 A 所示，所有原油市场的总波动溢出指数为 76.66%。这意味着跨市场溢出占系统内总预测误差变化的 76.66%，从而反映了这些石油市场之间强烈的波动性关联。在方向性溢出指数方面，WTI 期货市场和现货市场对整体波动溢出的贡献最高且相似，分别达到 82.40% 和 82.00%，其次是 Brent 期货市场和现货市场（81.40% 和 81.10%）。相比之下，INE 期货市场对全系统波动溢出的贡献最小（56.35%）。此外，各市场对其他市场的溢出指数（TO）与其他市场对自身市场的溢出指数（FROM）存在显著差异，说明方向性溢出指数是双向的、非对称的。例如，INE 市场对其他市场预测方差的贡献为 56.35%，而其他市场对 INE 市场预测方差的贡献为 73.85%。关于两两波动溢出效应，INE 市场在时域上与 Brent 市场的联系比与 WTI 市场的联系更强，具体而言，在 INE 市场与其他市场之间的波动溢出效应中，INE 与 Brent 原油市场之间的溢出效应更为明显，主要原因在于：首先，中国进口的原油大部分来自中东、非洲和俄罗斯（BP，2018a），这些地区的原油定价主要以 Brent 原油市场价格为基准，导致 INE 与 Brent 原油市场的关联度较高（Liu et al.，2019）；其次，WTI 价格在 2010 年之前主导着全球原油市场，而 Brent 自 2011 年以来一直是价格引导者（Ji and Fan，2015；Zhang and Ma，2021）；最后，Brent 和 WTI 期货市场比现货市场向 INE 市场传递更多的波动信息。

4.4.2 频域波动溢出效应

本章在 Baruník 和 Křehlík（2018）研究的基础上，进一步在不同的频域上对 Diebold 和 Yilmaz（2012）方法估计的溢出指数进行分解。表 4-2 面板 B 显示，所研究石油市场的跨市场波动溢出大多产生于相对较短的时间周期内，具体而言，短期波动溢出（1～5 天，46.22%）在系统中占主导地位，其次是中期波动溢出（5～22 天，21.15%），而长期波动溢出（超过 22 天，9.29%）最低。

表 4-3 和表 4-4 给出了分解后的好的波动率和坏的波动率的静态溢出指数表。我们可以得出以下结论：首先，无论是好的波动率还是坏的波动率，总溢出指数都大于 75%，表明不论是在市场上行还是下行的情况下，原油市场之间的关联性都很强；其次，原油市场好的和坏的波动溢出效应之间存在显著差异，具体而言，对于总溢出指数，坏的波动率的溢出效应大于好的波动率的溢出效应，表明负面消息冲击导致的坏的波动率更容易在原油市场之间传播。对于方向性溢出指数，无论是好的波动率还是坏的波动率，INE 原油市场对跨市场波动溢出的贡献都最小，分别为 50.75% 和 57.25%。与 WTI 市场相比，INE 市场与 Brent 市场的联系更紧密，这与之前未分解的波动溢出分析的结果一致；此外，每个市场接收到的其他原油市场的坏的波动溢出指数都大于好的波动率，表明几乎所有市场对接收到的负面消息冲击都比正面消息更敏感。WTI 和 Brent 原油市场传递给其他市场的好的波动溢出大于坏的波动溢出，而 INE 原油市场则相反。因此，将已实现波动率分解为好的波动率和坏的波动率有助于更深入地理解跨市场溢出效应的模式。而且好的波动率和坏的波动率的总溢出效应在短期内均最大，中期次之，长期最小，这与之前未分解的波动溢出分析的结果一致。

表 4-3 时域和频域正半方差的波动溢出效应 （单位：%）

面板 A：时域波动溢出效应						
变量	INE_F	WTI_F	WTI_S	Brent_F	Brent_S	FROM	NET
INE_F	29.44	17.67	17.44	17.86	17.58	70.55	−19.79

续表

面板 A：时域波动溢出效应						
变量	INE_F	WTI_F	WTI_S	Brent_F	Brent_S	FROM	NET
WTI_F	12.61	23.27	21.93	21.34	20.85	76.75	5.84
WTI_S	12.48	22.16	23.13	20.84	21.39	76.85	4.96
Brent_F	12.91	21.57	20.92	22.81	21.78	77.20	4.60
Brent_S	12.76	21.16	21.55	21.74	22.78	77.20	4.39
TO	50.75	82.55	81.85	81.80	81.60	75.71	

面板 B：频域波动溢出效应						

短期溢出效应（对应 1～5 天）

变量	INE_F	WTI_F	WTI_S	Brent_F	Brent_S	FROM	NET
INE_F	21.77	12.18	12.08	12.50	12.35	49.10	−13.41
WTI_F	8.72	14.72	13.85	13.68	13.41	9.65	4.27
WTI_S	8.69	13.93	14.81	13.35	13.84	49.80	3.89
Brent_F	9.17	14.01	13.60	15.19	14.43	51.20	2.84
Brent_S	9.13	13.80	14.17	14.51	15.32	51.60	2.42
TO	35.70	53.90	53.70	54.05	54.05	50.28	

中期溢出效应（对应 5～22 天）

变量	INE_F	WTI_F	WTI_S	Brent_F	Brent_S	FROM	NET
INE_F	5.57	3.93	3.84	3.85	3.75	15.40	−4.56
WTI_F	2.79	6.06	5.73	5.43	5.28	19.25	1.14
WTI_S	2.72	5.83	5.90	5.31	5.36	19.20	0.80
Brent_F	2.69	5.38	5.21	5.43	5.24	18.50	1.24
Brent_S	2.61	5.23	5.24	5.16	5.32	18.25	1.39
TO	10.80	20.35	20.00	19.75	19.65	18.12	

长期溢出效应（对应超过 22 天）

变量	INE_F	WTI_F	WTI_S	Brent_F	Brent_S	FROM	NET
INE_F	2.10	1.56	1.52	1.52	1.48	6.05	−1.82
WTI_F	1.11	2.49	2.36	2.23	2.16	7.85	0.43
WTI_S	1.08	2.40	2.42	2.18	2.19	7.85	0.28
Brent_F	1.05	2.19	2.12	2.19	2.11	7.45	0.53
Brent_S	1.02	2.13	2.13	2.08	2.14	7.35	0.57
TO	4.25	8.30	8.10	8.00	7.95	7.32	

表 4-4　时域和频域负半方差的波动溢出效应　（单位：%）

面板 A：时域波动溢出效应						
变量	INE_F	WTI_F	WTI_S	Brent_F	Brent_S	FROM	NET
INE_F	27.84	17.55	17.47	18.68	18.47	72.15	−14.93
WTI_F	13.96	23.01	21.87	21.00	20.16	77.00	3.95
WTI_S	13.95	22.12	22.73	20.56	20.63	77.25	2.94

续表

面板 A：时域波动溢出效应						
变量	INE_F	WTI_F	WTI_S	Brent_F	Brent_S	FROM	NET
Brent_F	14.64	20.92	20.27	22.73	21.43	77.25	4.55
Brent_S	14.67	20.35	20.6	21.59	22.79	77.20	3.49
TO	57.25	80.95	80.20	81.80	80.70	76.18	

面板 B：频域波动溢出效应						

短期溢出效应（对应 1～5 天）

变量	INE_F	WTI_F	WTI_S	Brent_F	Brent_S	FROM	NET
INE_F	19.31	11.83	11.89	12.55	12.47	48.75	−11.97
WTI_F	8.85	14.29	13.64	12.97	12.44	47.90	3.36
WTI_S	8.88	13.64	14.26	12.66	12.79	47.95	3.38
Brent_F	9.50	13.09	12.78	14.43	13.51	48.90	2.93
Brent_S	9.54	12.70	13.05	13.64	14.58	48.90	2.30
TO	36.75	51.25	51.35	51.80	51.20	48.48	

中期溢出效应（对应 5～22 天）

变量	INE_F	WTI_F	WTI_S	Brent_F	Brent_S	FROM	NET
INE_F	6.17	4.11	4.01	4.41	4.32	16.85	−2.25
WTI_F	3.64	6.20	5.85	5.70	5.48	20.70	0.46
WTI_S	3.62	6.02	6.02	5.61	5.58	20.80	−0.25
Brent_F	3.68	5.57	5.33	5.91	5.64	20.20	1.17
Brent_S	3.67	5.44	5.37	5.66	5.85	20.15	0.87
TO	14.60	21.15	20.55	21.40	21.00	19.74	

长期溢出效应（对应超过 22 天）

变量	INE_F	WTI_F	WTI_S	Brent_F	Brent_S	FROM	NET
INE_F	2.37	1.61	1.56	1.72	1.68	6.55	−0.71
WTI_F	1.47	2.52	2.38	2.32	2.23	8.40	0.13
WTI_S	1.46	2.45	2.45	2.29	2.27	8.45	−0.19
Brent_F	1.47	2.26	2.16	2.39	2.28	8.15	0.45
Brent_S	1.47	2.21	2.18	2.29	2.36	8.15	0.32
TO	5.85	8.55	8.30	8.60	8.45	7.95	

4.5 时频波动溢出效应动态分析

4.5.1 时频动态总波动溢出效应

中国原油期货推出一年多（2018～2019 年），全球油价至少经历了两次剧烈变化。例如，2018 年 10 月 10 日，INE 原油价格跃升至 85.31 美元/桶，随后逐步下跌至 2018 年 12 月 26

日的 53.38 美元/桶，两个月内下跌 37.43%。2019 年再次发生价格暴跌，其间油价从 2019 年 5 月 20 日的 75.06 美元/桶大幅下跌至 2019 年 6 月 5 日的 59.25 美元/桶，半个月内暴跌 21.06%。虽然全样本分析的波动溢出表静态地显示了原油市场的波动溢出，从而为整个样本期间的波动率信息传递提供了一个初步的了解，但这种静态分析并不能反映波动溢出的动态演变。因此，在研究石油市场波动率关联时，有必要引入滚动窗口技术来估计在时域和频域范围内的动态总波动溢出效应。估计结果如图 4-1 所示，从滚动窗口分析可以得出两个主要结论。

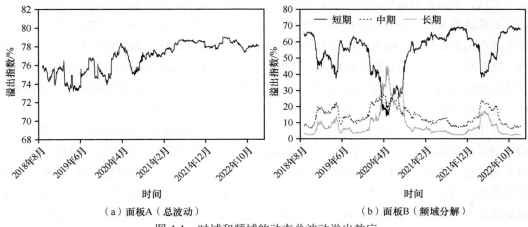

（a）面板A（总波动）　　　　　　　（b）面板B（频域分解）

图 4-1　时域和频域的动态总波动溢出效应

首先，总波动溢出指数在 73%～80%变化，表明随着时间的推移，石油市场的波动率之间存在明显的溢出效应。总体来看，总波动溢出指数前期大幅波动后缓慢上升。该指数由 2018 年 8 月 30 日的 75.79%逐步下降至 2018 年 11 月 24 日的 74.48%，随后开始连续波动，于 2019 年 1 月 1 日达到 76.51%的峰值，紧接着在一个月内大幅下跌至 73.21%，随后于 2019 年 8 月 27 日飙升至 76.79%，然后于 2019 年 12 月 17 日回落至 74.15%，再次大幅上升，于 2020 年 4 月达到 78.19%的峰值，随后有所回落，在 2020 年 7 月后呈逐步上升趋势，并伴有小幅波动。

除了基本面因素的影响外，整个石油市场的波动溢出动态变化也可能受到地缘政治风险或金融市场震荡的影响。例如，在 2018 年 8 月至 2018 年 11 月期间，中美之间贸易争端增加了石油需求的不确定性和全球股市的动荡，进一步导致悲观情绪在金融市场和石油市场之间传染。此外，市场投资者对全球经济放缓的担忧加剧，OPEC 和美国石油产量的上升增加了全球石油供应。全球石油供应增加，而石油需求减弱，导致全球油价下跌，削弱了不同原油市场之间的相互作用。2018 年 12 月至 2019 年 1 月初，受益于中美关系的缓和、贸易争端、OPEC 成员国石油减产、美国股市复苏等，全球油价逐步反弹，原油市场波动溢出效应增强。然而，随后中美关系的不确定性增加，贸易谈判再次降低了信息溢出效应。2019 年 2～3 月初，OPEC 石油产量持续下降，中美关系出现缓和迹象，贸易磋商以及美国对委内瑞拉和伊朗等产油国的制裁，都导致全球石油市场价格上涨，以及跨市场波动的溢出效应。2019 年 4 月以来，受 OPEC 石油持续减产、全球制造业指标疲弱、全球经济出现放缓迹象以及国际贸易形势和中东地缘政治不确定性等因素影响，全球油价普遍先抑后扬，相应的变化也反映在总波动溢出的动态变化上。2019 年末受新冠疫情影响，全球经济下滑，金融市场发展不稳定，油价暴跌，跨市场波动溢出大幅上升并在短时间内达峰，而 2020 年 4～7 月波动溢出水平出现短暂下降，可能是由于新冠疫情蔓延导致原油需求收缩（Cui and Maghyereh，2023）。随后，受新冠疫情、俄乌冲突等不利于国际政治经济稳定的事件影响，国际原油市场价格大幅波动，整个石油市场的波动溢出持续上升（Duan et al.，2023a），因此，2021 年和 2022 年的溢出水平仍然很高。

其次，对总波动溢出的频域分解表明，整个石油市场的总波动溢出大多持续时间较短，而中长期波动溢出较小且趋于稳定。图 4-1（b）显示，短期溢出在 10%～72% 变化，主导了整个系统的波动溢出，相应地，在时间域上的总波动溢出与短期波动溢出的动态变化走势相近，这些发现提供了重要的经济启示。石油金融化加强了市场流动性（Fu and Qiao，2022），并且石油市场的大部分风险溢出都发生在短期，这凸显了关注石油市场之间即时影响的重要性，这些观点也与 Yang 等（2021）和 Wei 等（2022）最近的研究发现相一致。

接下来，将总波动溢出分解为坏的波动溢出和好的波动溢出。如图 4-2（a）所示，坏的波动导致的溢出效应与好的波动导致的溢出效应存在显著差异，表明波动溢出存在显著的非对称性，且由于重大事件的影响，非对称溢出效应也具有显著的时变特征。例如，2020 年坏的波动的溢出效应显著高于好的波动，整体跨市场溢出效应以坏的波动溢出为主。主要原因是全球新冠疫情暴发，经济发展受挫，国际原油市场价格不稳定，市场受到冲击时悲观情绪充斥着整个石油系统（Liu et al.，2022）。图 4-2（b）反映了短期、中期和长期的非对称溢出，可以发现短期溢出效应在非对称溢出中占主导地位，这与未分解的总溢出结果一致。此外，非对称溢出效应在大部分样本期间均为正，说明好的波动的溢出效应高于坏的波动，溢出效应的非对称性较强。相比之下，非对称溢出效应在中长期大部分样本期均为负，表明中长期内坏的波动主导溢出效应，再次证明了波动溢出效应中存在的显著非对称性。

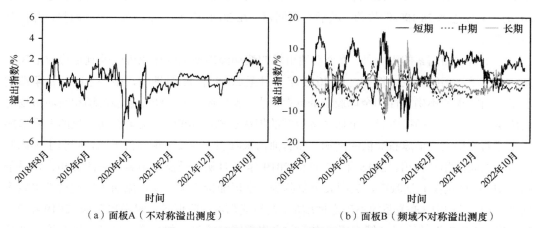

（a）面板A（不对称溢出测度）　　　　　　（b）面板B（频域不对称溢出测度）

图 4-2　时域和频域动态非对称溢出效应

4.5.2　时频动态方向性波动溢出效应

尽管总波动溢出效应反映了样本期内各原油市场波动率相互作用的总体程度和演变，但该指标不能反映跨市场波动溢出的方向。为此，本节进一步计算系统内各市场的净方向性波动溢出指数，包括静态分析和基于滚动窗口技术的动态分析。

表 4-2 最后一列给出了各原油市场的时频净方向性波动溢出指数。表 4-2 面板 A 显示，INE 原油期货市场在时域上是系统内波动溢出的净接收方，而 WTI、Brent 原油期货市场和现货市场是波动溢出的净输出方。这些结果表明，INE 石油市场自推出以来，向国际基准市场传递波动信息的能力相对较弱，其市场波动受到其他石油市场波动冲击的显著影响，这与 Yang 等（2021）的研究结果一致。接下来将方向性波动溢出分解为频率分量。表 4-2 面板 B 显示，INE 原油市场在所有频域的波动传递机制中都扮演着净接收方的角色，而 Brent 原油期货和现货市场在所有频域都是净输出方。此外，我们发现了一个有趣的现象：Brent 原油期货市场对整个系统波动溢出的净溢出贡献在所有频域都高于其现货市场。可能的解释在于，相对较高的交易成本、不同步的交易、卖空限制和其他不完善因素可能会降低现货市场在吸纳意外冲击方面的效率（Alemany et al.，2019；Meneu and Torró，2003）。

表 4-2 面板 B 进一步显示，对波动溢出机制贡献最大的市场在不同的频域上存在差异。短期来看，来自 WTI 原油现货市场的波动溢出效应在整个系统波动溢出关系中占主导地位，而中长期来看，WTI 原油期货市场占主导地位，表明 WTI 原油市场在短期和长期内都在全球原油市场中占据主导地位。在 2014~2016 年油价大幅下跌之前，短期溢出效应的重要性低于长期溢出效应；而随着金融机构越来越多地参与石油市场，短期溢出效应的占比稳步上升（Křehlík and Baruník，2017）。如表 4-2 所示面板 A 最后一列所示，2016 年以来，短期波动溢出效应对波动溢出机制的贡献最大，WTI 现货市场在整体波动溢出效应中占主导地位。总体而言，本章的结果显示石油市场的频域波动溢出效应存在明显的异质性。由于这一现象在总体层面的实证研究中难以测度（Fu and Qiao，2022），因此，对波动溢出效应建模时，必须将风险分解到不同的频域。

下面利用滚动窗口技术估计各个原油市场在时域和频域的动态净方向性波动溢出，如图 4-3 所示。可以得到以下三点主要结论：首先，每个石油市场的净方向性波动溢出效应

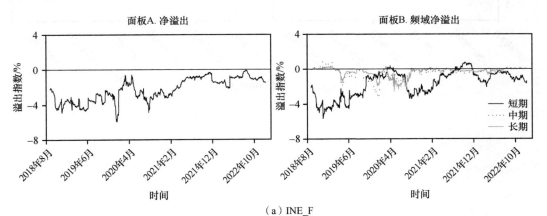

（a）INE_F

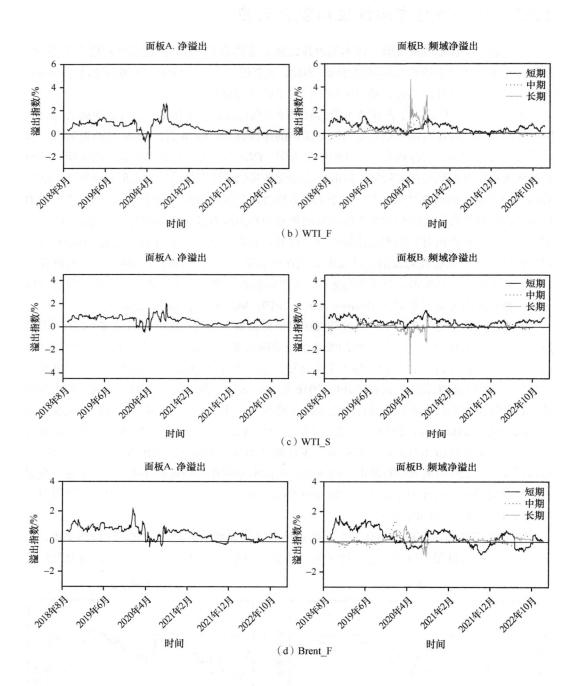

（b）WTI_F

（c）WTI_S

（d）Brent_F

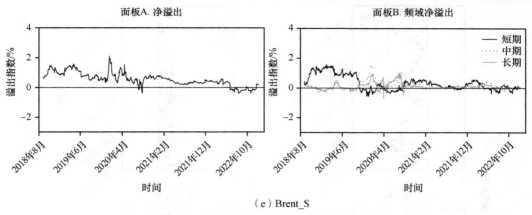

面板A. 净溢出　　　　　　　　　　　　　　　面板B. 频域净溢出

（e）Brent_S

图 4-3　时域和频域动态净方向性波动溢出

随着时间的推移而动态变化。确切地说，INE 原油市场的净方向性波动溢出效应表现为先下降后上升的趋势，而 WTI 和 Brent 原油市场的净方向性溢出效应表现为相反的走势。其次，INE 市场在波动溢出系统中始终扮演净接收方的角色，而 WTI 和 Brent 原油市场始终扮演净输出方的角色。最后，频域分解表明各石油市场的净方向性波动溢出效应大部分发生在短期，因此，在时域上的净方向性溢出效应与短期频域上的净方向性溢出效应具有相似的变化规律。

本节还考虑了坏的和好的波动在时域和频域上的净溢出效应，图 4-4 显示坏的和好的波动的动态净溢出效应存在明显差异。例如，WTI 期货和现货市场坏的波动的净溢出效应在 2020 年初为负，而这一期间好的波动的净溢出效应则相反，这一现象与 2020 年 4 月 WTI 市场发生的负油价事件有关（Fernandez-Perez et al.，2023）。

在这一部分，本章进一步尝试定量识别影响石油市场价格波动的不确定性来源和风险决定性因素。为此，本章在 Wang X 和 Wang Y（2019）研究的基础上，采用 Inclán 和 Tiao（1994）的迭代累计平方和（ICSS）算法，考察了全球石油市场关键事件引发的结构突变对 INE 市场与国际石油市场（即 WTI_F、WTI_S、Brent_F 和 Brent_S）之间净风险溢出的影响。ICSS 测试结果如图 4-5 所示。在样本期间，从 WTI 和 Brent 石油市场到 INE 石油市场的净配对波动溢出效应随着时间的推移而大幅波动，至少有三次共同的结构性突变，这些结构突变点，在发生时间上与世界各地的重要经济和地缘政治事件相吻合：2020 年 1 月新冠疫情的暴发、2020 年 4 月 WTI 负油价事件和 2021 年 5 月的美国管道公司 Colonial Pipeline 遭受网络攻击。可以发现，INE 与四个国际石油市场之间的动态净风险溢出被三个结构突变点分为四个部分：两个急剧下降趋势的动荡期（2020 年 1 月至 2020 年 4 月）和急剧上升趋势的动荡期（2020 年 4 月至 2021 年 5 月），以及两个净溢出水平相对较高的平静期（2018 年 8 月至 2020 年 1 月和 2021 年 5 月至 2022 年 12 月）。

除了这些共同的结构突变点，我们还发现了 5 个只存在于 INE 和 Brent 原油市场净风险溢出效应的结构突变点，对应于 2019 年中期特朗普总统公告新一轮的中国出口关税事件、2022 年 2 月俄乌冲突爆发、2022 年夏天欧洲能源危机、2022 年年底 OPEC 宣布削减石油产量，以及 2022 年 12 月俄罗斯原油上限执行。本章还利用 ICSS 算法检验了 INE 市场与国际石油市场之间的频域净风险溢出的结构突变点，发现其结果与时域结果极为相似，见图 4-6。

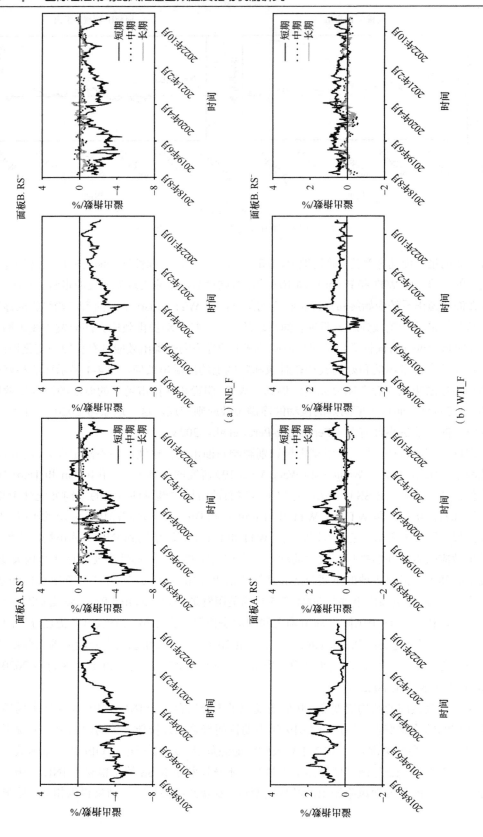

(a) INE_F

(b) WTI_F

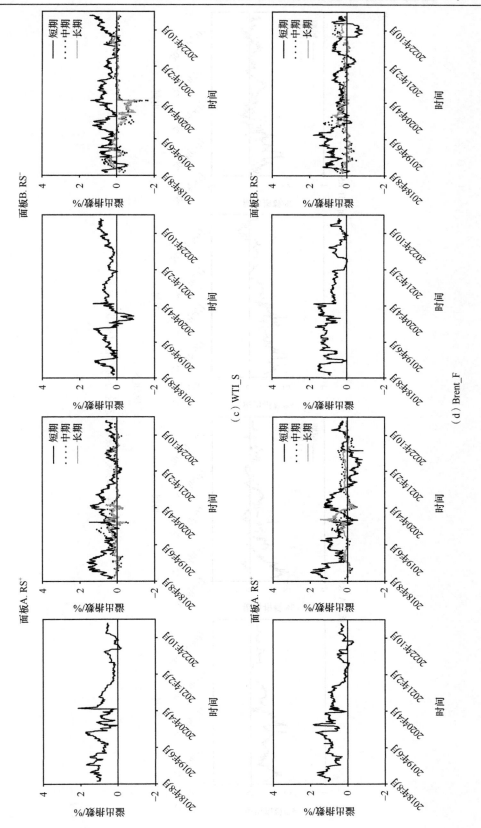

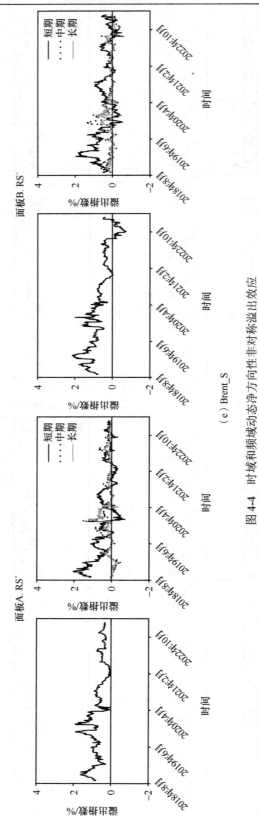

（e）Brent_S

图 4-4 时域和频域动态净方向性非对称溢出效应

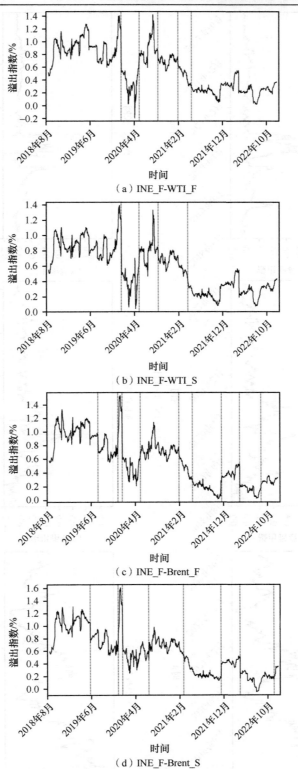

图 4-5　中国与国际原油市场之间的净配对溢出效应
灰色竖线表示 ICSS 算法测试的结构突变点（事件日期）

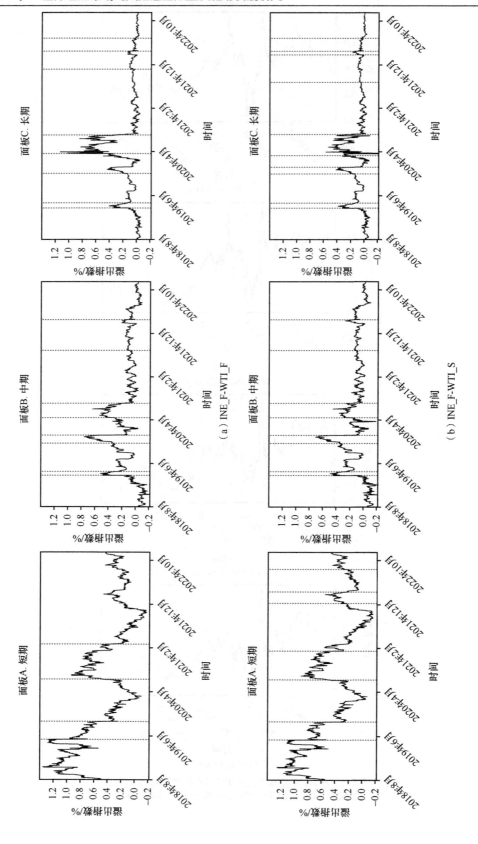

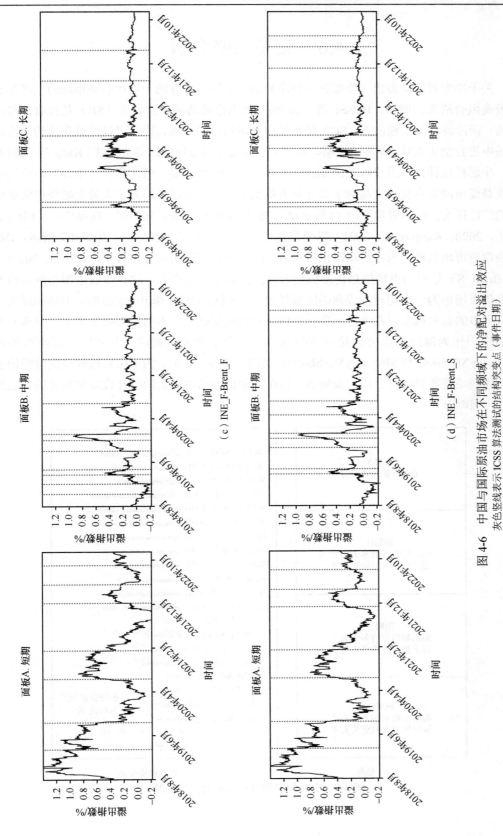

图 4-6　中国与国际原油市场在不同频域下的净配对溢出效应
灰色竖线表示 ICSS 算法测试的结构突变点（事件日期）

4.6 交易策略分析

关于净配对波动溢出（净接收方和净输出方）的信息有助于设计石油市场的资产配置和投资组合战略。例如，Batten 等（2019a）认为净波动溢出接收方（SR）是接收信号的市场，而净波动溢出输出方（SC）是系统中发送信号的市场，因此可以通过在净输出方的市场中进行空头头寸，即多空策略，来对冲净接收方的市场中的多头头寸。Kang 等（2019）进一步解释这种投资组合收益的原因是，在多空策略中，某一特定资产（市场）所受到的负收益溢出冲击将被其交易对手头寸显著抵消。这一观点已经得到了大量金融资产实证研究的广泛证实，包括股票资产（Liu et al.，2021；Zhang et al.，2021a）、商品资产（Elsayed et al.，2020；Kang et al.，2021）以及绿色资产（Duan et al.，2023b）。如表 4-2 所示，INE 石油期货市场被确定为净波动溢出接收方，四个国际基准市场（WTI_F、WTI_S、Brent_F 和 Brent_S）是石油市场信息传递机制内的净波动溢出输出方，这意味着中国新推出的石油期货市场作为一个相对不成熟的区域性市场，可能比 WTI 和 Brent 的期货市场和现货市场有更多的套利机会。在 Kang 等（2019）研究的基础上，本书根据处于多头（空头）头寸的资产作为溢出输出方或接收方的属性，提供了两种可能的交易策略（即组合策略 SC-Long/SR-Short 和 SR-Long/SC-Short），如图 4-7（a）所示。为了比较每种多空策略的表现，我们还将非对冲组合作为策略 A，将在净输出方的市场上同时开设多空头寸的多空组合作为策略 B。

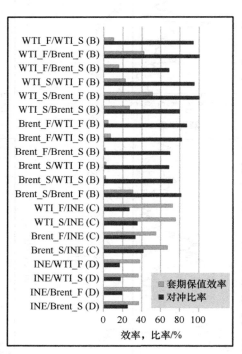

（a）解释　　　　　　（b）套期保值效果

图 4-7　交易策略的解释与套期保值表现

4.6.1　对冲比率

与近期的研究一致（Kang et al.，2019；Guhathakurta et al.，2020；Wang et al.，2021），基于 DCC-GARCH 模型的时变方差估计，本书计算了 Kroner 和 Sultan（1993）的对冲比率，以最小化投资组合风险。以策略 C 为例，一个持有该资产 1 美元多头头寸作为溢出输出方的投资者，可以通过在溢出接收方市场（INE）持有 B 美元空头头寸进行对冲，其中"最优对冲比率"$B_{\mathrm{SC,SR},t}$ 表示为

$$B_{\mathrm{SC,SR},t} = \frac{h_{\mathrm{SC,SR},t}}{h_{\mathrm{SR},t}} \qquad (4\text{-}16)$$

其中，$h_{\mathrm{SR},t}$ 和 $h_{\mathrm{SC,SR},t}$ 分别为 SR 资产的条件波动率和 SC 与 SR 资产之间的条件协方差。本节计算这些对冲策略的收益，即为多头头寸和空头头寸的收益之差。表 4-5 报告了这些收益之和、夏普比率和每种投资组合策略的平均对冲比率的描述性统计。

表 4-5　交易策略的结果

投资组合	总和/%	标准差	夏普比率	对冲比率/%	权重/%	套期保值效率/%
面板 A：非对冲投资组合						
WTI_F	15.4214	3.7417	0.3657	—	—	—
WTI_S	15.6269	4.0278	0.3443	—	—	—
Brent_F	14.3055	2.9220	0.4344	—	—	—
Brent_S	8.9272	3.4748	0.2280	—	—	—
INE	11.1801	2.5086	0.3955	—	—	—
面板 B：溢出输出方多头和溢出接收方空头						
WTI_F/WTI_S	39.3645	1.4716	2.3756	93.9455	48.6209	10.6103
WTI_F/Brent_F	37.0154	1.2920	2.5443	103.1141	12.4917	42.1924
WTI_F/Brent_S	18.8780	2.6502	0.6332	68.6813	49.9132	16.1190
WTI_S/Brent_S	27.0652	2.6362	0.9118	79.6321	41.9393	27.3431
WTI_S/WTI_F	3.0005	1.6918	1.7501	94.8606	51.3791	22.8596
WTI_S/Brent_F	0.5247	1.7685	0.0264	100.8221	18.5135	51.4346
Brent_F/Brent_S	26.4575	1.8969	1.2387	70.0038	64.8500	2.0670
Brent_F/WTI_S	25.1874	1.1310	1.9779	82.0081	81.4865	7.7188
Brent_F/WTI_F	8.1229	0.9141	0.7892	87.0834	87.4195	5.2094
Brent_S/WTI_F	46.7095	2.3787	1.7454	68.6654	50.0868	2.7371
Brent_S/WTI_S	6.9799	2.3246	0.2667	72.5012	58.0607	2.3738
Brent_S/Brent_F	2.8665	2.1581	0.1180	81.1718	35.1500	30.7481
面板 C：溢出输出方和 INE 空头（接收方）						
WTI_F/INE	143.3932	4.0527	3.1423	26.9453	33.1600	72.2279
WTI_S/INE	102.6149	4.3356	2.1020	35.5494	30.3261	75.4529
Brent_F/INE	35.3283	3.4519	0.9089	33.3994	36.6752	54.9915
Brent_S/INE	57.5664	3.3901	1.5081	41.7444	31.7126	67.1389

续表

投资组合	总和/%	标准差	夏普比率	对冲比率/%	权重/%	套期保值效率/%
面板 D：INE 多头（接收方）和溢出接收方空头						
INE/WTI_F	87.5052	2.8608	2.7165	17.3088	66.7512	38.2153
INE/WTI_S	70.0483	2.8578	2.1769	17.9289	69.5851	36.7181
INE/Brent_S	44.5619	2.7104	1.4601	25.6896	68.1987	36.9520
INE/Brent_F	18.6319	2.9137	0.5679	19.8378	63.2361	38.9358

注：面板 A 仅显示了非对冲投资组合的描述性统计数据和夏普比率。在面板 B、C 和 D 中，本节还提供了三种可能的交易策略的套期保值效率，这取决于作为溢出接收方或输出方的多（空）头头寸资产的属性。单个名称代表原油市场的现货市场（S）和期货市场（F），以面板 B 为例进行说明，后面情况以此类推，用"/"隔开是与面板 B 标题对应，"/"前代表输出方多头，"/"后代表接收方空头。

4.6.2 最优投资组合权重

本节还按照 Kroner 和 Ng（1998）的方法，计算在不降低石油资产预期收益的情况下，使石油资产的投资组合风险最小的石油投资组合多元化的最优权重。假设投资者持有溢出输出方（WTI_F、WTI_S、Brent_F 和 Brent_S）资产，并希望在没有任何卖空的情况下对冲溢出接收方（INE）价格变化的负面影响，则投资组合权重可以表示为

$$w_{\text{SC,SR},t} = \frac{h_{\text{SR},t} - h_{\text{SC,SR},t}}{h_{\text{SC},t} - 2h_{\text{SC,SR},t} + h_{\text{SR},t}} \tag{4-17}$$

$$w_{\text{SC,SR},t}^* = \begin{cases} 0, & w_{\text{SC,SR},t} < 0 \\ w_{\text{SC,SR},t}, & 0 \leqslant w_{\text{SC,SR},t} \leqslant 1 \\ 1, & w_{\text{SC,SR},t} > 1 \end{cases} \tag{4-18}$$

其中，$h_{\text{SC},t}$ 为由 DCC-GARCH 模型估计的 SC 资产的条件波动率；$w_{\text{SC,SR},t}$ 为 SC 资产在由 SC 和 SR（INE）组成的 1 美元投资组合中的权重，t 为时间，因此，SR（INE）在设计的投资组合中的权重为 $1-w_{\text{SC,SR},t}^*$。

每一种交易策略的风险降低表现可以用套期保值效率（hedging effectiveness，HE）指标来衡量，具体为

$$\text{HE} = 1 - \frac{h_{\text{SCSR},w}}{h_{\text{unhedged}}} \tag{4-19}$$

其中，h_{unhedged} 是指在没有任何多元化的情况下 SC 或 SR 资产回报的方差；$h_{\text{SCSR},w}$ 为在 SC 和 SR 资产最优的情况下被对冲的投资组合方差。

HE 评估了每个被对冲的投资组合相对于没有任何多样化投资组合的方差减少的数量，因此，高 HE 指数的投资组合提供了更高水平的套期保值效率。

表 4-5 还给出了考虑各个多元化石油投资组合的平均最优投资组合权重以及套期保值有效性，其中面板 B、C、D 所列的投资组合是根据图 4-7（a）所述的策略 B、C、D 构建的。为了便于比较，图 4-7（b）以图形方式显示了每个投资组合的对冲比率和套期保值效率的结果。总体而言，与面板 B（Long SC/Short SC）组合相比，面板 C（SC-Long/INE-Short）组合和面板 D（INE-Long/SC-Short）组合的对冲比率更低、套期保值效率更高，这意味着 C

和 D 策略具有更好的风险降低或收益增强效果,且对冲成本更低。这一发现与 Kang 等(2019)的研究一致。

面板 B 和 C 中投资组合收益的整体比较表明,与 WTI 和 Brent 石油市场的多空投资组合相比,用 INE 石油期货对冲国际石油资产往往可提供更高(更低)的收益(损失)总额、更低的收益波动性和更高的夏普比率。更确切地说,在 Brent 期货市场上,INE 期货在对冲 Brent 风险方面优于 WTI 期货,在对冲 Brent_S 方面优于 WTI_S 和 Brent_F,在对冲 Brent_F 方面优于 Brent_S,在对冲 WTI_F 和 WTI_S 波动方面优于所有国际石油资产。研究结果强调了 INE 期货在原油市场国际投资者风险管理方面的潜在优势。

更重要的是,中国原油期货市场多(空)仓策略 C 与国际市场多(空)仓策略 C 的收益水平显著高于套期保值策略 B,这揭示了中国新推出的原油期货市场潜在的套利机会。例如,WTI_F/INE 在样本期间的总收益最高为 143.3932%,其次是 WTI_S/INE 为 102.6149%,INE/WTI_F 为 87.5052%。虽然大多数策略 B 的总收益大于或接近 20%,但夏普比率的结果显示,WTI_F/INE、WTI_S/INE 和 INE/WTI_F 策略在考虑风险后的收益水平仍然优于大多数仅依赖国际石油资产的对冲组合。

本节的模拟结果说明了跨市场溢出信息如何被用来设计对冲石油市场不确定性的交易策略,还阐明了中国新推出的 INE 原油期货具有较好的对冲潜力以及套利机会。

4.7　稳健性检验

4.7.1　改变滚动窗口长度

为保证本章研究结果的可靠性,本节采用两种方式来检验前面计算的时频波动溢出的稳健性。首先,通过检验波动溢出估计对滚动窗口大小选择的敏感性,对实证结果进行稳健性检验。为此,图 4-8 描述了基于 Diebold-Yilmaz 方法和 Baruník-Křehlík 方法对三种不同长度的滚动窗口(80 天、100 天、120 天,用变量 W 表示)的动态总波动溢出指数及其频域分解的估计结果。其中,前面基准实证分析中采用的滚动窗口大小为 100 天。从图 4-8 可知基于不同长度的滚动窗口估计的动态溢出指数走势基本一致,从而验证了前面实证分析的结果。

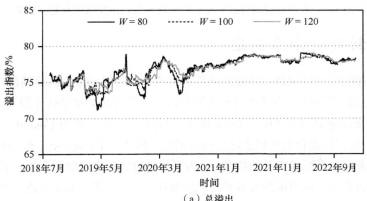

(a)总溢出

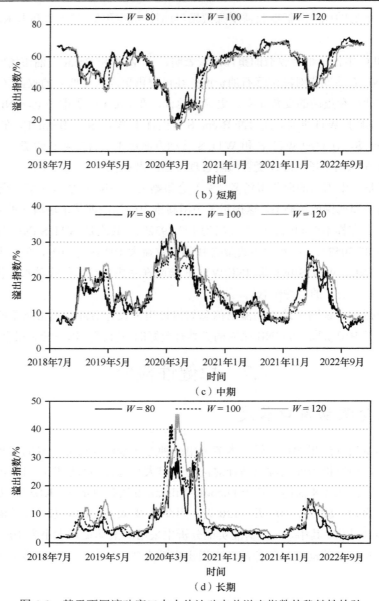

图 4-8 基于不同滚动窗口大小估计动态总溢出指数的稳健性检验

4.7.2 控制日内季节效应

本节通过控制日内周期性对收益波动性的影响来检验时频溢出的稳健性，因为近期的文献表明，在使用高频数据时，不考虑日内周期性可能会导致波动溢出估计偏差（Nishimura and Sun，2018；Alemany et al.，2019；Dette et al.，2022）。对此，按照 Conrad 等（2012）的做法，通过对 $r_{t,k}$ 进行标准化处理以去除日内周期性，具体如下：$R_{t,k}=r_{t,k}/f_k$，其中，$r_{t,k}$ 为 t 日第 k 个区间结束时每个原油市场的收益，k 为交易日内等距离间隔的个数。表 4-6 给出了去除日内周期性后不同原油市场的时频波动溢出效应。表 4-2 和表 4-6 中的结果表明，去除日内周期性前后时间域和频率域上的波动溢出效应估计结果保持稳健。

表 4-6　去除日内周期后的时频波动溢出效应　　　（单位：%）

			面板 A：时域波动溢出效应			
变量	INE_F	WTI_F	WTI_S	Brent_F	Brent_S	FROM	NET
INE_F	28.05	18.12	17.65	18.28	17.90	71.95	−26.91
WTI_F	11.06	23.40	22.71	21.70	21.13	76.60	9.14
WTI_S	10.94	23.06	23.09	21.47	21.44	76.90	7.38
Brent_F	11.58	22.42	21.82	22.42	21.76	77.60	5.94
Brent_S	11.45	22.15	22.11	22.08	22.21	77.80	4.44
TO	45.05	85.75	84.30	83.55	82.25	76.17	

			面板 B：频域波动溢出效应			

短期溢出效应（对应 1~5 天）

变量	INE_F	WTI_F	WTI_S	Brent_F	Brent_S	FROM	NET
INE_F	16.03	8.37	8.23	8.68	8.55	33.85	−11.79
WTI_F	5.26	9.53	9.29	9.16	8.96	32.65	4.40
WTI_S	5.26	9.45	9.64	9.13	9.26	33.10	3.63
Brent_F	5.78	9.69	9.50	10.17	9.91	34.90	2.06
Brent_S	5.73	9.55	9.71	9.98	10.22	34.95	1.70
TO	22.05	37.05	36.75	36.95	36.70	33.89	

中期溢出效应（对应 5~22 天）

变量	INE_F	WTI_F	WTI_S	Brent_F	Brent_S	FROM	NET
INE_F	8.20	6.29	6.08	6.25	6.08	24.70	−9.76
WTI_F	3.75	8.71	8.43	7.92	7.69	27.80	3.09
WTI_S	3.67	8.55	8.45	7.80	7.71	27.70	2.45
Brent_F	3.79	8.06	7.81	7.83	7.58	27.25	2.46
Brent_S	3.74	7.98	7.86	7.73	7.67	27.30	1.75
TO	14.95	30.90	30.20	29.70	29.05	26.95	

长期溢出效应（对应超过 22 天）

变量	INE_F	WTI_F	WTI_S	Brent_F	Brent_S	FROM	NET
INE_F	3.83	3.45	3.34	3.36	3.26	13.4	−5.36
WTI_F	2.05	5.16	4.99	4.62	4.48	16.15	1.65
WTI_S	2.01	5.06	4.99	4.54	4.48	16.10	1.30
Brent_F	2.01	4.66	4.51	4.42	4.28	15.45	1.42
Brent_S	1.99	4.62	4.54	4.37	4.32	15.50	0.99
TO	8.05	17.80	17.40	16.90	16.50	15.32	

注：第 j 行、第 k 列的值表示市场 k 对市场 j 的波动溢出效应。

4.8 本 章 小 结

中国原油期货市场自 2018 年 3 月底推出以来，迅速受到国际投资者的广泛关注（Liu et al.，2019；Ripple and Broadstock，2019；Huang and Huang，2020）。了解 INE 市场的波动动态及其与其他石油市场的波动相互作用，有利于能源风险管理和配置资产。本章利用日内 5 分钟数据研究了中国原油期货与四个国际原油期货市场在时域和频域上的动态波动溢出效应。此外，本章还将已实现波动率分解为好的波动率和坏的波动率，以进一步考虑波动溢出效应的非对称性。

实证结果表明，总波动溢出指数在 73%～80%变化，表明这些石油市场之间具有较高的溢出效应。然而，随着时间的推移，原油市场的波动溢出存在动态变化，这种变化不仅受到基本面因素的影响，也与地缘政治、金融市场等因素有关。更准确地说，波动溢出通常发生在较高的频域，而较低的频域成分起次要作用。这表明，全球原油市场的信息传递效率高、速度快，波动传递主要发生在短期，反过来，长期溢出效应较低的原因是，市场在长期往往主要受其基本面和经济前景的驱动。研究发现，在样本期内，中国 INE 市场的净波动溢出效应始终为负，表明中国 INE 市场是国际基准市场波动冲击的净接收方，此外，与 WTI 市场相比，INE 市场与 Brent 市场的关联度更强，主要原因是中国进口原油大部分来自中东、非洲、俄罗斯（BP，2018a），这些国家和地区的油价主要以 Brent 原油的价格报价。而且坏的波动引起的溢出效应与好的波动引起的溢出效应存在显著差异，说明波动溢出存在显著的非对称性，且由于重大事件的影响，非对称溢出效应也具有显著的时变特征。因此，短期内好的波动主导跨市场溢出，中长期坏的波动主导溢出效应。最后，通过利用溢出信息设计对冲原油市场不确定性的交易策略，揭示了中国新推出的原油期货市场具有较好的对冲和套利机会。

第 5 章　国际石油与股票市场间的收益及波动溢出效应

中国目前是全球最大的原油净进口国之一,高度依赖国外供应,并且正处于经济转型和发展的阶段。与此相比,美国股票市场更加成熟和完善。在这种背景下,比较研究国际原油市场对中美两国股票市场的溢出效应,以了解不同发达程度的股票市场受国际原油市场的影响是否存在差异,对于政府维护股票市场的稳定方面和制定能源政策方面具有重要意义。

5.1　问题的提出

石油作为经济发展的基础性能源,其在经济发展中居于重要地位。近年来,国际原油价格波动幅度较大,自 21 世纪以来,受伊拉克战争、全球金融危机和美元汇率变动等因素的影响,国际原油价格波动频繁。由于石油在区域经济发展中的重要性,其价格波动将对区域经济发展构成深远影响。石油不仅具有传统的资源属性,随着石油期货市场的日臻完善和石油衍生工具的运用,石油的金融属性也日益凸显。石油作为工业生产的重要原材料,其价格上涨会降低企业的利润空间,会直接影响企业的产出,进而会影响一个国家的经济发展状况。由股价的红利贴现模型可知,股市跟企业的经营状况有关,也是国民经济的一个具体反映。因此,作为宏观经济的晴雨表,股票市场也会受到国际原油价格波动的影响。

随着中国经济快速增长,石油消费需求与日俱增,但由于中国具有"富煤、贫油、少气"的能源赋存特点,2016 年中国年度原油净进口量首次超过美国,成为世界第一大原油净进口国,对外依存度达到 65.4%。中国目前还处于"新兴+转轨"阶段,中国股票市场还存在诸多问题,如个人投资者比例较高、投资理念不够成熟、股市换手率较高以及存在较高的投机成分等,更容易产生"羊群效应"和过度效应(Demirer et al.,2010)。基于以上中国石油消费和股市发展实际,探究国际原油价格与中国股票市场之间的联动关系,对于政府维护股票市场的稳定和制定能源政策具有重要意义。相比之下,美国作为全球经济的制高点,其股票市场相对成熟和完善。本章通过比较研究国际原油市场与中、美股票市场溢出效应,以揭示国际原油市场对不同发达程度的股票市场是否存在不同的影响。同时,中国采用油价与国际油价挂钩的石油定价机制,需进一步改革,发挥价格对资源的配置作用,通过比较研究也可以为中国石油市场改革提供政策参考依据。

5.2 数据及模型

5.2.1 数据选择

分别选取沪深 300 指数（HS300）、标普 500 指数（SP500）刻画中国、美国股票市场的走势，选取纽约商品交易所的 WTI 代表国际油价走势。本章研究数据来自 Wind 数据库。针对各市场交易日期存在的差异，本章将不重合的交易日观测数据剔除。因此，综合数据可得性，本章的样本观测区间在 2003 年 1 月 2 日至 2016 年 12 月 23 日，一共包含 3277 个观测期。

1. 收益率的统计性描述

首先对股市、油价的对数收益率进行统计性描述，计算方式如下：

$$r_{i,t} = 100 \times \ln(P_{i,t} / P_{i,t-1}) \tag{5-1}$$

其中，i=1, 2，$r_{1,t}$、$r_{2,t}$ 分别为股市、油价在 t 期的收益率；$P_{i,t}$、$P_{i,t-1}$ 为指数在 t、$t-1$ 期的收盘价格。中国股市、美国股市、油价收益率走势见图 5-1。

表 5-1 列出了股市、油价收益率的统计性描述。从均值上看，中国股市最大，石油市场最小；从标准差来看，石油市场波动最大，中国股市次之，美国股市最小；从最大值、最小值来看，石油市场的极端值均高于中美股市；最后，JB 检验量、偏度、峰度表明，中美股市、石油市场收益率均左偏分布，具有尖峰特征。这些特征也可以从图 5-1 中看出。

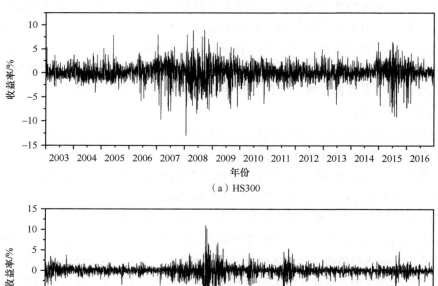

（a）HS300

（b）SP500

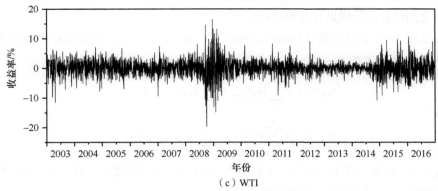

（c）WTI

图 5-1　收益率时序图

表 5-1　收益率的统计性描述

变量	均值	中位数	标准差	最大值	最小值	偏度	峰度	JB 检验
SP500	0.029	0.073	1.234	10.957	−13.777	−0.541	17.127	27402.74[***]
HS300	0.034	0.070	1.815	8.931	−13.012	−0.488	7.093	2416.768[***]
WTI	0.016	0.046	2.526	16.410	−19.662	−0.105	7.806	3158.502[***]

注：***表示在 1%的水平内显著。

2. 收益率的检验

为了避免伪回归问题，在模型估计前对收益率序列进行平稳性检验。采用 ADF 检验对收益率序列进行单位根检验，采取无趋势项、无常数项形式，结果表明股市、油价收益率序列在 1%的显著性水平内平稳，结果见表 5-2。

表 5-2　收益率的平稳性、自相关性、ARCH 效应检验

变量	ADF	$Q(20)$	$Q^2(20)$	ARCH（5）	ARCH（10）
SP500	−10.798[***]	76.938[***]	3725.2[***]	772.088[***]	890.445[***]
HS300	−20.842[***]	38.860[***]	994.85[***]	217.617[***]	270.662[***]
WTI	−9.976[***]	52.508[***]	2478.3[***]	460.512[***]	584.030[***]

注：***表示在 1%水平内显著；$Q(20)$、$Q^2(20)$ 分别是残差序列、残差序列平方 Ljung-Box 检验的 Q 统计量。

金融资产收益率往往存在序列自相关。采用滞后 20 期的 Ljung-Box 的 Q 统计量对股市、油价收益率序列进行自相关检验。在 1%的显著性水平内，均拒绝了不存在序列自相关的原假设，说明股市、油价收益率存在显著的自相关性。

收益率序列的 ARCH 效应检验有两种方法：一种是检验均值方程中残差序列平方的自相关性；另一种是对收益率序列进行 ARCH-LM 检验。由表 5-2 的 $Q^2(20)$ 统计量可知，残差中存在 ARCH 效应，滞后 5 阶和滞后 10 阶 ARCH-LM 检验也得到了同样的结果。

5.2.2　模型构建

本章建立 VAR-BEKK-GARCH 模型分别对国际石油市场和中国股市、国际石油市场和美国股市之间的溢出效应进行两两检验。

首先选用 VAR 估计均值溢出效应，而后基于 VAR 的残差，用 BEKK 模型来估计波动溢出效应，VAR 设定如下：

$$r_{1,t} = c_1 + \sum_{i=1}^{k} \theta_{1i} r_{1,t-i} + \sum_{i=1}^{k} \varphi_{1i} r_{2,t-i} + \varepsilon_{1,t} \tag{5-2}$$

$$r_{2,t} = c_2 + \sum_{i=1}^{k} \theta_{2i} r_{1,t-i} + \sum_{i=1}^{k} \varphi_{2i} r_{2,t-i} + \varepsilon_{2,t} \tag{5-3}$$

其中，$r_{1,t}$、$r_{2,t}$ 分别为股市、油价在 t 期的收益率；c_1、c_2 为常数项；θ、φ 为滞后期的系数估计；ε 为残差项；k 为模型的最优滞后阶数。

当 θ 不全为 0 时，说明股市、油价收益率的滞后期对其自身收益率的当期有影响；当 φ 不全为 0 时，说明股市、油价收益率的滞后期会影响对方的当期收益率，意味着当前市场收益率会受到另外一个市场前期收益率的影响。此时，可通过 φ 的大小、显著性来判断股市、油价收益率的相互影响，并通过格兰杰因果检验来判断两个市场间的均值溢出效应。

虽然 BEKK (p, q)（p、q 为滞后阶数）中存在多种可能，但是大部分研究表明 BEKK $(1, 1)$ 足以拟合多元金融资产收益率的波动情况。股市、油价的二元 BEKK 模型设定如下：

$$H_t = CC^T + A(\varepsilon_{t-1}\varepsilon_{t-1}^T)A^T + BH_{t-1}B^T \tag{5-4}$$

其中，$H_t = \begin{bmatrix} h_{11,t} & h_{12,t} \\ h_{21,t} & h_{22,t} \end{bmatrix}$，为 t 期股市、油价的条件方差与条件协方差矩阵，$h_{11,t}$、$h_{22,t}$ 分别是股市、油价的条件方差，$h_{12,t}$、$h_{21,t}$ 为股市、油价间的条件协方差；C 为上三角矩阵，是常数项的参数估计；A 为 ARCH 项系数矩阵，主对角项反映了股市、油价各自的 ARCH 效应，非主对角项表示两市场的 ARCH 项波动溢出；B 为 GARCH 项系数矩阵，主对角项反映了股市、油价各自的 GARCH 效应，非主对角项表示两市场的 GARCH 项波动溢出。A、B、C 矩阵中共计 11 个待估计参数，其具体形式为

$$A = \begin{bmatrix} a_{11} & a_{12} \\ a_{21} & a_{22} \end{bmatrix}, \ B = \begin{bmatrix} b_{11} & b_{12} \\ b_{21} & b_{22} \end{bmatrix}, \ C = \begin{bmatrix} c_{11} & c_{12} \\ 0 & c_{22} \end{bmatrix}$$

展开得到条件方差、条件协方差的具体形式：

$$\begin{aligned} h_{11,t} &= c_{11}^2 + (a_{11}^2 \varepsilon_{1,t-1}^2 + 2a_{11}a_{12}\varepsilon_{1,t-1}\varepsilon_{2,t-1} + a_{12}^2 \varepsilon_{2,t-1}^2) \\ &\quad + (b_{11}^2 h_{11,t-1} + 2b_{11}b_{12} h_{12,t-1} + b_{12}^2 h_{22,t-1}) \end{aligned} \tag{5-5}$$

$$\begin{aligned} h_{22,t} &= c_{22}^2 + (a_{22}^2 \varepsilon_{2,t-1}^2 + 2a_{22}a_{21}\varepsilon_{2,t-1}\varepsilon_{1,t-1} + a_{21}^2 \varepsilon_{1,t-1}^2) \\ &\quad + (b_{22}^2 h_{22,t-1} + 2b_{22}b_{21} h_{12,t-1} + b_{21}^2 h_{22,t-1}) \end{aligned} \tag{5-6}$$

$$\begin{aligned} h_{12,t} = h_{21,t} &= c_{12}c_{21} + [a_{11}a_{12}\varepsilon_{1,t-1}^2 + (a_{12}a_{21} + a_{11}a_{22})\varepsilon_{1,t-1}\varepsilon_{2,t-1} + a_{21}a_{12}\varepsilon_{2,t-1}^2] \\ &\quad + [b_{11}b_{12}h_{11,t-1} + (b_{12}b_{21} + b_{11}b_{22})h_{12,t-1} + b_{21}b_{22}h_{22,t-1}] \end{aligned} \tag{5-7}$$

从式（5-5）～式（5-7）中可以看出，股市、油价的波动来自两方面：①自身的残差项、对方的残差项以及相互影响，即式（5-5）、式（5-6）中前一个括号内的 ARCH 项；②自身的前期波动、对方的前期波动以及相互影响，即式（5-5）、式（5-6）中后一个括号内的 GARCH 项。

当 $a_{12}=b_{12}=0$ 时，股市波动仅受股市前期残差项、前期波动项的影响，油价对股市无波

动溢出；当 $a_{21}=b_{21}=0$ 时，油价波动仅受油价前期残差项、前期波动项的影响，股市对油价无波动溢出；当 $a_{12}=b_{12}=0$ 和 $a_{21}=b_{21}=0$ 同时成立时，说明股市、油价之间不存在波动溢出。

对股市、油价的标准化残差项[①]进行自相关检验以保证模型拟合的充分性。

5.3　石油与中国股票市场间的溢出效应

5.3.1　石油与中国股票市场间的收益率溢出效应

采用 AIC、SIC、HQ（Hannan-Quinn）、FPE（final prediction error，最终预报误差）信息准则来确定 VAR 模型的滞后阶数。在滞后 8 阶内，各滞后期的信息准则数值如表 5-3 所示。AIC、FPE 的最佳滞后期为 7，HQ、SIC 的最佳滞后期为 1。一般以 AIC 滞后准则为最优，选取滞后 7 阶模型。

表5-3　VAR 估计的信息准则（石油与中国股票市场）

信息准则	滞后阶数							
	1	2	3	4	5	6	7	8
AIC	8.7073	8.7093	8.7094	8.7066	8.7040	8.7047	8.7028*	8.7033
HQ	8.7123*	8.7160	8.7188	8.7186	8.7187	8.7221	8.7228	8.7260
SIC	8.7185*	8.7280	8.7355	8.7402	8.7451	8.7532	8.7587	8.7667
FPE	20.7291	20.7702	20.7732	20.7149	20.6617	20.6760	20.6357*	20.6470

注：*表明由信息准则选取的最佳滞后阶数。

估计结果见表 5-4。

表5-4　VAR 模型系数估计结果（石油与中国股票市场）

HS300							
常数	HS300（−1）	HS300（−2）	HS300（−3）	HS300（−4）	HS300（−5）	HS300（−6）	HS300（−7）
0.030	−0.002	0.007	0.031*	0.053***	−0.029*	−0.031*	0.029*
[0.955]	[−0.090]	[0.417]	[1.740]	[3.032]	[−1.655]	[−1.760]	[1.693]
	WTI（−1）	WTI（−2）	WTI（−3）	WTI（−4）	WTI（−5）	WTI（−6）	WTI（−7）
	0.026**	−0.002	−0.015	0.009	−0.009	0.007	0.040***
	[2.052]	[−0.185]	[−1.179]	[0.690]	[−0.746]	[0.577]	3.195
WTI							
常数	HS300（−1）	HS300（−2）	HS300（−3）	HS300（−4）	HS300（−5）	HS300（−6）	HS300（−7）
0.018	−0.952	−0.620	0.041*	−0.000	−0.002	−0.036	0.004
[0.419]	[−0.854]	[−0.717]	[1.689]	[0.018]	[−0.088]	[−1.490]	[0.147]
	WTI（−1）	WTI（−2）	WTI（−3）	WTI（−4）	WTI（−5）	WTI（−6）	WTI（−7）
	−0.061***	−0.012	0.008	0.044**	−0.066***	−0.016	−0.009
	[−3.483]	[−0.704]	[0.488]	[2.494]	[−3.751]	[−0.907]	[−0.486]

注：***、**、*分别表示在 1%、5%、10%水平内显著；"[]"内是参数估计的 t 值。

---

① 标准化残差 $\mu_t = \varepsilon_t / \sqrt{H_t}$。

从估计系数看，中国股市、油价收益率均受到其自身滞后项的影响。其中，股市收益率的滞后 3～7 期对当期都有显著影响，油价收益率的滞后 1 期、4 期和 5 期对当期都有显著影响。从相互影响来看，油价收益率的滞后 1 期和 7 期对股市收益率有显著影响，股市收益率的滞后 3 期则对油价有显著影响。接着进行格兰杰因果检验以确定股市、油价之间的均值溢出效应是否存在。

从表 5-5 中的均值溢出效应检验可以看出，只存在国际石油市场对中国股市单向的均值溢出，而中国股市对国际石油市场无均值溢出。

表 5-5 均值溢出效应检验（石油与中国股票市场）

H0	F 统计量	P 值	结论
WTI 不是 HS300 的格兰杰原因	2.164	0.027	拒绝 H0
HS300 不是 WTI 的格兰杰原因	1.393	0.194	接受 H0

5.3.2 石油与中国股票市场间的波动溢出效应

假设残差项服从正态分布。经过 69 次迭代计算，模型收敛，经过 HAC（异方差自相关稳健标准误）的稳健方差调整后，得到系数估计结果，如表 5-6 所示。模型检验如表 5-7 所示，分别对股市、油价估计后的标准化残差项及残差项的平方进行了自相关检验，均无法拒绝原假设，说明股市、油价的残差中不存在序列自相关，信息提取完全，模型拟合充分。

表 5-6 BEKK（1, 1）模型系数估计结果（石油与中国股票市场）

$C = \begin{bmatrix} c_{11} & c_{12} \\ 0 & c_{22} \end{bmatrix}$		$A = \begin{bmatrix} a_{11} & a_{12} \\ a_{21} & a_{22} \end{bmatrix}$		$B = \begin{bmatrix} b_{11} & b_{12} \\ b_{21} & b_{22} \end{bmatrix}$	
0.131***	−0.000	0.213***	0.039**	0.975***	−0.007*
[6.921]	[−0.006]	[17.502]	[2.031]	[355.324]	[−1.649]
0	0.161***	−0.008	0.214***	0.002	0.975***
0.000	[5.771]	[−0.111]	[15.340]	[1.075]	[302.018]

对数似然：−13352.210

注：***、**、*分别表示在 1%、5%、10%水平内显著；"[]"内是参数估计的 t 值。

表 5-7 估计后的标准化残差项检验（石油与中国股票市场）

变量	$Q(10)$	$Q(20)$	$Q(30)$	$Q^2(10)$	$Q^2(20)$	$Q^2(30)$
HS300	16.880	26.238	31.691	8.592	11.155	14.224
	(0.077)	(0.158)	(0.382)	(0.571)	(0.942)	(0.993)
WTI	1.500	9.099	25.672	10.837	13.725	18.039
	(0.999)	(0.982)	(0.692)	(0.370)	(0.844)	(0.958)

注：$Q()$、$Q^2()$ 是标准化残差项及其平方的 Ljung-Box 检验的 Q 统计量；"( )"内是参数估计的 P 值。

BEKK 模型的估计结果显示，在条件方差方程中，a_{11}、a_{22}、b_{11}、b_{22} 参数估计值均在 1% 水平内显著，表明股市、油价的波动具有集聚性；a_{12} 和 b_{12} 分别在 5% 和 10%水平内显著，表明石油市场上一期波动对当期中国股市波动有影响,但影响不太显著,可以认为存在石油市场向中国股市的波动溢出,但溢出效应不明显;a_{21}、b_{21} 在任何水平内都不显著,说明中国股市上一期波动对当期石油市场波动影响不显著,不存在中国股市向石油市场的波动溢出。中国股市、石油市场均存在波动集聚性,并且存在石油市场对中国股市的单向波动溢出。

针对波动溢出效应的矩阵元素进行沃尔德(Wald)检验,即对模型系数的显著性进行联合检验。

从表 5-8 中的波动溢出效应检验可以看出,在任何显著性水平下,均不能拒绝原假设,即表明中国股市与石油市场之间不存在显著的波动溢出效应。

表 5-8　波动溢出效应检验(石油与中国股票市场)

H0	Wald 检验	P 值	结论
$a_{21}=b_{21}=0$	1.355	0.508	接受 H0,HS300 对 WTI 无溢出
$a_{12}=b_{12}=0$	4.197	0.123	接受 H0,WTI 对 HS300 无溢出

在观测期内,中国股市和石油市场溢出效应具有如下特点:在均值溢出上,只存在国际石油市场对中国股市单向的均值溢出,国际石油市场的滞后 1 期和 7 期对中国股市有显著影响,虽然中国股市的滞后 3 期对石油市场有影响,但影响程度不大,并且整体来看中国股市对国际石油市场不存在显著的均值溢出;在波动溢出上,中国股市与国际石油市场之间不存在显著的波动溢出效应。

由于中国股票市场的发展不够完善,中国股票市场的"政策市"特征和较高的"投机性"都降低了国际原油价格对中国股票市场的溢出效应,并且中国的成品油定价机制还未完全市场化,使得国内成品油价格和国际原油价格的关联度较低,也大幅降低了国际原油价格对中国股票市场的影响。因此,以往的研究大多发现国际原油价格对中国股票市场不存在溢出效应。但本章研究发现国际原油价格对中国股票市场存在均值溢出,这跟中国原油对外依存度的不断提高和国内股票市场改革提升其有效性有关,特别是 2009 年中国成品油定价机制改革,实现了国内油价与国际油价联动的重大突破,进一步提升了中国成品油定价机制的市场化。随着中国油价和国际油价联动性的提高及股票市场有效性的不断提升,国际原油价格波动与中国股票市场的相互影响关系会越来越强,二者之间的联动关系不容忽视。

5.4　石油与美国股票市场间的溢出效应

5.4.1　石油与美国股票市场间的收益率溢出效应

溢出效应估计分两步,首先是均值溢出效应估计,采用 VAR 模型;然后是波动溢出效应估计,采用 BEKK 模型,数据来自 VAR 估计方程中的残差。

采用 AIC、SIC、HQ、FPE 信息准则来确定 VAR 模型的滞后阶数。在滞后 6 阶内,各滞后期的信息准则数值如表 5-9 所示。AIC、HQ 和 FPE 的最佳滞后期为 5,SIC 的最佳滞后期为 1。一般以 AIC 滞后准则为最优,选取滞后 5 阶模型。

表 5-9 VAR 估计的信息准则（石油与美国股票市场）

信息准则	滞后阶数					
	1	2	3	4	5	6
AIC	7.8485	7.8464	8.8462	7.8441	7.8358*	7.8372
HQ	7.8525	7.8530	7.8556	7.8561	7.8505*	7.8546
SIC	7.8597*	7.8650	7.8723	7.8777	7.8768	7.8857
FPE	8.7824	8.7636	8.7626	8.7441	8.6713*	8.6841

注：*表明由信息准则选取的最佳滞后阶数。

估计结果见表 5-10。

表 5-10 VAR 模型系数估计结果（石油与美国股票市场）

SP500					
常数	SP500（−1）	SP500（−2）	SP500（−3）	SP500（−4）	SP500（−5）
0.034	−0.080***	−0.059***	−0.010	−0.026	−0.066***
[1.593]	[−4.381]	[−3.213]	[0.550]	[−1.405]	[−3.610]
	WTI（−1）	WTI（−2）	WTI（−3）	wti（−4）	WTI（−5）
	−0.006	−0.005	0.005	0.024***	−0.022**
	[−0.728]	[−0.531]	[0.544]	[2.727]	[−2.442]
WTI					
常数	SP500（−1）	SP500（−2）	SP500（−3）	SP500（−4）	SP500（−5）
0.019	0.119***	−0.075**	−0.082**	0.048	−0.054
[0.444]	[3.189]	[−1.999]	[−2.191]	[1.270]	[−1.435]
	WTI（−1）	WTI（−2）	WTI（−3）	WTI（−4）	WTI（−5）
	−0.076***	−0.002	0.018	0.039**	−0.058***
	[−4.179]	[−0.084]	[0.995]	[2.157]	[−3.209]

注：***、**、*分别表示在 1%、5%、10%水平内显著；"[]"内是参数估计的 t 值。从估计系数看，美国股市、油价收益率均受到其自身滞后项的影响。其中，股市收益率的滞后 1 期、2 期和 5 期对当期都有显著影响，油价收益率的滞后 1 期、4 期、5 期对当期都有显著的影响；从相互影响来看，油价收益率的滞后 4 期和 5 期对股市收益率有显著影响，而股市收益率的滞后 1～3 期对油价收益率也有显著影响。

接着进行格兰杰因果检验以确定股市、油价之间的均值溢出效应是否存在，如表 5-11 所示。

表 5-11 均值溢出效应检验（石油与美国股票市场）

H0	F 统计量	P 值	结论
WTI 不是 SP500 的格兰杰原因	3.099	0.008	拒绝 H0
SP500 不是 WTI 的格兰杰原因	5.127	0.000	拒绝 H0

两个均值溢出检验均拒绝了原假设，说明美国股市对石油市场有显著影响，石油市场对美国股市也存在显著影响，存在显著的双向均值溢出效应。

5.4.2　石油与美国股票市场间的波动溢出效应

与大多数研究一样，假设残差项服从正态分布[①]。经过 36 次迭代计算，模型收敛，经过 HAC 的稳健方差调整后，得到系数估计结果，如表 5-12 所示。模型检验如表 5-13 所示，分别对股市、油价估计后的标准化残差项及残差项的平方进行了自相关检验，在 1%显著性水平下，均无法拒绝原假设，说明股市、油价的残差中不存在序列自相关，信息提取完全，模型拟合充分。

表 5-12　BEKK（1, 1）模型系数估计结果（石油与美国股票市场）

$C = \begin{bmatrix} c_{11} & c_{12} \\ 0 & c_{22} \end{bmatrix}$		$A = \begin{bmatrix} a_{11} & a_{12} \\ a_{21} & a_{22} \end{bmatrix}$		$B = \begin{bmatrix} b_{11} & b_{12} \\ b_{21} & b_{22} \end{bmatrix}$	
0.149***	0.075**	0.304***	0.042	0.942***	−0.0197**
[13.943]	[2.545]	[19.999]	[1.399]	[181.496]	[−2.066]
0	0.133***	0.009	0.220***	−0.001	0.975***
0.000	[5.703]	[1.345]	[18.301]	[−0.662]	[354.110]

对数似然：−11516.468

注：***、**、*分别表示在 1%、5%、10%水平内显著；"[]"内是参数估计的 t 值。

表 5-13　估计后的标准化残差项检验（石油与美国股票市场）

变量	$Q(10)$	$Q(20)$	$Q(30)$	$Q^2(10)$	$Q^2(20)$	$Q^2(30)$
SP500	8.428	20.208	32.108	15.352	24.906	29.585
	(0.587)	(0.445)	(0.363)	(0.120)	(0.205)	(0.487)
WTI	3.256	9.956	27.098	8.646	12.669	17.630
	(0.975)	(0.969)	(0.618)	(0.566)	(0.891)	(0.964)

注：$Q(\ )$、$Q^2(\ )$ 是标准化残差项及其平方的 Ljung-Box 检验的 Q 统计量；"（）"内是参数估计的 P 值。

BEKK 模型的估计结果显示，在条件方差方程中，a_{11}、a_{22}、b_{11}、b_{22} 均在 1%水平内显著，表明美国股市、石油市场的波动具有集聚性；a_{12} 在 0 值附近，系数在任何水平内均不显著，b_{12} 在 5%水平内显著，表明石油市场上一期波动对当期美国股市存在 ARCH 项波动溢出，不存在 GARCH 项波动溢出；a_{21}、b_{21} 在任何水平内都不显著，说明美国股市上一期波动对当期石油市场波动的影响不显著，不存在股市向石油市场的波动溢出。初步系数分析得，股市、油价均存在波动集聚性，并且存在石油对美国股市的单向波动溢出。

针对波动溢出效应的矩阵元素进行 Wald 检验，即对模型系数的显著性进行联合检验。

从表 5-14 中的波动溢出效应检验可以看出，美国股市对石油市场无波动溢出，石油市场对美国股市的波动溢出显著，验证了美国股市和石油市场之间的单向波动溢出效应。

在观测期内，美国股市和石油市场溢出效应具有如下特点：在均值溢出上，美国股市与石油市场存在双向的均值溢出，其中石油市场滞后 4 期和 5 期对股市有显著影响，而股市的滞后 1～

[①] Jan Antell 研究表明联合正态分布的多元 BEKK 模型适用于绝大多数金融时间序列的尖峰厚尾特征，https://helda.helsinki.fi/bitstream/handle/10227/103/131-951-555-842-5.pdf。

3 期对石油市场也有显著影响；在波动溢出上，只存在石油市场向美国股市的单向波动溢出。

表 5-14　波动溢出效应检验（石油与美国股票市场）

H0	Wald 检验	P 值	结论
$a_{21}=b_{21}=0$	2.526	0.283	接受 H0，SP500 对 WTI 无溢出
$a_{12}=b_{12}=0$	5.783	0.055	拒绝 H0，WTI 对 SP500 有溢出

美国的经济形势对国际石油价格具有很强的影响力。美国的股市十分成熟有效，能够有效反映未来的经济形势，从而影响石油的需求。因此，国际原油价格和美国股票市场之间存在较强的联动关系。

5.5　本章小结

本章选取了 2003 年 1 月 2 日至 2016 年 12 月 23 日的日数据为样本，对国际原油市场与中美股票市场之间的溢出效应进行了实证分析。分别用沪深 300 指数收益率、标普 500 指数收益率代表中国、美国股票市场的收益率，用纽约商品交易所的 WTI 结算价代表国际原油价格。

美国股市与石油市场的溢出效应结果表明，美国股市与石油市场存在双向的均值溢出，且只存在石油市场向美国股市的单向波动溢出。中国股市与石油市场的溢出效应结果表明，只存在国际石油市场对中国股市单向的均值溢出，而中国股市与国际石油市场之间不存在显著的波动溢出效应。

与美国股市相比，国际原油市场与中国股票市场之间的联动关系比较微弱。出现这种现象的主要原因有：①中国石油定价机制存在弊端。国内成品油从 2000 年 6 月才开始逐月与国际市场价格联动，并且国内成品油价格由国家发展改革委制定，当国际石油价格上涨时，考虑到经济的承受能力，国家发展改革委往往会限制油价的上涨，这使得国内油价与国际油价有一定程度的脱节，导致国际石油价格变化对中国经济的影响并不显著。②中国能源消费以煤炭为主。2015 年中国煤炭、石油和天然气分别占全国能源消费总量的 64%、18.1% 和 5.9%，而发达国家基本上都是以油气为主的能源消费结构，2015 年美国煤炭、石油和天然气分别占全国能源消费总量的 16%、36% 和 29%，中美两国能源消费结构形成鲜明对比，故相较而言，中国经济受国际原油市场的影响较小。③中国股票市场发展不成熟。目前，中国股票市场参与者的投资理念存在问题，投资者往往不会考虑长期价值投资，只采取短线投资行为。股市参与者对股市的未来预期和上市公司是否盈利不存在直接关系，而是主要看参与者在消息中的信息捕捉能力，这使得股票市场的投资能力弱化，出现投机行为过度的现象，使得中国股市并不能切实反映中国经济发展实际，因而中国股市跟国际油价联系不够密切。

虽然以上种种原因使得国际原油价格与中国股票市场的联动关系比较微弱，但随着中国成品油定价机制的改革，油价市场化的进一步提高，以及中国股票市场的有效性不断提升，国际原油价格与中国股票市场之间的相互影响关系会逐步呈现加强的趋势。如果忽视二者之间的联动关系，则有可能会低估国际原油价格波动对中国经济产生的影响，不利于监管当局制定科学合理的政策。

第6章 国际石油与股票市场间的隐含波动溢出效应

股票市场隐含波动率（VIX）指数自发布以来已成为金融市场中备受关注的重要指标之一。由于 VIX 指数取得了巨大成功，其他股票市场和大宗商品市场随后也推出了类似的隐含波动率指数（Liu et al.，2013b；Kocaarslan et al.，2017）。与历史波动率相比，隐含波动率同时包含市场历史信息和未来期望，能够更全面地反映市场波动状况。通过研究隐含波动率，我们可以以新的视角探究石油市场与股票市场之间的关联，并从中获得有关投资组合风险管理和期权定价的政策启示。然而，目前对于石油市场与股票市场隐含波动率之间关系的研究仍然相对匮乏。为了填补这一研究缺憾，本章从动态视角出发，对石油市场与股票市场隐含波动率之间的相关性和溢出效应进行检验。

6.1 问题的提出

原油市场已成为全球金融市场的重要组成部分，原油市场与股票市场之间的互动关系吸引了大量关注。然而，现有研究主要关注了原油市场与股票市场在价格水平或收益水平之间的联系（Sadorsky，1999；Park and Ratti，2008；Tursoy and Faisal，2018），较少关注波动率水平上的相关性。波动率是金融市场另一重要指标，衡量了标的资产收益的变化程度，对于资产定价、投资组合、风险管理、套期保值和期权定价具有重要意义（Bašta and Molnár，2018）。此外，由于市场波动的变化率远高于市场收益的变化率，因此，跨市场的波动相关性应该可以比市场收益更加有效地反映市场之间相依关系的变动特征（Peng and Ng，2012）。一般而言，石油波动率与股票波动率可以通过多种渠道相互关联。比如，石油市场的不确定性会导致投资决策延迟，从而增加股市的波动率（Bloom，2009）。石油价格的波动可能会导致石油相关企业收益发生相应变化，最终这些企业的股票价格的不确定性将会增加。石油市场波动还在一定程度上反映了经济增长的不确定性，进而可能导致股票市场的波动性上升（Bašta and Molnár，2018）。尽管已有少量研究开始关注原油价格波动率与股票价格波动率之间的关系，但这些研究绝大多数都是基于历史波动率，如 GARCH 模型波动率、随机波动率或已实现波动率（Arouri et al.，2011；Vo，2011；Salisu and Oloko，2015；Boldanov et al.，2016，Liu et al.，2017a），而不是用于期权定价的隐含波动率。本章使用隐含波动率指数，检验了原油与股票市场波动率之间的动态关系和信息溢出。

芝加哥期权交易所（CBOE）于 1993 年发布了美国股票市场隐含波动率指数，其已成为金融市场最受关注的指标之一。鉴于 VIX 指数所取得的巨大成功及其重要性，后续其他股权市场和大宗商品市场也推出了类似的隐含波动率指数（Liu et al.，2013b；Kocaarslan et al.，2017）。基于隐含波动率的研究可以为探究石油与股票市场之间的关联提供新的视角，理由如下：第一，相较于基于历史信息的波动率，由期权计算得到的隐含波动率不仅包含了市场参与者对历史波动信息的理解，还含有对未来市场走势的预期，能够更准确地反映市场的波动状况（Borovkova and Permana，2009）。隐含波动率的预测优势在金融市场已得到了广泛的验证（Dumas et al.，1998；Jiang and Tian，2005；Pilbeam and Langeland，2015）。第二，隐含波动率的独特性在于它是前瞻性的，而基于历史信息的波动率模型是"向后看"的，隐含波动率可以视作衡量市场未来风险的指标。因此，基于隐含波动率的研究有助于理解风险预期如何在市场间转移（Bašta and Molnár，2018）。第三，隐含波动率又被视为恐慌指标，波动率指数越大意味着恐慌程度越高（Whaley，2000）。所以，对隐含波动率的分析可以追踪投资者情绪的变化，不同市场隐含波动率之间的相关性也反映了市场参与者在交易时所表现出的恐慌情绪的关联性。第四，当市场波动让投资者感到恐慌时，短期内投资者需要更多的对冲基金来保护他们的市场头寸，看涨期权（call options）和看跌期权（put options）的高需求压力最终会给期权卖方带来高溢价。当市场波动激增时，期权持有者在短期内有更多的选择来应对冲击，这种市场状况为恐慌的投资者提供了潜在的利润（Shaikh and Padhi，2015）。因此，研究不同市场隐含波动率之间的关系还可以为投资组合风险管理和期权定价提供政策启示。但是，目前关于石油与股票隐含波动率之间关系的研究十分匮乏。

为了填补这一研究空白，本章从动态视角检验了石油与股票隐含波动率之间的相关性和溢出效应。选择这个研究框架是合理的，因为近年的一些研究提供了证据表明石油与股票市场之间的互动关系呈现动态变化特征。具体来说，石油价格与股票收益之间的关系是时变和非线性的（Vo，2011；Antonakakis et al.，2013；Broadstock and Filis，2014；Chkili et al.，2014a；Reboredo and Rivera-Castro，2014；Kang et al.，2015b），石油与股票市场之间的波动率相关性也具有时变效应（Khalfaoui et al.，2015；Boldanov et al.，2016；Liu et al.，2017b）。此外，在金融市场中，一些经济突发事件或市场政策会导致序列波动发生结构突变，进而对波动率相关关系产生影响（Lee and Zeng，2011；Li et al.，2012；Diaz et al.，2016；Ahmed，2017）。比如，Bouri（2015a）研究了 2003～2014 年全球石油市场与约旦股票市场之间的波动溢出，发现在 2008 年金融危机之前市场之间不存在波动溢出，而危机过后，存在从石油市场到股票市场的波动溢出。当市场环境随时间变化时，动态波动关系更加重要，相关关系的变化信息可以用于及时调整相关的决策和政策（Sun et al.，2012）。

本章从以下三个方面对现有研究做出贡献。第一，基于隐含波动率指数，本章使用 Engle（2002）提出的 DCC-GARCH 模型估计了石油与股票市场波动率之间的动态条件相关关系。第二，运用结构断点检验（如 ICSS 方法）检测动态条件相关序列的结构突变点，进一步识别相关事件对石油与股票市场波动率联动机制的影响。第三，本章采用 Engle 和 Kroner（1995）改进后的完整 BEKK-GARCH 模型来检验石油隐含波动率与股票隐含波动率之间的风险溢出，该模型不仅可以测度溢出方向，还可以测度溢出效应的幅度，从而理解风险预期在石油与股票市场之间的转移机制。

本章的其余部分组织如下：6.2 节介绍相关模型的构建；6.3 节进行变量介绍和相关统计描述；6.4 节和 6.5 节展示了实证结果和讨论；6.6 节总结本章内容。

6.2　模 型 构 建

　　本章的研究目的是检验石油与股票隐含波动率之间的动态关联和风险溢出，以及经济突发事件引起的结构突变对市场动态条件相关性的影响，本节对相关研究方法进行概述。第一个是 Engle（2002）提出的 DCC-GARCH 模型，其不仅可以测度每个市场的波动持续性，还可以灵活地对方差-协方差矩阵进行建模，描述跨市场的时变联动关系。尽管滚动窗口方法也可以估计时变相关系数，但是在滚动窗口方法中，估计结果高度依赖于窗口长度的选择，而窗口长度的选择需要在数据的噪声强度和窗口宽度之间权衡，DCC-GARCH 模型可以避免窗口长度选择的干扰（Ji and Fan，2016）。第二个是 Engle 和 Kroner（1995）改进的完整的 BEKK-GARCH 模型，该模型可以测度市场自身的以及跨市场的波动溢出效应。第三个是 ICSS 算法（Inclán and Tiao，1994），用于检验动态条件相关系数的结构突变，以进一步识别引起结构突变的相关事件对市场联动关系的影响机理。

　　VAR 模型可用于预测相互关联的时间序列，分析随机扰动对变量系统的动态冲击，并解释经济冲击或事件对经济变量的影响（Zhang and Sun，2016）。本节使用 VAR 模型检验石油与股票隐含波动率之间的均值溢出，为进一步的波动溢出研究提供基础（Mensi et al.，2013）。双变量 VAR 模型设定如下：

$$r_t^{\mathrm{o}} = \mu_t^{\mathrm{o}} + \sum_{m=1}^{M} a_m^{\mathrm{o}} r_{t-m}^{\mathrm{o}} + \sum_{n=1}^{N} b_n^{\mathrm{o}} r_{t-n}^{\mathrm{v}} + \varepsilon_t^{\mathrm{o}} \qquad (6\text{-}1)$$

$$r_t^{\mathrm{v}} = \mu_t^{\mathrm{v}} + \sum_{m=1}^{M} a_m^{\mathrm{v}} r_{t-m}^{\mathrm{v}} + \sum_{n=1}^{N} b_n^{\mathrm{v}} r_{t-n}^{\mathrm{o}} + \varepsilon_t^{\mathrm{v}} \qquad (6\text{-}2)$$

其中，r_t^{o} 和 r_t^{v} 分别为原油隐含波动率（OVX）和美国股票隐含波动率（VIX）序列的对数变化率（收益率）；μ_t^{o} 和 μ_t^{v} 为常数项；m 和 n 为滞后阶数；M 和 N 为最大滞后阶数系数；a_m^{o} 和 a_m^{v} 可以测度其自身的均值溢出；b_n^{o} 和 b_n^{v} 测度跨市场的均值溢出；$\varepsilon_t^{\mathrm{o}}$ 和 $\varepsilon_t^{\mathrm{v}}$ 为 VAR 模型的残差序列。

6.2.1　DCC-GARCH 模型

　　DCC-GARCH 模型的参数估计有两个步骤：第一步，先估计每个收益率序列的单变量 GARCH 模型，然后用得到的条件方差去除残差，得到标准化残差序列。第二步，用第一步得到的标准化残差序列计算动态条件相关系数。首先，构建单变量 GARCH（1，1）模型：

$$\varepsilon_t \mid \Omega_{t-1} \sim N(0, H_t), \ \varepsilon_t = \begin{bmatrix} \varepsilon_t^{\mathrm{o}} \\ \varepsilon_t^{\mathrm{v}} \end{bmatrix}, \ H_t = \begin{bmatrix} h_t^{\mathrm{oo}} & h_t^{\mathrm{ov}} \\ h_t^{\mathrm{vo}} & h_t^{\mathrm{vv}} \end{bmatrix} \qquad (6\text{-}3)$$

$$h_t = \omega + \alpha \varepsilon_{t-1}^2 + \beta h_{t-1} \qquad (6\text{-}4)$$

其中，ε_t 为一个由 VAR 模型得到的 2×1 残差矩阵；Ω_{t-1} 为包含截至时间 $t-1$ 的信息集；H_t 为残差的条件方差-协方差矩阵；h_t^{ov} 和 h_t^{vo} 为 OVX 和 VIX 指数收益率之间的协方差；h_t^{oo} 和 h_t^{vv} 分别为从 OVX 和 VIX 指数收益率序列的单变量 GARCH 模型得到的条件方差；$\omega > 0$，$\alpha \geqslant 0$，$\beta \geqslant 0$，这确保了条件方差（h_t）为正，ω 为常数项，α 和 β 之和衡量了给定冲击的波动持续性。

其次，计算市场之间的 DCC 系数。残差的条件方差-协方差矩阵可以表示如下：

$$H_t = D_t R_t D_t \tag{6-5}$$

$$D_t = \mathrm{diag}\left(\sqrt{h_t^{oo}}, \sqrt{h_t^{vv}}\right) \tag{6-6}$$

$$R_t = \mathrm{diag}\left(Q_t\right)^{-\frac{1}{2}} Q_t \mathrm{diag}\left(Q_t\right)^{-\frac{1}{2}} \tag{6-7}$$

$$Q_t = \left(1 - \theta_1 - \theta_2\right)\overline{Q_t} + \theta_1\left(z_{t-1} z'_{t-1}\right) + \theta_2 Q_{t-1} \tag{6-8}$$

$$z_t = \left(\varepsilon_t^o, \varepsilon_t^v\right)' \tag{6-9}$$

其中，R_t 为动态条件相关系数矩阵；D_t 为残差的条件标准偏差的 2×2 对角矩阵；$\overline{Q_t}$ 为标准残差的 2×2 非条件协方差矩阵；z_t 为一个 2×1 标准化残差矩阵；θ_1 和 θ_2 分别为短期和长期冲击对动态条件相关性的影响的持续性，θ_1 和 θ_2 均为非负值且满足 $\theta_1 + \theta_2 < 1$。

DCC-GARCH 模型的参数通过准最大似然方法进行估计，见式（6-10）。其中，假定 ε_t 的条件分布服从一个联合的高斯对数似然函数，在双变量中设定观测值样本量为 T 且 $k=2$。

$$\log L = -\frac{1}{2}\sum_{t=1}^{T}\left[k\log\left(2\pi\right) + 2\log|D_t| + \log|R_t| + \varepsilon_t' R_t^{-1} \varepsilon_t\right] \tag{6-10}$$

6.2.2 BEKK-GARCH 模型

对于 H_t 的不同设定会产生不同的多变量 GARCH 模型，Engle 和 Kroner（1995）通过假定协方差矩阵具有正定性，引入了 BEKK-GARCH 模型。OVX 和 VIX 的完整 BEKK-GARCH（1，1）模型描述如下：

$$H_t = CC' + A'\varepsilon_{t-1}\varepsilon'_{t-1}A + B'H_{t-1}B \tag{6-11}$$

$$C = \begin{bmatrix} c^{oo} & 0 \\ c^{vo} & c^{vv} \end{bmatrix}, \quad A = \begin{bmatrix} a^{oo} & a^{ov} \\ a^{vo} & a^{vv} \end{bmatrix}, \quad B = \begin{bmatrix} b^{oo} & b^{ov} \\ b^{vo} & b^{vv} \end{bmatrix} \tag{6-12}$$

其中，C 为一个 2×2 的下三角常数矩阵；C' 为 C 的转置矩阵；a^{ov} 和 b^{ov} 分别反映了 OVX 向 VIX 的冲击和波动溢出；a^{vo} 和 b^{vo} 分别反映了 VIX 向 OVX 的冲击和波动溢出；a^{oo} 和 a^{vv} 分别表示 OVX 和 VIX 前期冲击对自身当期波动的影响；b^{oo} 和 b^{vv} 分别表示 OVX 和 VIX 前期波动对自身当期波动的影响。

相似地，BEKK-GARCH 模型的参数通过准最大似然方法进行估计，方程如下：

$$\log L = -\frac{1}{2}\sum_{t=1}^{T}\left[k\log\left(2\pi\right) + \ln|H_t| + \varepsilon_t' H_t^{-1} \varepsilon_t\right] \tag{6-13}$$

6.2.3 结构突变检验

现有几种方法可以用来检验时间序列的结构突变，如 CUSUM 检验（Brown et al.，1975）、Bai 和 Perron（2003）检验以及 Inclán 和 Tiao（1994）检验。但是，CUSUM 检验不能提供结构突变点个数及相应的日期等信息（Mensi et al.，2016）。当时间序列具有异方差特征时，Bai 和 Perron（2003）检验存在大小失真的问题（Arouri et al.，2011）。因此，Inclán 和 Tiao（1994）的 ICSS 算法被越来越多地应用于检测时间序列结构突变的研究当中（Kang et al.，

2011；Ewing and Malik，2013；Mensi et al.，2015；Gong and Lin，2018；Wen et al.，2018）。ICSS 算法描述如下。

ICSS 算法假定观测时间序列在开始的一段时间呈现出方差平稳性，直到方差发生突变才改变以往的波动水平，而后又保持方差平稳性直到下一个突变，这样的过程不断重复，就得到一个有未知数目方差突变的时间序列。假设 d_t 表示在 t 时刻的序列变化率，e_t 表示 d_t 的非条件方差。在每个区间 i，非条件方差用 σ_i^2 表示，其中，$i = 0, 1, \cdots, \mathrm{NT}$；NT 是 T 个观测值中的方差突变点总数。$K_1, K_2, \cdots, K_{\mathrm{NT}}$ 为方差突变点的集合（set），且 $1 < K_1 < K_2 < \cdots < K_{\mathrm{NT}}$。NT 区间的方差表示如下：

$$h_t = \begin{cases} \sigma_0^2, & 1 < t < K_1 \\ \sigma_1^2, & K_1 < t < K_2 \\ \quad\vdots \\ \sigma_{\mathrm{NT}}^2, & K_{\mathrm{NT}} < t < T \end{cases} \tag{6-14}$$

为了估计方差中的突变点的个数和每个突变点发生的时间，Inclán 和 Tiao（1994）使用累积平方和程序。从首个至第 k 个方差观测值的累积和定义如下：

$$C_k = \sum_{t=1}^{k} \delta_t^2, \quad k = 1, \cdots, T \tag{6-15}$$

其中，δ_t 为不相关的随机变量，服从零均值和非条件方差分布。为了检验常数无条件方差的原假设是否被拒绝，Inclán 和 Tiao（1994）提出了 D_k 统计量。对于给定的 k，D_k 是普通 F 统计量的函数，用来检验两个独立样本之间方差的相等性。具体来说，假设第 i 个样本由观察值 a_p 构成，$p=1, 2, \cdots, k$，方差为 σ_i^2，同样假设第 $i+1$ 个样本由观察值 a_q 构成，$q=k+1$, $k+2, \cdots, T$，方差为 σ_{i+1}^2。那么，用于检验假设 $\mathrm{H0}: \sigma_i^2 = \sigma_{i+1}^2$ 和 $\mathrm{H1}: \sigma_i^2 < \sigma_{i+1}^2$ 的普通 F 统计量可以描述为

$$F_k = \frac{(C_T - C_k)/(T - k)}{C_k / k} \tag{6-16}$$

其中，C_T 为整个样本期间的残差平方和。

D_k 描述如下：

$$D_k = \frac{C_k}{C_T} - \frac{k}{T} = \frac{(T - K)k}{T^2} \left(\frac{1 - F_{T-k,k}}{\dfrac{k}{T} + \dfrac{T - k}{T} F_{T-k,k}} \right) \tag{6-17}$$

如果给定的时间序列没有发生突变，则 D_k 统计量在零值附近震荡，但当时间序列至少存在一个突变时，D_k 统计量就会从零值偏离。这些临界值定义了偏移的上限和下限。如果 D_k 统计量绝对值的最大值大于临界值，则拒绝方差没有结构突变的零假设。在这种情况下，令 k^* 为取得 $\max |D_k|$ 的 k 值，如果 $\max \sqrt{(T/2)} |D_k|$ 超过预定的置信边界，则 k^* 就被认为是一个估计的突变点，其中 $\sqrt{(T/2)}$ 是标准化因子。

在常方差假定下，$D_k \sqrt{T/2}$ 的渐进分布为布朗桥（Brownian bridge）运动，$k = \max |D_k \sqrt{T/2}|$ 的渐进分布的第 99 百分位处的临界值为 1.628（Inclán and Tiao，1994）。因此，当 $\max |D_k|$ 超过 1.628 时，就可以认为序列的方差在 k 处发生了结构突变。

6.3 变量选择与数据描述

6.3.1 变量选择

本章考察 OVX 与 VIX 之间的动态关联和风险溢出，数据来源于 CBOE[①]。OVX 和 VIX 分别测度了美国石油基金（USO）[②]期权和标普 500 指数期权所隐含的 30 天预期波动率。样本期间为 2007 年 5 月 10 日至 2018 年 6 月 11 日，共包括 2792 组数据，样本开始日期由数据可得性决定。

6.3.2 数据描述

图 6-1 展示了 OVX 和 VIX 的变动趋势，可以看出两者之间的变动趋势较为接近，这一点从表 6-1 的非条件相关系数也可以验证。在一些外部冲击的影响下，两市场倾向于做出相似的反应，如 2008 年全球金融危机期间，OVX 和 VIX 都表现出剧烈波动。从图中还可以得到一个有趣的发现，当波动增加或减少时，VIX 往往先于 OVX 做出反应。图 6-2 和图 6-3 展示了 OVX 和 VIX 指数收益率的变化，可以看出，OVX 和 VIX 指数收益率序列也具有明显的波动集聚性特征。

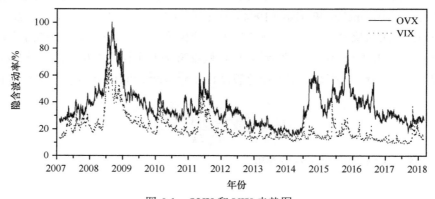

图 6-1　OVX 和 VIX 走势图

表 6-1　OVX 和 VIX 收益率的描述性统计

变量	OVX 收益率	VIX 收益率
面板 A：描述性统计		
均值	-3.05×10^{-6}	-3.45×10^{-5}
最大值	0.4250	0.7682
最小值	-0.4399	-0.3506
标准差	0.0480	0.0760

① http://www.cboe.com/vix。

② 美国石油基金（USO）是一种交易所交易基金，旨在为投资者提供轻松进入石油市场的机会。由于投资实物油品的成本太高，USO 投资与石油相关的金融产品，主要是石油期货。USO 的投资目标是追踪交付给俄克拉何马州库欣的 WTI 原油价格的变化，以纽约商品交易所（NYMEX）交易的期货合约价格变化来衡量。

续表

变量	OVX 收益率	VIX 收益率
偏度	0.6468	0.9705
峰度	12.4954	9.5849
JB 检验	10679.8500	5480.6430
P 值	0.0000	0.0000
Q（10）	75.4310***	50.6030***
Q（20）	91.7770***	60.9050***
面板 B：单位根检验		
ADF	−33.7994***	−41.5313***
PP	−61.6997***	−65.8604***
KPSS	0.0544***	0.0481***
面板 C：条件异方差检验		
ARCH-LM 检验	262.5912***	63.1821***
面板 D：非条件相关性		
OVX 收益	1.0000	
VIX 收益	0.4144***	1.0000

注：JB 检验为正态分布检验。Ljung-Box 统计量 Q（n）测试返回序列的序列相关性，直到第 n 阶。***表示在 1%显著性水平上拒绝原假设。

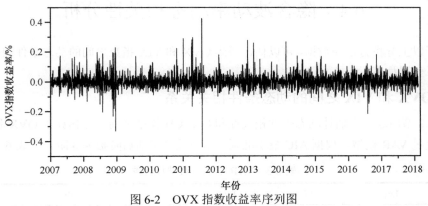

图 6-2　OVX 指数收益率序列图

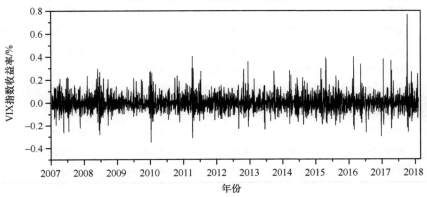

图 6-3　VIX 指数收益率序列图

表 6-1 展示了收益率的描述性统计和统计检验结果。第一，从标准差来看，VIX 指数收益率的波动相对于 OVX 指数的收益率波动更明显。第二，所有的偏度显著异于 0 且峰度都大于 3，表明指数收益率序列均呈尖峰厚尾的非正态分布，从 JB 统计值也得以验证。第三，从 Q 检验值来看，所有指数收益率序列都是显著自相关的，意味着前期指数收益所包含的信息与收益的预测有关。第四，ADF（Dickey and Fuller，1979）、KPSS（Kwiatkowski et al.，1992）和 PP（Phillips and Perron，1988）单位根检验结果都表明，OVX 和 VIX 收益率序列在 1%的显著性水平下是平稳的。第五，条件异方差检验（Engle，1982）结果表明指数收益率均存在显著的 ARCH 效应，这也表明使用 GARCH 类模型来检验 OVX 和 VIX 指数之间的动态关联和风险溢出是合理的。

在分析 OVX 和 VIX 指数之间的动态关联和风险溢出之前，先进行传统的格兰杰因果检验来观测市场之间如何相互联系。表 6-2 的结果显示，OVX 和 VIX 指数收益率之间存在双向的格兰杰因果关系，意味着 OVX 和 VIX 指数在预测方面具有一定的相互修正作用。

表 6-2　格兰杰因果检验

原假设	F 统计量	P 值	结果
RVIX 不是 ROVX 的格兰杰原因	10.2836	2×10^{-5}	拒绝原假设
ROVX 不是 RVIX 的格兰杰原因	2.6650	0.0698	拒绝原假设

注：RVIX 和 ROVX 分别表示 VIX 和 OVX 的收益。

6.4　隐含波动率动态相关性分析

基于以上分析方法和数据，可以估计得到 OVX 和 VIX 指数之间的动态条件相关性和风险溢出，结果如下。

1. OVX 和 VIX 之间的动态条件相关关系

如 6.2 节所述，在估计动态条件相关性和 GARCH 模型之前，先估计了 OVX 和 VIX 收益的双变量 VAR 模型。根据 AIC 最小准则，本节选择了滞后阶数为 8 阶，见表 6-3。

表 6-3　VAR 滞后阶数选择标准

滞后阶数	Log L	LR	FPE	AIC	SIC	HQ
0	7972.897	NA	1.11×10^{-5}	−5.732396	−5.728131	−5.730856
1	8020.839	95.78078	1.08×10^{-5}	−5.763998	−5.751203*	−5.759378
2	8032.238	22.75800	1.07×10^{-5}	−5.769319	−5.747994	−5.761619
3	8043.132	21.73247	1.06×10^{-5}	−5.774277	−5.744421	−5.763497
4	8047.649	9.005165	1.06×10^{-5}	−5.774649	−5.736263	−5.760788
5	8059.077	22.76517	1.06×10^{-5}	−5.779991	−5.733075	−5.763050
6	8067.589	16.94507	1.06×10^{-5}	−5.783236	−5.727790	−5.763215
7	8078.528	21.75932	1.05×10^{-5}	−5.788226	−5.724250	−5.765125*
8	8083.859	10.59742*	$1.05 \times 10^{-5*}$	−5.789183*	−5.716677	−5.763002

续表

滞后阶数	Log L	LR	FPE	AIC	SC	HQ
9	8086.107	4.463885	1.05×10^{-5}	−5.787923	−5.706887	−5.758662
10	8090.341	8.405187	1.05×10^{-5}	−5.788091	−5.698525	−5.755750

注：NA 表示空值。

表 6-4 展示了基于 VAR-DCC-GARCH（1, 1）模型对 OVX 和 VIX 收益之间动态条件相关系数的估计结果。条件均值估计结果（表 6-4 面板 A）表明，OVX 和 VIX 收益都跟它们自身的前期收益有关，这一发现表明 OVX 和 VIX 指数具有短期可预测性。此外，OVX 指数和 VIX 指数之间存在显著的双向均值溢出，进而验证了表 6-2 估计的双向格兰杰因果关系，表明 OVX 和 VIX 指数之间具有一定的相互预测作用。

表 6-4　基于 VAR-DCC-GARCH（1, 1）模型的动态条件相关性估计结果

变量	OVX 收益	VIX 收益
面板 A：条件均值		
u	−0.0008 (−1.0159)	−0.0021 (−1.6456)
a_1	−0.0702*** (−3.1701)	−0.1158*** (−5.4105)
a_2	−0.0495*** (−2.0822)	−0.0878*** (−3.8465)
a_3	−0.0871 (−3.9523)	−0.0577*** (−2.6324)
a_4	−0.0270 (−1.2484)	−0.0567*** (−2.6254)
a_5	−0.0363 (−1.6323)	−0.0259 (−1.1827)
a_6	−0.0558** (−2.5310)	−0.0354* (−1.6866)
a_7	−0.0873*** (−4.1286)	−0.0438** (−2.1319)
a_8	−0.0007 (−0.0345)	−0.0508** (−2.5730)
b_1	0.0440*** (3.4831)	0.0477 (1.5619)
b_2	0.0085 (0.6640)	0.0479 (1.5633)
b_3	0.0202 (1.6019)	−0.0207 (−0.7406)
b_4	0.0001 (0.0031)	−0.0234 (−0.7896)
b_5	0.0182 (1.3922)	−0.0897*** (−2.9306)
b_6	0.0337*** (2.5785)	−0.0236 (−0.7862)
b_7	0.0203 (1.6031)	−0.0374 (−1.2611)
b_8	0.0018 (0.1484)	0.0094 (0.3175)
面板 B：条件方差		
ω	0.0003*** (4.5063)	0.0009*** (6.4717)
α	0.1024*** (5.9781)	0.1579*** (7.8870)
β	0.7483*** (16.2310)	0.6757*** (17.4917)
面板 C：动态条件相关性		
θ_1	0.0084*** (3.6987)	—
θ_2	0.9871*** (249.0038)	—

续表

变量	OVX 收益	VIX 收益
面板 D：诊断测试		
Q（10）	10.0168（0.4390）	5.5628（0.8505）
Q^2（10）	7.7036（0.6577）	9.4166（0.4930）
ARCH 效应	2.6900（0.2605）	0.5820（0.7476）
Log L	8409.9072	

注：括号内的 VAR 和 GARCH 估计为 t 统计量，括号内的 Ljung-Box 检验[Q（n）]和 ARCH 效应检验为显著性值。Ljung-Box Q 统计数据对应于 10 个滞后数量级的标准化残差中的无自相关检验。ARCH-LM 拉格朗日乘数统计对应于没有 ARCH 效应的原假设检验。***、**和*分别表示在 1%、5%和 10%的显著性水平上拒绝原假设。a 表示自身均值溢出系数，b 表示跨市场均值溢出系数。

基于 VAR 模型估计的残差，本节运用 DCC-GARCH 模型估计了 OVX 和 VIX 收益之间的动态条件相关关系。单变量 GARCH 模型估计结果（表 6-4 面板 B）表明，OVX 和 VIX 收益在 1%显著性水平上具有显著的 ARCH 和 GARCH 效应。并且，滞后平方误差（α）和滞后条件方差（β）的系数之和接近 1（OVX 和 VIX 分别是 0.8507 和 0.8336），意味着冲击对条件方差的影响具有持续性，以及前期条件波动率可用于预测市场未来波动率。此外，β 远大于 α，表明前期波动率比前期冲击（或信息）对于预测市场未来波动率更加重要。表 6-4 面板 C 总结了 OVX 和 VIX 的 DCC 估计，其中 θ_1 和 θ_2 分别表示动态条件相关关系的短期和长期持续性，θ_1 和 θ_2 的参数估计均在 1%的水平上显著，说明市场之间的相关性具有显著的时变性。并且，θ_2 十分接近于 1，这意味着冲击的长期持续性对 DCC 的长期变化预测非常重要。根据诊断性检验结果（表 6-4 面板 D），残差不具有自相关性和 ARCH 效应，表明模型得到了充分估计。

图 6-4 展示了 OVX 和 VIX 指数收益之间的动态条件相关关系，表 6-5 总结了动态条件相关系数的描述性统计。根据估计结果，有两点发现。第一，OVX 和 VIX 指数收益之间的关系不论是在一年的时间范围内（如 2008 年、2009 年、2012 年）还是整个样本期间都呈现明显的时变性。动态条件相关系数从 2007 年中的 0.43 下降到 2007 年末的 0.23，接着在低位震荡。但是，动态条件相关系数从 2008 年下半年开始逐渐上升，在 2010 年中期达到峰值 0.56，此后保持高位震荡。在后危机时代，随着全球经济形势逐渐复苏，动态条件相关系数从 2012 年初开始下降，至 2014 年以后在 0.3～0.4 徘徊。对比图 6-1 和图 6-4 可以发现，当市场波动更加剧烈时，市场之间的动态条件相关性倾向于增加，这一结论与 Vo（2011）的研究相一致。为了识别动态条件相关关系的突变点，6.2 节基于 ICSS 断点检验并进行讨论。

第二，面对市场不确定信息，石油与股票市场存在一定的风险协同效应。具体来说，如图 6-4 所示，可以看到整个样本期间，动态条件相关系数均为正值。这表明两个市场之间的时变方差将趋向一致，即市场之间存在风险协同作用。当动态条件相关系数发生波动时，意味着风险协同作用也可能发生相应的变化（Zhang and Sun，2016）。

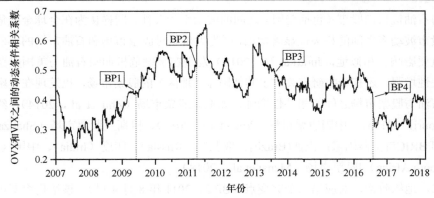

图 6-4　OVX 和 VIX 指数之间的动态条件相关性

表 6-5　OVX 和 VIX 收益之间动态条件相关系数的描述性统计

变量	均值	最大值	最小值	中位数	范围	标准差
OVX 和 VIX 收益的 DCC 系数	0.4299	0.6547	0.2375	0.4385	0.4172	0.0866

2. 结构突变检验

在本部分，我们使用了 ICSS 算法检测 OVX 和 VIX 指数之间动态条件相关关系中的结构突变点，结果如表 6-6 和图 6-4 所示。其中，图 6-4 中的虚线突出显示了突变点发生的时间和对应的 DCC 系数。此外，对于引起 DCC 发生结构突变的相关事件，如金融危机、地缘政治和政策变化等，这里展开了讨论。

表 6-6　ICSS 测试确定的结构突变点

序号	突变点	日期	相关事件	引用来源
1	645	2009 年 11 月 30 日	全球金融危机	(Zhu et al., 2014; Bouri, 2015b; Boldanov et al., 2016; You et al., 2017; Junttila et al., 2018; Mensi et al., 2018; Shahzad et al., 2018)
2	1068	2011 年 8 月 4 日	"阿拉伯之春"与利比亚内战	(Boldanov et al., 2016)
3	1664	2013 年 12 月 12 日	美联储开始缩减量化宽松货币政策	https://www.thepaper.cn/newsDetail_forward_13657335
4	2407	2016 年 11 月 29 日	OPEC 达成石油减产协议	http://world.people.com.cn/n1/2016/1202/c1002-28919906.html

根据表 6-6 所示检测到的突变点，将引起结构突变的原因归为三类：第一，金融危机，对应第一个突变点（BP 1，2009 年 11 月 30 日）。一般而言，2008 年金融危机对全球经济系统（包括石油市场和股票市场）产生了显著的负面影响，在此期间石油价格和股票市场价格大幅下跌，市场不确定性显著增加。从图 6-4 可以发现，金融危机给石油市场与股票市场同时带来的负向影响增强了市场之间的联系。具体而言，金融危机期间，动态条件相关系数从 0.25（2008 年 9 月 19 日）增长到 0.49（BP 1，2009 年 11 月 30 日），相关性增加了 96%。这些研究结论跟 Boldanov 等（2016）的研究相一致，该研究使用 GARCH 模型波动率检验

了石油与石油进口国股市（包括美国）之间的波动率相关性，同样认为在全球金融危机期间石油与股市波动率之间的相关性显著增加，因为大萧条对股票市场和石油市场的不确定性都产生了重要影响。相似地，Junttila 等（2018）发现在金融危机期间石油与美国股票市场之间的相关性增强。还有一些研究关注了其他国家（地区）的股票市场，也发现在金融危机发生后，石油与股票市场之间的相关性增强，如亚太股票市场（Zhu et al.，2014）、约旦股票市场（Bouri，2015a）、中国股票市场（You et al.，2017）、伊斯兰股票市场（Shahzad et al.，2018）和 BRICS[金砖国家：巴西(Brazil)、俄罗斯（Russia）、印度（India）、中国（China）、南非（South Africa）]股票市场（Mensi et al.，2018）。

第二，地缘政治，对应第二个突变点（BP 2，2011 年 8 月 4 日）。该结构突变可能跟中东地区的地缘政治事件有关，包括 2010 年末的"阿拉伯之春"事件，以及 2011 年利比亚内战，受这些事件的影响，石油市场和股票市场的波动性增加。从图 6-1 可知，OVX 从 25.42%（2010 年 12 月 23 日）增加到 69.12%（2011 年 11 月 25 日），增长了 172%；VIX 从 15.46%（2011 年 1 月 14 日）增加到 48%（2011 年 8 月 8 日），增长了 210%。在地缘政治的影响下，石油与股票市场之间的波动相关性显著增强（Boldanov et al.，2016）。如图 6-4 所示，OVX 和 VIX 之间的动态条件相关系数从 0.51（BP 2，2011 年 8 月 4 日）在三个月后上升到 0.64（2011 年 11 月 25 日），相关性增加了 25%。

第三，政策变化，对应第三个和第四个突变点（BP 3，2013 年 12 月 12 日；BP 4，2016 年 11 月 29 日）。从图 6-4 可以看出，在 BP 3 和 BP 4 发生的前后时期，OVX 和 VIX 之间的相关性在持续降低，这可能跟石油或者股票市场相关的政策变化有关。比如，2013 年 5 月美联储曾发出信号将减缓大规模购买资产的信号，2013 年 12 月美国正式宣布开始逐步退出量化宽松的货币政策[①]，退出量化宽松的货币政策会对美国股市的流动性产生显著冲击。在此政策退出之后，OVX 和 VIX 之间的动态条件相关系数明显地从 0.49（BP 3，2013 年 12 月 22 日）下降到 0.39（2014 年 7 月 16 日），相关性降低了 20%。第四个结构突变点可能跟石油市场政策变化有关。比如，2016 年 11 月 30 日，OPEC 在过去 8 年来首次达成减产协议，两周之后 OPEC 又于 2016 年 12 月 10 日与非 OPEC 国达成 15 年来首份联合减产协议，非 OPEC 国同意减产 55.8 万桶/日[②]。在这些政策协议签订后，OVX 和 VIX 之间的动态条件相关系数从 0.41（BP 4，2016 年 11 月 29 日）下降至 0.30（2017 年 1 月 4 日），在一个月的时间内相关性降低了 27%。

6.5　隐含波动溢出效应分析

基于式（6-11）和式（6-12），表 6-7 展示了完整的 BEKK-GARCH（1，1）模型的估计结果。条件方差估计结果（表 6-7 面板 A）显示，OVX 和 VIX 当期的波动取决于它们前期冲击（a^{oo} 和 a^{vv}）以及前期波动（b^{oo} 和 b^{vv}）。跨市场波动估计结果表明，OVX 和 VIX 之间存在显著的双向波动溢出。具体来说，a^{ov} 和 b^{ov} 参数分别在 5% 和 1% 水平下显著，说明存在从 OVX 到 VIX 的显著波动溢出效应。a^{vo} 和 b^{vo} 参数均在 1% 水平下显著，说明 VIX 对 OVX

---

① http://finance.people.com.cn/n/2013/1220/c1004-23894037.html。

② https://news.cctv.com/2016/12/13/ARTIjjWQDXZpcrzfMgBEgZrm161213.shtml。

存在显著的波动溢出效应。溢出效应结论与 Vo（2011）、Mensi 等（2013）、Ewing 和 Malik（2016）等研究相一致，这些研究也表明石油市场与美国股市之间存在双向的波动率传导。

表 6-7　基于完全 BEKK-GARCH（1, 1）模型的风险溢出估计结果

变量	数值	
面板 A：条件方差		
c^{oo}	0.2988*** （11.5289）	
c^{vo}	0.1755*** （3.9610）	
c^{vv}	−0.4083*** （−20.6798）	
a^{oo}	0.3510*** （23.3885）	
a^{ov}	0.0286** （2.1261）	
a^{vo}	−0.0735*** （−4.3916）	
a^{vv}	0.5238*** （27.7962）	
b^{oo}	0.8971*** （141.1427）	
b^{ov}	−0.0289*** （−3.9493）	
b^{vo}	0.0946*** （8.4032）	
b^{vv}	0.8423*** （81.0298）	
面板 B：诊断测试	OVX	VIX
Q（10）	13.8788（0.1785）	8.6867（0.5621）
Q^2（10）	5.2800（0.8717）	7.7426（0.6539）
ARCH 效应	2.7270（0.2557）	0.7780（0.6777）
Log L	8382.8194	

注：括号内的 BEKK-GARCH 估计为 t 统计量，括号内的 Ljung-Box 检验（Q）和 ARCH 效应检验为显著性值。Ljung-Box Q 统计数据对应于 10 个滞后数量级的标准化残差中的无自相关检验。ARCH 拉格朗日乘数统计对应于没有 ARCH 效应的原假设检验。***、**分别表示在 1%、5%的显著性水平上拒绝原假设。

根据市场之间的溢出效应结果，可以得到以下启示：第一，石油市场或者股票市场的意外事件能够加剧市场自身的波动性。第二，石油或者股票市场当前的波动具有在后续时期推动更高波动的潜力。第三，石油与股票市场之间的波动性相互依赖，任何一个市场的冲击或波动都会对另一个市场的波动性产生影响。换言之，石油市场（股票市场）前期的波动对股票市场（石油市场）未来的波动性具有一定的预测能力。由此可知，美国股市的震荡可能会提高石油市场的波动水平，这并不意外，原因在于，全球经济活动是原油价格的驱动因素之一（Kilian，2009），股票市场的良好表现可能反映积极的经济活动，这可能导致石油需求增加，进而对石油价格波动产生影响。相反，股票市场低迷可能意味着经济放缓，导致石油需求下降，增加未来石油供应的不确定性，从而导致石油价格波动加剧。还有一种可能的解释是，股票市场波动加剧使得油田开发融资成本更高，由于石油储备是一种可耗竭资产，最终将转化为较大程度的石油市场风险（Ewing and Malik，2016）。反之，石油市场的波动性也可能会传导至股票市场。这是因为，石油市场的波动性可能会对石油相关企业的收益产生影响，使得这些企业的股票价格的不确定性增加。此外，Kilian 和 Park（2009）指出，原油冲

击可以分解为石油供应冲击、石油经济总需求冲击和石油特定需求冲击。由于隐含波动率不仅反映了市场的不确定性,还反映了市场参与者的担忧,因此,市场参与者对石油供应短缺的担忧会转化为石油预防性需求增加,进而对股票市场的波动性产生影响。

6.6 本章小结

现有关于石油与股票市场关系的研究主要关注了价格收益水平上的联系,或者基于历史信息波动率(GARCH 波动率、随机波动率或已实现波动率)之间的相关关系。本章使用新引入的基于期权价格计算的隐含波动率指数来探究石油市场与股票市场在波动率水平上的动态关联和风险传导。跟以往研究相比,本章的不同之处在于它基于更准确的风险度量指标,因为隐含波动率同时包含市场历史信息和未来期望,更全面地反映了市场波动状况。基于隐含波动率的研究还可以更加深入地揭示石油与股票期权市场价格隐含的关系。此外,本章还使用断点检验方法(ICSS 算法)检测了石油与股票隐含波动率之间动态相关关系的结构突变点,讨论了引起结构突变的相关经济或政治事件对市场相关性的影响。

从本章实证结果可以得到以下结论。

(1)石油与股票隐含波动率之间具有显著正向的时变相关关系,当市场波动同时加剧时,市场相关性倾向于增强。这对投资者而言具有重要启示:首先,正向的相关性表明,在面对市场不确定信息时,石油与股票市场存在风险协同效应。所以,在多样化的投资组合中,将石油相关的资产与股市结合在一起并不能有力地降低风险(Jammazi et al.,2017)。其次,石油与股票市场不确定性之间的关系并不是一成不变的,相关性会跟随市场环境动态变化,投资决策需根据相关性的变化及时做出调整(Liu et al.,2017b)。

(2)石油与股票隐含波动率之间的动态条件相关关系存在结构突变,这些结构突变主要跟经济事件(如金融危机)、地缘政治事件和市场政策变化有关。特别地,从金融危机发生至经济复苏初期(2008~2011 年),石油与股票市场之间的相关性显著增加,这意味着在此期间股票期权的定价需要考虑石油市场的不确定性。还有一个有趣的发现,金融危机和地缘政治事件提升了石油与股票市场之间的相关性,而单个市场(石油或股票)相关政策的变化降低了市场之间的相关性。因此,可以推测,对石油和股票市场不确定性均有重要影响的相关事件可能会加强两个市场之间的相关性,而主要引起单个市场(石油或股票)不确定性增加的相关事件可能会减弱两个市场之间的相关性。引起相关性发生结构突变的事件,可以为市场参与者判定石油与股票市场之间的不确定性关联程度提供信号。

(3)石油与股票市场不确定性之间存在显著的双向溢出。该结论对于能源风险管理和资产定价具有重要启示。比如,在构建石油或股票期权估值模型时,应当考虑另一个市场的不确定性,这将有助于提高石油或股票波动的预测效果(Maghyereh et al.,2016)。政府可以利用过去的股票市场波动信息来做出适当的能源购买和储存决策,特别是对于世界上的大型石油进口国(Du and He,2015)。此外,由于隐含波动率除了反映市场不确定性以外,还体现了市场参与者的恐慌程度,石油与股票隐含波动率之间的溢出效应也反映了市场投资者恐慌情绪的关联,这也为市场监管提供了有用信息。

第 7 章　国际石油与股票市场之间的极端风险溢出效应

除收益率和波动率层面的溢出效应以外，由外部冲击导致的原油与股票市场之间的风险传递，尤其是市场间的极端风险溢出成为学术界和实务界关注的新焦点。总体而言，现有关于原油与股票市场之间风险溢出效应的研究相对较少。尾部风险被认为是引发系统性金融风险的重要因素之一，具有极高的破坏力，可以导致市场发生极端波动并带来巨大损失（Härdle et al.，2016）。因此，准确理解原油市场与股票市场之间尾部风险传播的程度、路径和动态演变，对于有效防范国际油价冲击风险和构建稳定的金融体系具有重要意义。

7.1　问题的提出

了解石油-股票关系中尾部风险溢出效应的机制及其动态演化，对于有效缓解国际油价冲击、维护金融体系稳定具有重要意义。油价的不确定性会阻碍世界经济稳定，并对经济增长构成威胁（Zhang and Ji，2018；Cheng et al.，2019；Huang et al.，2021）。自 Hamilton（1983）的开创性研究指出原油价格上涨是导致美国经济衰退的主要原因之后，原油价格对宏观经济和金融市场的影响就引起了广泛关注（Jones and Kaul，1996；Kilian，2008；Degiannakis et al.，2018）。特别是金融危机发生后的十余年间，全球范围内"黑天鹅"事件频繁发生，导致世界各国经济不确定性日益升高（Baker et al.，2016；Huang and Luk，2020）。在此背景下，作为全球金融系统的重要组成部分，国际原油市场与各国股市风险传导路径更加复杂，容易发生风险共振和交叉传染，引发全球系统性金融风险的可能性大幅升高。而尾部风险作为诱发系统性金融风险的重要因素之一，具有极强的破坏性，能够引发市场极端震荡并造成超乎预期的损失（Härdle et al.，2016）。因此，准确把握原油与股票市场之间尾部风险传染的水平、路径及动态演化，对于有效防范国际油价冲击风险和构建金融稳定体系具有重要意义。

理论研究表明，油价冲击通过多种渠道对股票市场产生影响，包括股票估值渠道、货币渠道、产出渠道、财政渠道和不确定性渠道（Degiannakis et al.，2018）。一般而言，股票价值在理论上等于未来现金流的贴现值之和，原油是重要的生产原材料，其价格上涨会导致企业生产成本增加、利润降低，从而影响未来现金流，引起股价发生变化（Jones and Kaul，1996；Sadorsky，1999；Miller and Ratti，2009；Broadstock et al.，2012）。油价上涨会造成通货膨胀率提高，预期贴现率上升，国家往往采取紧缩性的货币政策，如提高利率进行干预，从而对股票价格产生影响（Huang et al.，1996；Henriques and Sadorsky，2008）。此外，油价变化带来的不确定性，也可能导致风险溢价发生变化，进而影响股票价格（Bams et al.，2017）。

　　尽管已有大量文献研究了原油价格对股票市场的影响，但仍未达成一致性的研究结论。其中，绝大多数研究认为原油价格对股票市场有负向影响（Sadorsky，1999；Asteriou and Bashmakova，2013）。但是，也有一些研究认为原油价格对股票市场有正向影响（Tursoy and Faisal，2018）。还有一些研究发现两者之间的影响方向是混合的或者没有显著的相关关系（Dagher and Hariri，2013）。影响方向结论不一致可能归因于以下几点：首先，对于石油进口国和出口国而言，原油价格对股票市场的影响方向可能是相反的（Wang et al.，2013）。其次，供给和需求等不同原因引起的油价冲击对股票市场的影响效应存在差异（Kilian and Park，2009）。最后，受国际油价驱动因素及国家经济结构变化的影响，国际原油价格对股票市场的影响关系具有时变性（Conrad et al.，2014；Zhang and Ma，2019）。

　　从方法论的角度来看，现有研究主要采用三类研究方法。第一，早期研究采用传统的 VAR 模型或 SVAR 模型分析了原油价格与股票市场之间的互动关系（Sadorsky，1999；Kilian and Park，2009；Wang et al.，2013），但此类模型难以考察变量之间关系的非线性和时变性；第二，一些研究使用 GARCH 模型检验了原油价格与股票市场之间的波动溢出关系（Salisu and Oloko，2015；Basher and Sadorsky，2016），但此类方法无法量化溢出效应的大小和动态演变；第三，还有一些研究基于 Diebold 和 Yilmaz（2009，2012，2014）提出的溢出指数法量化了原油价格与股票市场之间的收益和波动溢出效应。

　　以上研究方法的一个共同特征是依赖条件均值估计量，如最小二乘法（Diebold and Yilmaz，2009，2012）、LASSO（套索）方法（Greenwood-Nimmo et al.，2019）、弹性网络正则化（Demirer et al.，2018），仅能估计平均油价冲击对股票市场的影响。然而，在金融危机、地缘冲突、贸易摩擦等外部冲击事件导致全球经济不确定性升高的背景下，原油价格与股票市场之间的关系具有明显的复杂性、非线性、时变性。油价冲击对股票市场的影响在市场上行和下行时期可能有所不同；强烈的和微弱的油价冲击对股票市场的传导机制存在差异；股票市场对正向的和负向的油价冲击的反应也可能具有非对称性（Sim and Zhou，2015）。因此，基于常系数线性 VAR 模型的溢出指数方法难以揭示不同市态（分位数）下跨市场的溢出效应及动态演化。在近期一项研究中，Ando 等（2022）提出了分位数和溢出指数相结合的理论模型，进一步研究了 18 个主权国家之间的信贷风险溢出。分位数溢出指数法可以清晰地描述尾部事件的不同影响，以及变量之间的尾部依赖关系，为分析极端溢出提供了有力工具。

　　有鉴于此，本章试图通过以下方式对石油与股票关系中的风险溢出问题的相关研究做出贡献。首先，据作者团队所知，本章采用 Ando 等（2022）提出的新颖的分位数溢出指数方法进行研究。研究了不同市场条件下石油-股票关系中的风险溢出效应，特别是极端事件发生时的尾部风险依赖性。尽管 Diebold 和 Yilmaz（2009，2012，2014）以及 Baruník 和 Křehlík（2018）的溢出指数方法积极研究了石油和股市之间的收益和波动溢出，但很少有研究揭示不同规模冲击下溢出效应的异质性和不对称性。其次，与以往的研究相比，本章研究将历史事件分析纳入分位数溢出指数框架，探讨影响石油-股票关系风险溢出动态的因素，这对政策制定者和市场监管机构的风险管理具有启示意义。最后，本章从全球视角比较分析了国际石油市场与石油进口国和石油出口国股票市场尾部风险传导机制的差异。通过这样做，本章可以更好地捕捉全球石油-股票关系中同时出现的极端风险溢出效应。

本章的主要发现如下：首先，本章的实证结果为不同市场条件下风险溢出的异质性和不对称性提供了证据，两个尾部的风险溢出都高于中位数。此外，在上行波动率分布中观察到的风险溢出高于下行波动率分布。其次，本章识别了不同市场条件下的风险输出者和风险接收方，同时，极端冲击事件不仅是驱动极端风险溢出动态的重要因素，而且会导致风险溢出的结构性逆转。最后，可以发现石油进口国股票市场对石油市场的风险溢出比石油出口国更强。因此，本章的研究结果为全面了解原油市场和全球股市之间的风险传导机制提供了新的思路。

本章结构安排如下：7.2 节为分位数溢出模型构建，7.3 节为变量选择与数据描述，7.4 节为极端风险溢出效应静态分析，7.5 节为极端风险溢出效应动态分析，7.6 节为稳健性检验，7.7 节为风险管理和投资组合启示，7.8 节为本章小结。

7.2　分位数溢出指数模型构建

7.2.1　分位数 VAR 模型

一般地，n 维 p 阶分位数向量自回归（QVAR）模型可表示如下：

$$y_t = c(\tau) + \sum_{i=1}^{p} B_i(\tau) y_{t-i} + e_t(\tau), \quad t = 1, \cdots, T \tag{7-1}$$

其中，y_t 为一个 $n \times 1$ 维内生向量；$c(\tau)$ 为在分位水平 $\tau = (\tau_1, \cdots, \tau_n)^{\mathrm{T}}$ 下的一个 $n \times 1$ 维截距项向量；$B_i(\tau)$ 为与分位水平 $\tau = (\tau_1, \cdots, \tau_n)^{\mathrm{T}}$ 相对应的维度大小为 $n \times n$ 的滞后系数矩阵；$e_t(\tau)$ 为一个与分位水平 $\tau = (\tau_1, \cdots, \tau_n)^{\mathrm{T}}$ 相对应的 $n \times 1$ 维误差项向量。

为了估计出系数矩阵 $B_i(\tau)$ 和截距项 $c(\tau)$，假设误差项 $e_t(\tau)$ 满足普通的分位回归限制条件 $Q_\tau(e_t(\tau)|y_{t-1}, \cdots, y_{t-p}) = 0$。这些限制条件意味着在相应的分位水平 $\tau = (\tau_1, \cdots, \tau_n)^{\mathrm{T}}$ 下，因变量 y 的估计值分别为

$$Q_\tau(y_t|y_{t-1}, \cdots, y_{t-p}) = c(\tau) + \sum_{i=1}^{p} B_i(\tau) y_{t-i} \tag{7-2}$$

7.2.2　分位数溢出指数方法

为构建基于分位方差分解的溢出指数，式（7-1）可改写为无穷阶的向量移动平均过程：

$$y_t = \mu(\tau) + \sum_{s=0}^{\infty} A_s(\tau) e_{t-s}(\tau), \quad t = 1, \cdots, T \tag{7-3}$$

其中

$$\mu(\tau) = (I_n - B_1(\tau) - \cdots - B_p(\tau))^{-1} c(\tau)$$

$$A_s(\tau) = \begin{cases} 0, & s < 0 \\ I_n, & s = 0 \\ B_1(\tau) A_{s-1}(\tau) + \cdots + B_p(\tau) A_{s-p}(\tau), & s > 0 \end{cases}$$

此处，用误差序列 $\{e_t(\tau)\}$ 的无穷阶的和来表示 y_t。然后，使用楚列斯基（Cholesky）分解正交化误差序列 $\{e_t(\tau)\}$ 的协方差矩阵。y_t 可表示为相互正交的误差序列 $\{e_t(\tau)\}$ 的无穷阶之

和，即

$$y_t = \mu(\tau) + \sum_{s=0}^{\infty} \varphi_s(\tau) \varepsilon_{t-s}(\tau), \quad t = 1, \cdots, T \tag{7-4}$$

其中

$$\varphi_s(\tau) = A_s(\tau) \cdot \Gamma(\tau), \quad \varepsilon_t(\tau) = \Gamma^{-1}(\tau) \cdot e_t(\tau)$$

此处，$\Gamma(\tau)$ 为一个下三角 Cholesky 分解矩阵。将式（7-4）向后修正一期可得

$$y_{t+1} = \mu(\tau) + \sum_{s=0}^{\infty} \varphi_s(\tau) \varepsilon_{t+1-s}(\tau) \tag{7-5}$$

进而得到一步预测误差：

$$y_{t+1} - Q_\tau(y_{t+1}) = \varphi_0(\tau) \varepsilon_{t+1}(\tau) \tag{7-6}$$

更一般地，h 步预测误差为

$$y_{t+h} - Q_\tau(y_{t+h}) = \sum_{s=0}^{h-1} \varphi_s(\tau) \varepsilon_{t+h-s}(\tau) \tag{7-7}$$

现考虑序列 $\{y_{i,t}\}$ 中的第 i 个变量的预测误差，可以得到 h 步预测误差为

$$y_{i,t+h} - Q_\tau(y_{i,t+h}) = \sum_{s=0}^{h-1} \left(\varphi_{i1}^s(\tau) \varepsilon_{1,t+h-s}(\tau) + \cdots + \varphi_{in}^s(\tau) \varepsilon_{n,t+h-s}(\tau) \right) \tag{7-8}$$

用 $\sigma_i^h(\tau)^2$ 表示 $y_{i,t+h}$ 的预测误差方差，则有

$$\sigma_i^h(\tau)^2 = \sum_{s=0}^{h-1} \left(\varphi_{i1}^s(\tau)^2 + \cdots + \varphi_{in}^s(\tau)^2 \right) = \sum_{j=1}^{n} \left(\varphi_{ij}^0(\tau)^2 + \cdots + \varphi_{ij}^{h-1}(\tau)^2 \right) \tag{7-9}$$

在 h 步预测误差方差 $\sigma_i^h(\tau)^2$ 中，归因于序列 $\{\varepsilon_{ji}(\tau)\}$ 冲击的比例为

$$\omega_{ij}^h(\tau) = \frac{\varphi_{ij}^0(\tau)^2 + \cdots + \varphi_{ij}^{h-1}(\tau)^2}{\sigma_i^h(\tau)^2} \tag{7-10}$$

分位数向量自回归模型的预测误差方差分解揭示了序列中不同分位数水平下由其"自身"冲击与其他变量的冲击而导致的移动比例。

借助分位数向量自回归模型的预测误差方差分解，可以构造出各种分位溢出指数（QSI），用以度量金融市场风险的连通性和传染程度，包括分位总溢出指数、分位方向性溢出指数、分位净溢出指数。

分位总溢出指数 QTSI(τ) 度量了在 τ 分位数上整个系统中的总溢出效应，定义如下：

$$\text{QTSI}(\tau) = \frac{\sum_{i=1}^{N} \sum_{j=1,i\neq j}^{N} \omega_{ij}^h(\tau)}{\sum_{i=1}^{N} \sum_{j=1}^{N} \omega_{ij}^h(\tau)} \times 100 \tag{7-11}$$

为了更进一步地分析在 τ 分位数上整个系统中单个变量收到的其他所有变量的溢出效应，构建了分位方向性溢出指数：

$$\text{QDSI}_i \cdot (\tau) = \frac{\sum\limits_{j=1, i \neq j}^{N} \omega_{ij}^{h}(\tau)}{\sum\limits_{j=1}^{N} \omega_{ij}^{h}(\tau)} \times 100 \tag{7-12}$$

以及

$$\text{QDSI} \cdot_i (\tau) = \frac{\sum\limits_{j=1, i \neq j}^{N} \omega_{ji}^{h}(\tau)}{\sum\limits_{j=1}^{N} \omega_{ji}^{h}(\tau)} \times 100 \tag{7-13}$$

获得分位方向性溢出指数 $\text{QDSI}_i \cdot (\tau)$ 和 $\text{QDSI} \cdot_i (\tau)$ 后，可将传递出去的溢出指数减去接收到的溢出指数，从而定义如下的分位净溢出指数：

$$\text{QNSI} \cdot_i (\tau) = \text{QDSI} \cdot_i (\tau) - \text{QDSI}_i \cdot (\tau) \tag{7-14}$$

7.3　变量选择与数据描述

7.3.1　变量选择

本章选取了石油价格和股票价格的日度数据。石油价格选取的是 WTI 原油期货收盘价格，数据来源于英为财情网站。根据已有研究（Wang et al.，2013；Boldanov et al.，2016；Hamdi et al.，2019），股票价格指数包括 12 个石油进口国（中国、日本、印度、韩国、德国、美国、法国、荷兰、意大利、葡萄牙、西班牙、英国）和 7 个石油出口国（俄罗斯、挪威、墨西哥、加拿大、沙特阿拉伯、阿联酋、巴西）的数据。数据来源于 Wind 数据库，涵盖 2001 年 10 月 8 日至 2020 年 6 月 15 日的数据。样本期的重要经济事件包括 2008～2009 年的全球金融危机、2010～2012 年的欧债危机、2014 年的石油大萧条和 2020 年的新冠疫情暴发。参照 Degiannakis 等（2014）的研究，本章使用 GARCH 模型计算条件波动率以衡量原油市场与股票市场的波动性。

7.3.2　数据描述

表 7-1 展示了各个变量的描述性统计。从波动率均值来看，原油市场波动率高于所有股票市场波动率，说明原油市场波动程度更高。从标准差来看，仍然是原油市场波动率的标准差最高。石油进口国股市中的英国市场波动率的标准差最高，石油出口国股市中的阿联酋市场波动率的标准差最高。从序列的分布情况来看，所有市场的波动率均为正偏态。由 JB 检验可知，所有序列均为非正态分布。单位根检验结果表明，所有序列均平稳，在 1% 的显著性水平下拒绝了含有单位根的假设。

表 7-1　石油与股票市场波动率序列的描述性统计

序列	均值	标准差	最小值	最大值	偏度	峰度	JB 检验	ADF 检验
WTI	0.0008	0.0015	0.0001	0.0242	8.0473	84.9273	1300115	−9.6184***
CN	0.0002	0.0003	0.0001	0.0049	7.7429	80.6534	1169328	−8.1995***
JP	0.0002	0.0003	0.0000	0.0038	4.7099	31.1984	164844	−8.3193***
IN	0.0002	0.0003	0.0000	0.0032	4.7137	34.9723	207221	−7.1358***
KR	0.0002	0.0003	0.0000	0.0027	3.8768	21.4952	75008	−6.8128***
DE	0.0002	0.0003	0.0000	0.0045	6.9162	61.2996	669568	−7.7286***
US	0.0002	0.0003	0.0000	0.0032	4.5307	30.3521	154841	−7.7464***
FR	0.0002	0.0003	0.0000	0.0036	4.6672	31.5127	167869	−7.0713***
NL	0.0003	0.0003	0.0000	0.0047	5.1914	43.1754	321127	−8.4617***
IT	0.0002	0.0003	0.0000	0.0101	13.7764	275.2789	13967904	−16.8451***
PT	0.0003	0.0005	0.0000	0.0136	12.4216	232.9021	9972558	−13.3913***
ES	0.0001	0.0002	0.0000	0.0027	5.8955	48.5703	413224	−8.5605***
UK	0.0005	0.0008	0.0001	0.0149	9.3641	118.5858	2557068	−8.4736***
RU	0.0002	0.0003	0.0000	0.0035	6.1390	50.2483	444457	−6.777***
NO	0.0002	0.0002	0.0000	0.0025	6.3630	57.1189	576436	−7.8471***
MX	0.0002	0.0005	0.0000	0.0063	7.1809	60.6504	658313	−7.7499***
CA	0.0003	0.0005	0.0000	0.0060	5.2754	41.9370	303512	−8.2021***
SA	0.0002	0.0003	0.0000	0.0031	5.4982	44.4101	342361	−10.2879***
AE	0.0006	0.0009	0.0002	0.0122	7.8367	76.6347	1057032	−9.8052***
BR	0.0003	0.0003	0.0000	0.0018	2.2048	8.3578	8980	−5.9593***

注：ADF 检验表示单位根检验，***表示 1%显著性水平。WTI、CN、JP、IN、KR、DE、US、FR、NL、IT、PT、ES、UK、RU、NO、MX、CA、SA、AE 和 BR 分别表示原油市场、中国、日本、印度、韩国、德国、美国、法国、荷兰、意大利、葡萄牙、西班牙、英国、俄罗斯、挪威、墨西哥、加拿大、沙特阿拉伯、阿联酋和巴西股票市场。

　　所有市场波动率的相关系数矩阵见表 7-2。可以看出，所有序列均正相关，而且对于大多数股票市场而言，原油市场与股票市场之间的波动率相关性明显低于各国股票市场波动率之间的相关性。其中，原油市场波动率与墨西哥股票市场波动率之间的相关系数最高，达到 0.52；原油市场波动率与巴西股票市场波动率之间的相关系数最低为 0.14。股票市场波动率相关性方面，美国股市与其他股票市场之间的波动率相关性水平普遍较高，美国股市与法国股市的波动率相关系数高达 0.96，体现了美国股市在全球股票市场中的重要地位。

表 7-2　相关系数矩阵

	WTI	CN	JP	IN	KR	DE	US	FR	NL	IT	PT	ES	UK	RU	NO	MX	CA	SA	AE	BR
WTI	1.00																			
CN	0.32	1.00																		
JP	0.48	0.65	1.00																	
IN	0.42	0.77	0.71	1.00																
KR	0.43	0.68	0.55	0.77	1.00															
DE	0.51	0.75	0.67	0.75	0.82	1.00														
US	0.44	0.72	0.58	0.75	0.95	0.88	1.00													
FR	0.39	0.74	0.55	0.77	0.94	0.84	0.96	1.00												
NL	0.46	0.67	0.56	0.65	0.83	0.87	0.91	0.80	1.00											
IT	0.21	0.39	0.31	0.30	0.41	0.49	0.50	0.44	0.54	1.00										
PT	0.23	0.38	0.32	0.37	0.48	0.48	0.55	0.48	0.59	0.58	1.00									
ES	0.47	0.78	0.64	0.77	0.89	0.93	0.95	0.94	0.87	0.50	0.51	1.00								
UK	0.39	0.79	0.61	0.66	0.63	0.79	0.70	0.72	0.68	0.49	0.37	0.78	1.00							
RU	0.42	0.81	0.69	0.76	0.73	0.88	0.81	0.80	0.79	0.48	0.44	0.87	0.87	1.00						
NO	0.41	0.84	0.71	0.80	0.72	0.84	0.76	0.78	0.70	0.42	0.38	0.83	0.86	0.91	1.00					
MX	0.52	0.79	0.72	0.77	0.75	0.95	0.82	0.78	0.82	0.49	0.45	0.89	0.85	0.92	0.87	1.00				
CA	0.23	0.40	0.55	0.37	0.30	0.37	0.32	0.31	0.30	0.18	0.18	0.36	0.40	0.48	0.44	0.39	1.00			
SA	0.50	0.46	0.60	0.46	0.45	0.64	0.51	0.44	0.54	0.33	0.28	0.57	0.55	0.57	0.52	0.65	0.59	1.00		
AE	0.50	0.78	0.68	0.72	0.75	0.92	0.82	0.79	0.80	0.51	0.44	0.88	0.85	0.88	0.86	0.93	0.41	0.65	1.00	
BR	0.14	0.37	0.39	0.33	0.25	0.31	0.30	0.31	0.25	0.19	0.14	0.34	0.36	0.40	0.38	0.34	0.31	0.29	0.31	1.00

7.4　极端风险溢出效应静态分析

7.4.1　全样本溢出分析

　　本章采用分位溢出指数方法考察原油市场与股票市场之间的极端波动溢出效应。参照AIC，本章选取 QVAR 模型的最优滞后阶数为 4 阶，预测误差方差分解的期数为 10。鉴于 OLS（普通最小二乘）估计量等于 $\tau \in (0,1)$ 的分位回归估计量的均等加权平均值，本章首先使用 OLS 估计了原油价格与石油进出口国股票市场之间的波动溢出效应，具体结果如表 7-3 所示。

　　由表 7-3 可知，原油市场与股票市场之间的总溢出指数为 77.6%，说明原油-股票市场系统内的波动风险溢出效应显著。从方向性溢出效应来看，原油市场对系统内股票市场波动预测误差方差的贡献为 46.4%，低于系统对原油市场波动的贡献（66.5%），导致原油市场在整个系统中扮演波动溢出净接收方的角色（−20.1%）。这个结果跟 Zhang（2017）的结论相一致，该研究认为石油金融属性凸显，金融市场对石油价格的影响逐渐增强。对于股票市场而言，各市场的波动"接收"效应在 61.4%（沙特）至 87.3%（美国）的范围内变化，波动"输出"效应在 45.8%（巴西）至 110.6%（法国）的范围内变化。相较而言，石油进口国股票市场波动"接收"和"输出"效应的平均水平高于石油出口国股票市场。其中，原油与股票市场系统风险被 6 个石油进口国股市（韩国、德国、美国、法国、荷兰和西班牙）和 1 个石油出口国股市（墨西哥）所主导，这些市场对系统的贡献度均超过 90% 且均为波动溢出净输出方。

　　然而，如前所述，基于 OLS 回归的估计结果仅能体现市场之间的平均溢出关系，难以揭示不同市态下跨市场波动溢出关系的异质性。因此，本章进一步检验了在 0.5 分位（正常）、0.05 分位（下行）和 0.95 分位（上行）下原油市场与股票市场之间的波动溢出效应，如表7-4～表 7-6 所示。

　　从表 7-4～表 7-6 可以看出，原油与股票市场之间的波动溢出效应在不同分位上的表现存在显著差异。总溢出指数方面，0.05 和 0.95 分位上的总溢出指数分别为 78.5% 和 93.9%，高于 0.5 分位上的总溢出指数（74.2%）。可能的解释在于，随着原油金融化的加深及经济全球化的发展，全球资本流动显著增加，国际原油市场与全球股票市场之间的联系更加紧密。特别是，在全球经济不确定性升高的环境下，国际油价与股票市场之间的尾部风险关联程度更高，各市场对极端风险冲击更加敏感。

　　方向性溢出指数方面，在 0.5 分位上"接收"和"输出"溢出指数最高的均为美国，分别达到 86.1% 和 110.7%；在 0.05 分位上"接收"和"输出"溢出指数最高的分别为法国（87.5%）和美国（117%）；在 0.95 分位上"接收"和"输出"溢出指数最高的分别为印度（94.6%）和美国（102.8%）。可以看出，美国股市在全球原油-股票系统风险溢出中占有举足轻重的地位，美国股票市场波动风险极易传染到其他市场。值得注意的是，在 0.95 分位上各市场的"接收"和"输出"溢出指数的水平均较高，绝大多数都在 90% 以上，说明原油与股票市场之间的上行风险溢出更高。对于原油市场而言，在 0.5 分位上原油市场的"输出"溢出指数为 38.3%，而在 0.05 分位和 0.95 分位上则大幅上升至 48.5% 和 94.9%，意味着原油市场对股票市场的尾部风险溢出能力更强。

（单位：%）

表 7-3　静态溢出指数表（基于 OLS 估计）

	WTI	CN	JP	IN	KR	DE	US	FR	NL	IT	PT	ES	UK	RU	NO	MX	CA	SA	AE	BR	FROM
WTI	33.5	2.2	2.6	2.5	3.4	4.9	3.6	4.4	3.1	2.9	2.8	4.2	3.1	4.7	4.0	5.5	3.1	3.4	3.9	2.3	66.5
CN	1.9	22.3	3.1	5.0	5.4	5.6	5.2	5.2	5.0	4.1	4.2	4.4	3.3	4.2	4.8	5.2	2.5	2.4	3.9	2.6	77.7
JP	3.1	3.3	28.1	4.3	3.9	3.7	3.7	3.8	4.0	4.0	2.9	3.7	3.7	3.8	6.0	4.2	3.5	3.2	4.5	2.6	71.9
IN	2.6	5.4	3.6	21.4	4.7	4.2	4.9	4.9	4.9	4.0	3.8	5.1	3.6	4.4	4.9	4.9	2.3	2.4	4.4	3.5	78.6
KR	1.7	2.8	2.2	2.2	13.5	5.3	10.6	9.9	7.9	4.4	7.0	7.3	3.3	4.8	3.5	4.6	1.8	1.7	3.6	1.8	86.5
DE	2.4	2.3	2.6	2.3	5.3	18.9	6.3	6.5	6.0	4.4	4.5	6.4	2.6	4.8	5.7	8.1	1.9	1.8	5.6	1.7	81.1
US	1.8	2.4	2.3	2.1	9.7	5.5	12.7	10.2	8.8	4.9	7.3	8.6	2.8	5.0	3.0	4.4	1.6	1.5	3.6	1.7	87.3
FR	1.7	2.5	2.4	2.2	9.1	5.6	10.2	13.1	7.6	4.9	6.9	8.7	3.2	5.5	3.2	4.8	1.6	1.6	3.6	1.6	86.9
NL	1.9	2.4	2.4	2.3	7.8	5.4	9.3	8.3	15.6	5.4	7.4	6.9	3.1	4.8	3.3	4.5	1.7	1.7	3.9	1.9	84.4
IT	2.1	3.2	2.8	3.2	5.3	4.6	6.1	6.2	5.6	22.6	5.9	5.2	2.8	5.0	3.4	4.7	2.5	2.4	4.5	2.0	77.4
PT	1.5	2.7	2.4	2.5	7.7	4.9	9.0	8.4	8.4	8.4	13.3	6.8	2.6	5.1	2.8	4.6	2.0	1.9	3.1	1.8	86.7
ES	1.9	2.2	2.5	2.4	7.2	6.0	8.9	9.5	6.8	4.8	5.7	14.6	3.3	6.3	3.4	5.0	1.8	1.6	4.4	1.8	85.4
UK	3.5	3.7	3.0	2.8	4.6	3.7	4.2	4.7	3.7	3.5	3.4	5.0	25.0	5.9	4.0	5.2	2.9	3.5	4.6	3.2	75.0
RU	2.3	2.4	2.6	2.5	5.4	6.2	6.3	6.8	5.2	4.6	4.7	6.8	4.5	18.0	3.9	6.8	2.2	1.9	5.0	2.0	82.0
NO	2.8	3.4	3.2	3.5	3.9	7.4	3.7	4.0	3.8	3.6	2.8	4.4	3.2	3.7	24.1	7.3	2.4	3.6	6.3	3.1	75.9
MX	3.3	2.8	2.9	2.5	4.6	8.1	5.1	5.3	4.9	3.9	3.7	5.7	3.6	6.0	4.8	21.0	1.5	1.9	6.4	2.0	79.0
CA	3.1	3.5	4.6	4.0	3.4	3.4	3.0	3.3	2.8	3.1	3.0	3.5	3.6	3.4	3.6	3.4	32.1	5.9	3.4	3.6	67.9
SA	3.0	4.1	3.7	3.6	2.8	2.5	2.4	2.3	2.8	3.0	2.3	2.8	3.5	2.6	3.5	2.6	6.5	38.6	2.8	4.5	61.4
AE	3.2	2.5	3.0	3.3	3.6	6.3	4.1	4.0	4.8	4.6	2.9	4.8	3.6	5.1	6.5	7.1	2.5	2.8	23.2	1.9	76.8
BR	2.7	2.7	4.0	4.2	3.5	4.2	2.9	2.8	2.8	4.0	2.6	3.1	4.1	2.8	3.4	4.0	3.1	3.6	3.3	36.1	63.9
TO	46.4	56.5	55.8	57.3	101.1	97.8	109.5	110.6	99.0	82.4	83.7	103.4	63.5	87.9	77.6	96.9	47.4	48.9	80.9	45.8	总溢出指数 77.6
NET	-20.1	-21.2	-16.2	-21.4	14.7	16.7	22.2	23.6	14.6	5.0	-3.0	18.0	-11.6	5.9	1.7	17.8	-20.5	-12.5	4.1	-18.1	

表 7-4 静态溢出指数表（0.5 分位）

（单位：%）

	WTI	CN	JP	IN	KR	DE	US	FR	NL	IT	PT	ES	UK	RU	NO	MX	CA	SA	AE	BR	FROM
WTI	33.9	2.4	2.8	2.8	3.5	4.2	3.8	4.6	3.5	2.9	2.8	4.5	3.4	4.2	3.8	5.5	3.1	2.8	3.8	1.9	66.1
CN	1.5	25.3	2.7	5.5	5.9	4.8	5.3	5.2	5.8	4.4	4.3	4.3	3.0	3.6	4.4	4.5	2.3	1.8	3.5	1.9	74.7
JP	2.5	3.5	28.5	4.3	4.3	3.2	4.4	4.0	4.0	4.3	3.3	4.1	3.6	3.6	5.0	3.8	3.7	2.6	4.8	2.5	71.5
IN	2.5	5.6	3.6	21.4	4.9	3.9	4.9	5.0	5.0	4.7	3.9	5.3	3.7	4.1	4.3	4.7	2.7	2.1	4.4	3.2	78.6
KR	1.7	3.4	2.2	2.3	14.2	4.8	10.8	9.6	8.0	5.0	6.9	7.0	3.2	4.3	3.3	4.4	2.0	1.6	3.7	1.6	85.8
DE	2.2	2.2	2.2	2.1	5.3	19.9	6.4	6.3	5.8	4.5	4.3	6.7	2.7	4.8	5.8	8.2	2.1	1.5	5.6	1.4	80.1
US	1.5	2.7	2.3	2.2	10.0	4.6	13.9	10.4	8.5	5.6	7.4	8.2	2.7	4.5	2.9	4.3	1.7	1.4	3.6	1.4	86.1
FR	1.5	2.9	2.3	2.3	9.3	5.0	10.5	14.1	7.7	5.3	6.9	8.6	3.1	4.9	3.0	4.5	1.7	1.4	3.6	1.3	85.9
NL	1.5	3.0	2.6	2.5	8.2	4.7	9.5	8.3	15.7	6.3	7.1	6.8	3.1	4.4	3.2	4.4	1.8	1.5	4.1	1.4	84.3
IT	1.5	2.7	2.4	3.3	5.2	4.0	6.3	5.9	5.6	28.2	5.6	5.2	2.6	4.3	3.4	4.0	1.6	2.1	4.5	1.7	71.8
PT	1.3	2.7	2.4	2.5	7.7	4.3	8.8	8.3	8.2	10.6	14.3	6.3	2.6	4.5	2.9	4.3	1.8	1.5	3.3	1.4	85.7
ES	1.6	2.3	2.5	2.6	7.3	5.7	8.8	9.4	6.6	5.1	5.8	15.7	3.2	5.9	3.3	5.0	1.6	1.4	4.5	1.6	84.3
UK	2.4	2.8	2.5	2.4	4.4	3.6	4.0	4.5	3.8	3.7	3.2	4.7	31.6	5.6	3.9	4.3	2.7	3.1	4.6	2.3	68.4
RU	2.2	2.6	2.4	2.8	5.3	5.7	6.2	6.5	5.3	5.4	4.6	6.6	4.2	18.7	3.7	7.0	2.2	1.7	4.9	1.9	81.3
NO	2.7	3.2	2.5	3.0	4.1	6.7	3.7	3.9	4.1	3.8	2.8	4.1	3.0	3.9	27.8	6.4	2.4	3.2	6.3	2.5	72.2
MX	3.0	2.7	2.6	2.6	4.8	7.6	5.5	5.2	5.0	4.4	4.0	5.6	3.5	6.0	4.7	22.1	1.4	1.6	6.1	1.7	77.9
CA	1.6	2.4	4.0	2.6	3.1	2.3	2.6	2.8	2.5	2.3	2.2	2.6	2.9	2.6	2.8	1.7	48.8	5.7	2.8	1.9	51.2
SA	2.3	2.1	2.6	2.0	2.3	1.9	1.9	1.8	2.1	2.1	1.7	1.8	3.2	1.6	2.5	2.0	7.1	54.4	2.3	2.1	45.6
AE	2.7	2.6	2.7	3.4	4.1	5.2	4.6	4.4	4.7	4.7	3.2	5.0	3.8	5.8	6.0	6.2	2.1	2.2	25.1	1.6	74.9
BR	2.0	2.4	3.0	3.5	3.1	3.6	2.8	2.5	3.0	3.3	2.8	3.1	3.1	2.6	3.4	3.6	3.2	2.9	3.4	42.7	57.3
TO	38.3	54.2	50.2	54.8	102.8	85.7	110.7	108.6	99.3	88.4	83.0	100.4	60.8	81.3	72.5	88.9	47.1	42.1	79.6	35.3	总溢出指数
NET	-27.8	-20.5	-21.4	-23.8	17.0	5.6	24.7	22.7	15.0	16.6	-2.7	16.1	-7.6	0.0	0.3	11.0	-4.1	-3.5	4.7	-22.0	74.2

（单位：%）

表 7-5　静态溢出指数表（0.05 分位）

	WTI	CN	JP	IN	KR	DE	US	FR	NL	IT	PT	ES	UK	RU	NO	MX	CA	SA	AE	BR	FROM
WTI	26	2.9	3.1	3.3	4.3	4.8	4.4	4.8	4.2	3.5	3.7	4.7	3.8	4.8	4.1	6.2	2.3	2.5	4.6	2.0	74.0
CN	2.3	21.2	3.3	6.0	6.3	4.7	5.6	5.6	5.7	4.0	4.6	4.4	3.2	4.4	4.2	4.5	2.2	1.9	3.7	2.2	78.8
JP	2.7	4.0	22.4	4.9	5.2	3.6	5.1	4.9	4.7	4.5	4.2	4.8	3.6	4.8	4.2	3.9	3.3	2.4	4.7	2.4	77.6
IN	2.9	6.2	4.1	18.9	5.4	3.9	5.4	5.4	5.0	4.8	4.7	5.2	3.4	4.9	3.9	4.2	2.2	1.9	4.4	3.3	81.1
KR	2.1	3.6	2.7	2.9	12.9	4.7	10.2	9.5	8.0	4.9	7.2	7.0	3.3	5.0	3.4	4.1	1.8	1.5	3.7	1.6	87.1
DE	3.0	2.8	2.6	2.7	6.0	17.0	6.5	6.4	5.9	4.5	4.8	6.1	2.8	5.0	5.8	7.7	1.9	1.4	5.4	1.6	83.0
US	2.0	3.1	2.8	2.8	9.7	4.5	12.7	10.0	8.5	5.3	7.7	7.8	2.9	5.1	3.1	4.1	1.5	1.3	3.7	1.5	87.3
FR	2.1	3.2	2.8	2.8	9.1	4.7	10.2	12.5	7.5	5.2	7.1	8.3	3.3	5.5	3.4	4.2	1.7	1.2	3.7	1.5	87.5
NL	2.0	3.3	2.8	2.8	8.5	4.6	9.4	8.5	13.6	5.8	7.8	6.9	3.1	4.9	3.3	4.0	1.6	1.3	4.1	1.5	86.4
IT	1.9	2.9	2.8	3.7	5.8	3.9	6.6	6.4	6.1	24.2	6.1	5.6	3.0	4.8	3.3	3.9	1.5	1.3	4.3	1.7	75.8
PT	1.8	2.9	2.7	2.9	7.9	4.5	8.9	8.3	8.3	9.1	13.5	6.5	2.8	4.7	3.1	4.0	1.5	1.4	3.6	1.6	86.5
ES	2.3	2.8	2.9	3.0	7.6	5.4	8.7	9.1	7.0	5.0	6.2	13.4	3.5	6.1	3.6	4.8	1.5	1.2	4.4	1.6	86.6
UK	2.9	3.0	3.2	3.0	4.9	4.1	4.7	5.1	4.3	4.0	3.9	5.2	25.3	6.2	3.8	4.6	2.4	2.7	4.7	2.0	74.7
RU	2.7	3.5	3.2	3.4	6.1	4.8	6.6	7.1	5.9	5.2	5.1	6.8	4.4	15.6	3.4	6.0	1.9	1.5	4.6	2.2	84.4
NO	3.3	3.4	3.1	3.3	5.0	6.7	4.8	4.9	4.7	4.2	3.8	4.8	3.3	4.5	21.5	5.8	2.1	1.9	6.5	2.5	78.5
MX	3.7	3.2	2.7	2.9	5.4	7.5	5.8	5.7	5.3	4.4	4.5	5.7	3.7	6.3	5.1	17.4	1.4	1.4	6.1	1.8	82.6
CA	2.2	2.9	4.1	3.2	3.5	2.8	2.9	3.1	2.7	2.5	2.6	2.9	2.9	3.2	3.1	2.2	41.8	6.3	2.9	2.3	58.2
SA	2.9	2.7	3.1	2.6	3.3	2.5	2.6	2.7	2.7	2.3	2.6	2.4	3.3	2.6	3.0	2.4	6.8	44.4	2.8	2.4	55.6
AE	3.2	2.8	3.3	3.6	4.8	5.8	5.0	5.0	5.0	4.7	3.9	5.4	4.0	6.0	5.8	6.3	1.8	1.6	20.5	1.6	79.5
BR	2.7	3.3	3.3	4.4	3.6	3.4	3.4	3.4	3.3	3.1	3.3	3.6	3.5	3.8	4.0	3.6	2.6	2.5	3.5	35.6	64.4
TO	48.5	62.4	58.6	64.0	112.3	86.8	117.0	115.9	104.6	86.8	94.0	104.2	64.0	92.5	73.5	86.5	42.1	37.3	81.5	37.3	总溢出指数 78.5
NET	-25.5	-16.3	-19.0	-17.1	25.2	3.8	29.7	28.4	18.2	11.0	7.5	17.6	-10.7	8.2	-5.0	3.9	-16.1	-18.4	1.9	-27.2	

表 7-6 静态溢出指数表 (0.95 分位)

（单位：%）

	WTI	CN	JP	IN	KR	DE	US	FR	NL	IT	PT	ES	UK	RU	NO	MX	CA	SA	AE	BR	FROM
WTI	6.5	5.1	4.5	4.4	4.9	5.2	5.4	4.8	4.8	4.9	4.9	5.1	4.6	4.8	4.9	4.8	5.6	5.1	4.8	5.1	93.5
CN	4.8	7.4	4.3	4.4	4.9	5.3	5.2	4.8	4.6	4.9	4.8	5.1	4.8	4.9	4.9	4.9	5.3	4.8	4.9	4.9	92.6
JP	4.9	5.2	5.7	4.6	4.8	5.2	5.2	4.9	4.8	5.1	5.0	5.1	4.6	4.7	5.1	5.1	5.4	4.8	4.9	4.9	94.3
IN	5.2	5.5	4.4	5.4	4.8	5.3	5.4	4.8	5.0	4.8	4.9	5.2	4.7	4.9	5.0	4.9	5.2	4.7	4.9	5.0	94.6
KR	5.0	5.4	4.4	4.3	5.7	5.2	5.7	5.1	5.0	5.0	5.2	5.4	4.5	4.8	4.7	4.8	5.4	4.8	4.8	5.0	94.3
DE	4.9	5.2	4.5	4.3	4.9	6.1	5.4	4.8	4.8	5.0	5.1	5.5	4.5	4.9	5.0	5.0	5.7	4.7	4.8	4.9	93.9
US	5.0	5.2	4.3	4.3	5.2	5.2	6.2	5.2	5.1	5.0	5.2	5.4	4.5	4.8	4.7	4.9	5.4	4.8	4.8	4.7	93.8
FR	5.0	5.2	4.5	4.4	5.1	5.3	5.7	5.6	5.0	5.1	5.1	5.5	4.6	4.9	4.7	4.9	5.2	4.8	4.8	4.8	94.4
NL	5.1	5.1	4.4	4.5	4.9	5.3	5.6	4.9	5.8	5.1	5.2	5.4	4.6	4.8	4.8	5.0	5.0	4.7	4.9	4.8	94.2
IT	4.9	5.4	4.5	4.5	5.0	5.1	5.3	4.9	4.9	6.0	5.0	5.1	4.6	4.8	4.9	4.9	5.3	4.9	4.9	5.0	94.0
PT	4.9	5.2	4.4	4.4	5.1	5.2	5.5	5.0	5.0	5.3	5.8	5.2	4.5	4.9	4.7	4.9	5.3	4.7	4.9	4.8	94.2
ES	4.9	5.2	4.5	4.5	5.1	5.4	5.5	5.1	4.9	5.0	5.0	6.0	4.7	4.9	4.8	5.1	5.1	4.7	4.8	4.9	94.0
UK	5.1	5.3	4.4	4.4	4.9	5.2	5.4	4.9	4.7	4.9	4.8	5.4	5.9	4.7	4.7	5.0	5.5	4.9	5.0	4.9	94.1
RU	5.0	5.0	4.4	4.5	4.9	5.4	5.4	4.9	4.8	5.0	5.1	5.3	4.8	5.9	4.8	5.1	5.0	4.7	4.8	5.0	94.1
NO	4.8	5.4	4.4	4.5	4.9	5.4	5.4	4.8	4.8	4.9	5.0	5.3	4.6	4.7	5.9	5.1	5.4	4.8	4.9	4.9	94.1
MX	5.1	5.2	4.4	4.5	4.9	5.2	5.5	4.8	4.9	5.1	5.0	5.2	4.6	4.9	5.0	5.7	5.3	4.9	5.0	5.0	94.3
CA	5.1	5.4	4.7	4.4	4.7	5.1	5.1	4.8	4.8	4.8	4.8	5.2	4.5	4.8	4.7	4.8	7.6	4.9	4.7	4.9	92.4
SA	5.2	5.0	4.6	4.6	4.7	5.0	5.2	4.7	4.9	4.8	4.9	5.2	4.7	5.0	4.9	4.9	5.5	6.6	4.7	5.1	93.4
AE	4.9	5.2	4.4	4.6	4.8	5.2	5.4	4.7	4.9	5.2	4.8	5.1	4.6	4.9	4.9	5.1	5.4	4.9	6.0	4.9	94.0
BR	5.0	5.3	4.6	4.5	4.8	5.2	5.2	4.7	4.7	4.9	4.8	5.2	4.7	4.9	5.0	5.1	5.5	4.8	5.1	6.0	94.0
TO	94.9	99.6	84.6	84.7	93.4	99.4	102.8	92.5	92.4	94.6	94.7	99.9	87.6	92.2	92.2	94.3	101.5	91.3	92.5	93.1	总溢出指数
NET	1.3	7.0	-9.7	-9.9	-0.9	5.5	8.9	-1.9	-1.7	0.6	0.5	5.9	-6.5	-1.9	-1.9	0.1	9.1	-2.1	-1.6	-0.8	93.9

　　净溢出指数方面，原油市场在 0.5 和 0.05 分位上均为波动溢出净接收方，而在 0.95 分位上转变为波动溢出净输出方，说明在市场波动更加剧烈的时期，原油价格波动风险已成为引发金融系统性风险的重要因素之一。对于股票市场而言，在 0.5 和 0.05 分位上净溢出水平最高的前三个市场均为美国、法国和韩国股市，在 0.95 分位上净溢出水平最高的前三个市场为美国、加拿大和西班牙股市。由此可见，发达国家市场比发展中国家市场的影响力更高（Yarovaya et al.，2016）。此外，在不同分位上部分股票市场的波动溢出地位发生了改变，如中国和加拿大股票市场由 0.5 和 0.05 分位上的波动溢出净接收方转为 0.95 分位上的净输出方，韩国、法国、荷兰、阿联酋等国股市由 0.5 和 0.05 分位上的波动溢出净输出方转为 0.95 分位上的净接收方。相比之下，德国、美国、意大利、西班牙、墨西哥等国股票市场一直是波动溢出净输出方。

7.4.2　全样本溢出网络

　　基于波动溢出指数表，可以构建整个系统当中两两变量间净溢出的网络结构。参照 Diebold 和 Yilmaz（2014）的方法，可以使用图论的方式解决这个问题。图 7-1 展示了系统当中各个变量之间的连接网络结构，其中从变量 y_i 指向 y_j 的箭头表示正向净溢出，即变量 y_i 对 y_j 波动的贡献度大于 y_j 对 y_i 波动的贡献度。

　　由图 7-1 可以得到以下几点结论：第一，原油市场与股票市场之间的波动溢出网络在不同分位上具有不同的结构特征。在市场波动风险升高的上行时期，在冲击分布的右尾会出现较为明显的净配对溢出。相反，在左尾分布上的净配对溢出较弱。第二，原油市场与股票市场之间的净配对溢出效应取决于石油贸易国地位及市场状态。对于石油进口国股票市场而言，原油市场在 0.5 和 0.05 分位上均主要表现为波动溢出净接收方，而在 0.95 分位上主要扮演波动溢出净输出方的角色。相比之下，对于石油出口国股票市场而言，不论市场状况如何，原油市场均主要表现为波动溢出净输出方。这些结果与 Antonakakis 等（2017）的经验证据部分一致，他们认为石油与石油库存关系的联系可能不仅在石油进口国和石油出口国之间不同，而且在每个集团的国家之间也不同。

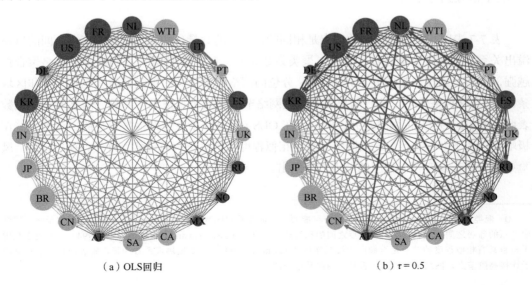

（a）OLS回归　　　　　　　　　　　　　　（b）$\tau = 0.5$

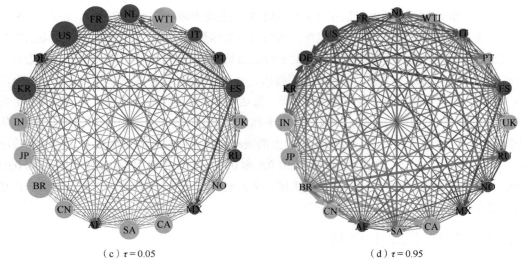

（c）$\tau=0.05$ （d）$\tau=0.95$

图 7-1　不同分位点上原油-股票系统波动溢出网络结构

每个节点的规模与每个市场的重要性成正比，每个市场是石油-股票关系中剩余市场波动溢出的发送器/接收器。节点的颜色表示一个市场是否是向所有其他市场/从所有其他市场溢出的净发送者/接收者。网络发送者为深灰色，而网络接收者为浅灰色。边缘箭头的厚度反映了净配对方向溢出的强度，因此较厚的边缘代表较强的净配对溢出

　　网络构建完成后，本节进一步分析了网络的整体特征，包括节点、边缘、全局聚类系数、平均聚类系数和网络的分类系数[①]。表 7-7 显示了这些总体指数的一些汇总统计数据。

表 7-7　网络整体特性指标

指数	OLS	LAD	0.05 分位	0.95 分位
节点	21	21	21	21
边缘	92	82	88	91
全局聚类系数	0.357	0.400	0.355	0.46
平均聚类系数	0.359	0.409	0.370	0.456
网络的分类系数	−0.221	−0.222	0.101	0.098

注：LAD 为最小绝对偏差。

　　表 7-7 表明，不同分位数的节点是相同的，边缘的数量也相似，这表明节点之间的风险溢出关系在不同的市场条件下存在。聚类系数表明，在石油-股票关系网络中，网络聚合性越强，网络分组现象越明显。其中 0.95 分位的网络代表最高的聚类系数（包括全球和区域条件），在这种条件下，这一结果表明这些网络节点的聚类特征最为明显。网络的分类系数表明 0.05 或 0.95 分位网络是并置的，而在 OLS 或 LAD 条件下网络是杂合的。这意味着在极端分位数下，石油存量连接网络中具有相似程度的节点更有可能相互连接，换句话说，风险更有可能在具有相似程度的节点之间溢出。

_____

　　[①] 聚类系数用网络中三角形关系与所有可能的三角形关系的比例来表示（Wu et al., 2021）。它反映了网络中节点的邻居之间的互联程度，即节点之间的相互认识程度（Wasserman and Galaskiewicz，1994）。分类系数用于检查具有相似程度的节点是否倾向于彼此连接（Newman，2002）。如果协调系数为正，则表明高阶节点倾向于连接高阶节点，网络是并置的；否则，网络是杂合的。

7.5　极端风险溢出效应动态分析

7.5.1　动态总溢出效应

全样本分析的波动溢出表（表 7-3～表 7-5）从静态上显示了不同分位上原油市场与股票市场之间的波动溢出效应，让我们对整个样本期内跨市场之间的波动信息传递有了一个初步的把握，但这种静态分析无法揭示溢出关系的动态演变。因此，将滚动窗口分析方法和分位溢出指数方法相结合，使用 200 天的滚动窗口研究不同分位上原油市场与股票市场之间波动溢出效应的动态演变机制。图 7-2 描绘了总波动溢出指数在基于 OLS 估计结果以及 0.5、0.05 和 0.95 分位上的动态变化。

图 7-2（a）展示了基于均值和中位数（0.5 分位）估计的总波动溢出指数的动态变化，展示了两种不同类型度量方式下的平均溢出水平。图 7-2（b）描绘了 0.05 分位上的总波动溢出指数，体现了左尾溢出的程度。相应地，图 7-2（c）捕捉了 0.95 分位上的总波动溢出指数，以衡量右尾溢出的程度。从图 7-2（a）和图 7-2（b）可以看出，基于 OLS 估计的总波动溢出指数和 0.5 分位及 0.05 分位上的总波动溢出指数动态变化模式相近，但 0.5 分位上的总波动溢出指数的变化走势介于基于 OLS 估计和 0.05 分位上总波动溢出指数之间。可能

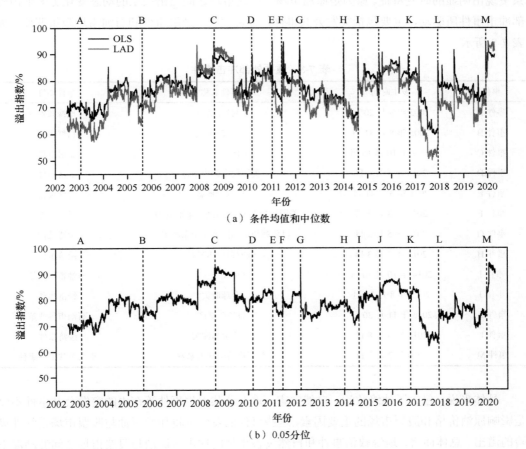

（a）条件均值和中位数

（b）0.05 分位

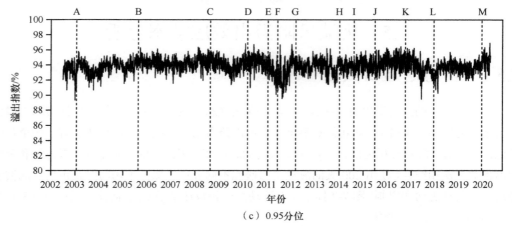

（c）0.95分位

图 7-2 不同分位点上动态总波动溢出指数

的解释在于，极端风险溢出往往发生在冲击分布的尾部，但在一般市场状态下跨市场风险溢出水平较低一些。

从图 7-2（a）和图 7-2（b）可以看出，原油市场与全球股票市场之间的总波动溢出指数在 50%～95% 范围内变化，表明原油-股票系统存在显著的波动溢出效应，并且这种溢出关系呈现出明显的时变特征。原因是原油市场与股票市场之间溢出关系的动态变化更多地由外部冲击事件所驱动，主要包括突发公共事件、金融危机、经济事件和石油市场政策变化，如表 7-8 所示。

表 7-8 重要外部冲击事件

事件	发生时间	事件名称	事件属性
事件 A	2003 年 3 月 20 日	伊拉克战争	地缘政治
事件 B	2005 年 8 月 31 日	大西洋飓风	自然灾害
事件 C	2008 年 10 月 15 日	美国股市暴跌	金融危机
事件 D	2010 年 5 月 6 日	美国股市闪电崩盘	经济事件
事件 E	2011 年 3 月 11 日	日本大地震	自然灾害
事件 F	2011 年 8 月 5 日	美国历史上失去 AAA 主权信用评级	经济事件
事件 G	2012 年 5 月 5 日	以色列和伊朗冲突（中东冲突）	地缘政治
事件 H	2014 年 3 月 3 日	俄罗斯股市暴跌	经济事件
事件 I	2014 年 10 月 10 日	OPEC 增产	石油市场政策
事件 J	2015 年 8 月 24 日	全球股灾	经济事件
事件 K	2016 年 11 月 30 日	OPEC 减产	石油市场政策
事件 L	2018 年 3 月 8 日	中美贸易冲突	经济事件
事件 M	2020 年 2 月 5 日	新冠疫情全球大暴发	重大公共卫生事件

具体来说，包含了地缘政治、自然灾害、重大公共卫生事件等在内的突发公共事件不仅是影响原油价格和股票市场的重要因素，这些事件的发生也将加剧原油与股票市场系统性风险的溢出。总体而言，地缘政治事件和自然灾害事件的冲击对原油与股票市场之间波动溢出

影响的持续时间相对较短。比如，2003 年 3 月伊拉克战争、2012 年 5 月中东冲突局势升级、2005 年 8 月大西洋强烈飓风、2011 年 3 月日本突发 9.0 级大地震，这些突发事件导致原油与股票市场总波动溢出指数局部升高，此研究结论与 Ferrer 等（2018）和 Boldanov 等（2016）的研究相一致。然而，重大公共卫生事件往往会对一国乃至全球经济运行体系造成严重冲击，引发金融市场大幅震荡，使得跨市场风险溢出效应急剧上升。2020 年初新冠疫情全球大流行时期，原油市场与股票市场出现风险共振，导致总波动溢出指数从 70% 的水平快速上升至 90% 的高位并且呈高位震荡态势。

当全球金融危机发生后，原油与股票市场之间的风险溢出水平显著升高。特别是，在雷曼兄弟公司宣布破产一个月后，2008 年 10 月 15 日美国标普 500 指数暴跌了 9%，创下 1987 年 10 月以来的单日最大跌幅，引爆了全球性股灾，导致原油与股票市场之间的总波动溢出指数达到 95% 的峰值。其背后的原因可能在于，在全球金融危机期间，面对市场普遍存在的恐惧和不确定性，人们对于任何新的信息都会更加谨慎审查和处理，从而产生更大的风险溢出（Wang X and Wang Y，2019）。因此，波动溢出效应的测度将有助于理解危机发生前后原油与股票市场之间风险关联的动态演变规律。

尽管在金融危机过后全球经济逐步进入复苏时期，国际原油与股票市场的不确定性减弱，导致总波动溢出指数开始呈现下降与徘徊趋势。然而，值得注意的是，随着原油金融化加深及全球经济金融一体化进程加快，原油与股票市场之间的风险溢出仍处于易发阶段，一些突发经济事件及石油市场政策变化将推动跨市场风险关联水平的升高。比如，原油与股票市场之间的波动溢出的动态变化与"美国股市闪电崩盘""美国首次失去 AAA 主权信用评级""俄罗斯股市暴跌""中国股市暴跌引发全球股灾""中美贸易冲突"等经济事件紧密相关。此外，OPEC 增产和减产等石油市场政策改变了原油市场的供需关系，原油市场步入寻求新的平衡的阶段，原油市场波动性大幅增加，从而加剧了原油与股票市场之间的风险溢出。

图 7-2（c）展示了 0.95 分位上原油与股票市场波动溢出效应及动态变化。可以看出，总波动溢出指数一直呈现高位震荡态势，再次验证了原油与股票市场在波动上行时期极易发生风险传染。同时，在外部事件发生时期也对应着右尾溢出指数升高。总之，以上结果均表明：在极端风险事件下，原油市场与股票市场的尾部风险溢出效应将更为显著。这些发现补充了 Zhang（2017）和 Antonakakis 等（2017）的研究，表明石油与股票关系的溢出效应在不同时期与不同市场条件下均有所不同。这与 Wen 等（2019）的观点一致。他们认为，0.05 和 0.95 分位溢出的不对称证据可以用油价变化对实体经济的不对称影响来解释。Mork（1989）和 Hamilton（2011）证明，油价上涨对经济的影响比油价下跌更大。

7.5.2　动态方向性溢出效应

方向性溢出指数方面，图 7-3 分别展示了原油市场对股票市场的动态溢出效应（溢出）、股票市场对原油市场的动态溢出效应（溢入）、原油市场的动态净溢出效应（净溢出）。通过对比图 7-3（a）～（d），可以得到以下几点结论：第一，基于 OLS 和 LAD 估计的溢出指数和 0.05 分位上的溢出指数走势接近，跟前面总波动溢出指数的估计结果相吻合。第二，在

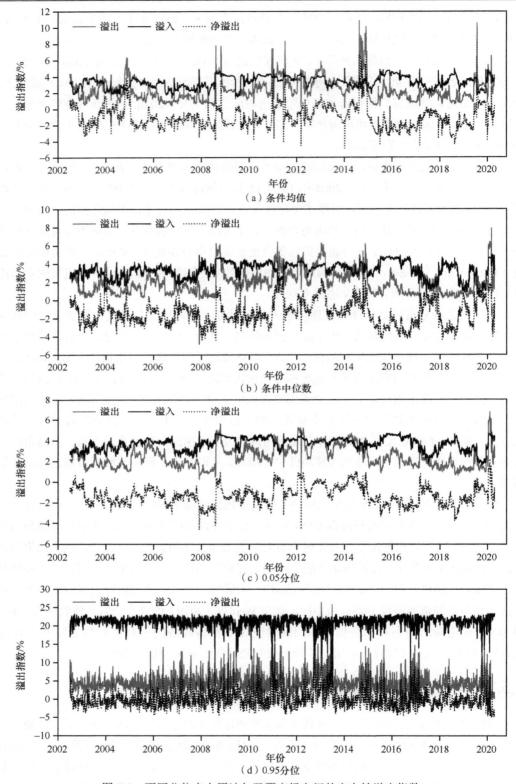

图 7-3　不同分位点上原油与股票市场之间的方向性溢出指数

正常状态（0.5 分位）和市场波动下行（0.05 分位）的大部分时期，原油市场对股票市场的溢出水平低于股票市场对原油市场的溢出水平，导致原油市场在整个样本期的大部分时间内表现为波动溢出净接收方。但是，在受一些外部冲击事件推动油价剧烈波动的时期，原油市场波动对股票市场的溢出能力显著提升。具体来说，在 2008 年底至 2009 年初金融危机时期、2011 年初至 2012 年初受中东地缘冲突事件的影响油价剧烈波动时期、2014 年下半年原油市场供需失衡导致油价暴跌时期，以及 2020 年初新冠疫情暴发伴随着油价暴跌时期，原油市场均转变为波动溢出净输出方。这些发现验证了 Zhang（2017）的观点，该研究发现强烈的油价冲击对股票市场的影响程度更高。第三，原油市场的净溢出效应也呈现出明显的非对称性，即原油市场在 0.05 分位上主要表现为波动溢出净接收方，而在 0.95 分位上主要表现为波动溢出净输出方，再次表明原油市场在波动上行时期对股票市场的风险溢出能力更强。

7.5.3　动态净配对溢出效应

从图 7-4 可以看出，原油市场与股票市场之间的净配对溢出关系具有明显的周期性特征，大致可以分为三个周期。在全球金融危机发生之前的油价大幅上涨时期（2002 年 8 月至 2008 年 10 月）和石油价格暴跌之后寻求新平衡的油价低位运行时期（2014 年 11 月至 2020 年 6 月），不论市场处于何种状态，原油市场基本表现为股票市场波动溢出的净接收方。其中，在 0.95 分位上，石油出口国股票市场对原油市场的净溢出程度更高。

但在金融危机过后的油价高位运行时期（2008 年 11 月至 2014 年 10 月），原油与股票市场之间的风险溢出关系出现了明显的变化。具体而言，当市场处于正常状态（0.5 分位）和波动下行时期（0.05 分位）时，虽然对于大多数股票市场而言，原油市场表现为波动溢出净接收方，但对于一些石油进口国中的中国、日本和印度股市，以及石油出口国中的加拿大、沙特阿拉伯和巴西股市，原油市场转变为波动溢出净输出方。值得注意的是，当市场处于波动上行时期（0.95 分位）时，除中国市场外，原油市场对于其他所有股票市场而言均表现为波动溢出净输出方。可能的原因在于：一方面，金融危机发生后，中国迅速推出"四万亿"救市计划等政策，带动经济发展进入复苏阶段，相比于其他国家而言，对原油等大宗商品的需求更加突出；另一方面，危机发生过后，国际油价主要由需求冲击所驱动（Kilian and Murphy，2014），而中国作为石油进口大国，中国股市乃至整个金融市场的极端波动对国际原油市场具有明显的外溢效应。事实上，这些结果与之前的研究一致，表明商业周期波动与石油和股票市场密切相关（Saeed et al.，2021），其表明，宏观经济条件对能源和股票市场之间的溢出效应有重要影响，并且这种影响在不同的分位数之间是异质的。

总的来说，从这项研究的发现中收集到的新见解更好地解释了原油和全球股市之间的极端波动的溢出效应。它们提供了相对于均值和中位数的尾部波动溢出效应的不对称性和异质性的证据，尤其是在市场波动增加的上行期很容易发生传染。这些结果可以通过结合分位数模型和 Diebold 和 Yilmaz（2009，2012）的溢出指数方法来揭示石油与股票市场关系中的尾部风险关联，能够补充以往关于石油与股票关系的相关研究文献（Awartani et al.，2016；Zhang，2017；Antonakakis et al.，2017；Xu and Gao，2019；Zhang and Ma，2019；Cui et al.，2021；Mensi et al.，2022）。

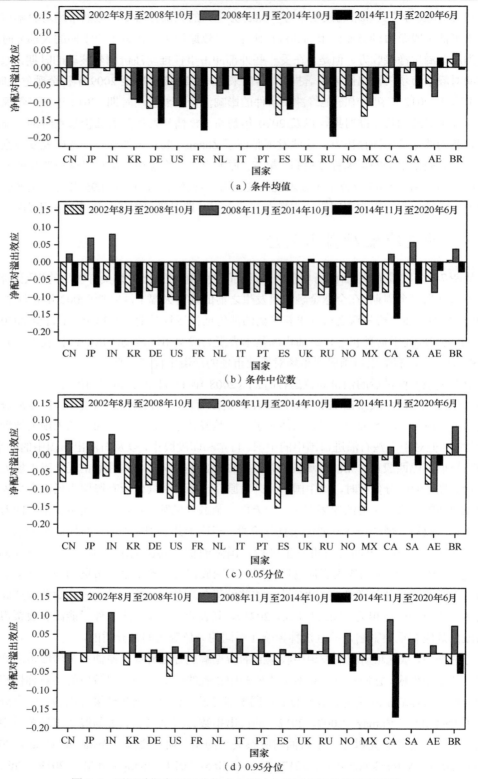

图7-4 不同时期在不同分位点上原油与股票市场的净配对溢出

7.6　稳健性检验

为确保本章研究结果的可靠性，我们采用两种设定对前面计算得到的分位溢出指数进行稳健性检验。第一，为了排除极端分位点的随机选择情况，本章以总波动溢出指数为例，分别估计了其他市场波动下行（0.01 分位和 0.1 分位）和上行（0.9 分位和 0.99 分位）情况对应分位点上的风险溢出效应，见图 7-5。可以看出，这些结果分别与 0.05 分位和 0.95 分位估计得到的总波动溢出指数的大致走势在样本期内均十分接近，说明本章计算的分位溢出指数结果对极端分位选择是稳健的。

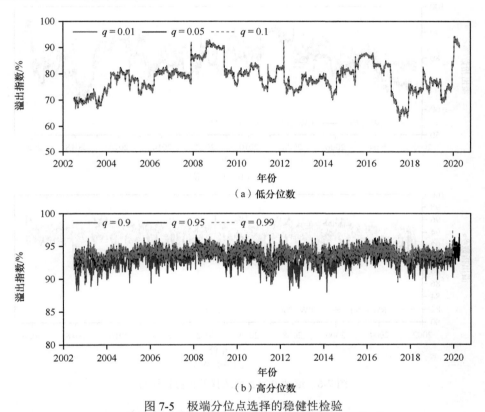

图 7-5　极端分位点选择的稳健性检验

第二，为检验本章的分位溢出效应结果对于滚动窗口长度选取的敏感性，本章选取不同的滚动窗口长度（150 天、200 天和 250 天，用变量 RW 表示）进行稳健性检验，见图 7-6。结果表明，在不同的滚动窗口长度的设置下，所刻画的总溢出指数的整体走势是基本一致的，说明分位溢出指数的分析结果对于滚动窗口长度的选取并不敏感，进一步证实了本章研究结果所具有的稳健性。上述对于极端分位点和滚动窗口长度的设定同样在其他溢出指数的分析中具有稳健性。

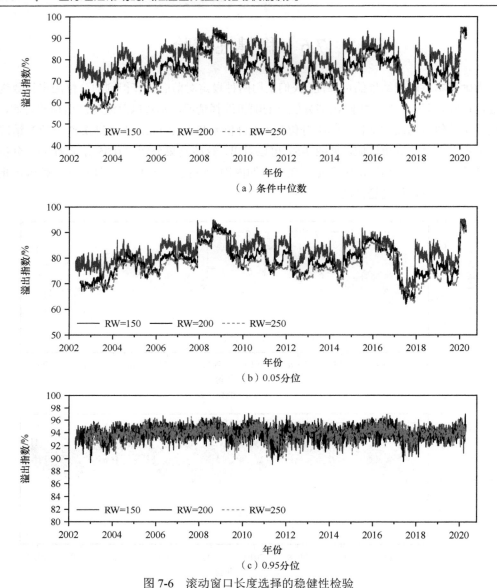

（a）条件中位数

（b）0.05分位

（c）0.95分位

图 7-6　滚动窗口长度选择的稳健性检验

7.7　风险管理和投资组合启示

　　前面的研究结果使读者更好地了解了不同市场条件下石油-股票关系的波动溢出，这有助于风险管理和投资组合多元化（Kang et al.，2017a；Batten et al.，2019a；Mensi et al.，2021）。为了给投资组合管理带来更多的实践启示，本节进一步展示投资者如何从两个资产市场之间的多元化投资组合中获得潜在收益（Liu et al.，2019；Kang et al.，2021）。在投资组合管理中，可以通过考虑以下两个重要指标来减少固有的不确定性：①最佳投资组合权重；②对冲比率。本节对这些指标进行了估计，并使用净定向波动溢出的溢出信息（净接收方和净输出方）为资产配置和风险管理提供了一些经济启示。

假设投资者持有资产 i，并希望在不降低预期回报的情况下对冲资产 j 价格变化的不利影响。根据 Kroner 和 Ng（1998）的研究，投资组合权重表示为

$$w_{ij,t} = \frac{h_{jj,t} - h_{ij,t}}{h_{ii,t} - 2h_{ij,t} + h_{jj,t}} \tag{7-15}$$

$$w_{ij,t} = \begin{cases} 0, & w_{ij,t} < 0 \\ w_{ij,t}, & 0 \leqslant w_{ij,t} \leqslant 1 \\ 1, & w_{ij,t} > 1 \end{cases} \tag{7-16}$$

其中，$w_{ij,t}$ 为在时间 t 时两个资产持有的 1 美元投资组合中第一个资产的权重；$h_{ii,t}$ 和 $h_{jj,t}$ 分别为资产 i 和 j 的条件方差；$h_{ij,t}$ 为资产 i 和 j 的收益之间的条件协方差。因此，所考虑的投资组合中第二个资产的最优权重为 $1-w_{ij,t}$。

依据 Kroner 和 Sultan（1993）对对冲比率的研究，假设为了最大限度地降低投资组合的风险，投资者应该做空投资组合中 B 美元的第二个资产（资产 j），即做多投资组合中 1 美元的第一资产（资产 i），其中"风险最小化对冲比率" $B_{ij,t}$ 表示为

$$B_{ij,t} = \frac{h_{ij,t}}{h_{jj,t}} \tag{7-17}$$

如 7.6 节所述，WTI、巴西和印度股市分别在 0.5 分位、0.05 分位和 0.95 分位时是溢出效应的最大净接收方。假设投资经理需要量化最优权重和对冲比率，以建立具有上述三个市场的良好多元化投资组合。表 7-9 显示了三组石油-股票投资组合在不同分位数下的最优权重 $w_{ij,t}$ 和对冲比率 $B_{ij,t}$ 的平均值。

表 7-9　交易策略的结果

面板 A：0.5 分位			面板 B：0.05 分位			面板 C：0.95 分位		
投资组合	权重	对冲比率	投资组合	权重	对冲比率	投资组合	权重	对冲比率
CN/WTI	0.7332	0.0732	WTI/BR	0.2925	0.1765	WTI/IN	0.2045	0.2848
JP/WTI	0.7826	0.0825	CN/BR	0.5081	0.2638	CN/IN	0.3724	0.7136
IN/WTI	0.7955	0.0750	JP/BR	0.5722	0.2012	JP/IN	0.4649	0.4726
KR/WTI	0.7854	0.1231	IN/BR	0.6130	0.2381	KR/IN	0.4358	0.3910
DE/WTI	0.8849	0.1138	KR/BR	0.5518	0.1364	DE/IN	0.5629	0.2151
US/WTI	0.7968	0.1413	DE/BR	0.6707	0.0713	US/IN	0.4564	0.3782
FR/WTI	0.8339	0.1240	US/BR	0.5652	0.1363	FR/IN	0.5091	0.3565
NL/WTI	0.7444	0.1603	FR/BR	0.6053	0.1245	NL/IN	0.4108	0.3646
IT/WTI	0.8374	0.1003	NL/BR	0.5179	0.1408	IT/IN	0.5554	0.2915
PT/WTI	0.7591	0.1322	IT/BR	0.6398	0.1172	PT/IN	0.4348	0.3427
ES/WTI	0.8883	0.1274	PT/BR	0.5391	0.1166	ES/IN	0.5986	0.3121
UK/WTI	0.6377	0.2464	ES/BR	0.6685	0.1207	UK/IN	0.2263	0.5627
RU/WTI	0.8590	0.1928	UK/BR	0.3628	0.2414	RU/IN	0.4751	0.4219

续表

面板 A：0.5 分位			面板 B：0.05 分位			面板 C：0.95 分位		
投资组合	权重	对冲比率	投资组合	权重	对冲比率	投资组合	权重	对冲比率
NO/WTI	0.8475	0.1052	RU/BR	0.5840	0.1531	NO/IN	0.5195	0.2786
MX/WTI	0.9000	0.2306	NO/BR	0.6275	0.1212	MX/IN	0.5017	0.3401
CA/WTI	0.7443	0.0492	MX/BR	0.6060	0.1404	CA/IN	0.4470	0.1760
SA/WTI	0.8121	0.0400	CA/BR	0.5460	0.1030	SA/IN	0.6544	0.1256
AE/WTI	0.5444	0.2845	SA/BR	0.6485	0.1004	AE/IN	0.1758	0.5598
BR/WTI	0.7076	0.0656	AE/BR	0.3049	0.2654	BR/IN	0.3870	0.3610

注：面板 A、B 和 C 显示了三种可能的交易策略的最优权重和对冲比率，这取决于作为溢出接收方的空头资产的性质。

如表 7-9 所示，在 0.5 分位处的大多数股票/石油投资组合需要比在 0.05 和 0.95 分位处更高的最优权重值。例如，沙特阿拉伯股市和 WTI 的最优权重为 0.8121。这意味着，愿意投资 1 美元的投资者在沙特阿拉伯股市的最佳持股量应为 81.21 美分，在 WTI 期货市场的最优持股量为 18.79 美分。相反，可以观察到阿联酋-印度股市投资组合在 0.95 分位的最低平均最优权重为 0.1758。这些结果表明，应分别投资 17.58% 和 82.42% 于阿联酋股市和印度股市。

对于对冲比率的平均值，大多数石油-股票投资组合对在 0.5 和 0.05 分位的对冲比率相似，但低于 0.95 分位的对冲比率。例如，0.5 分位的石油股票投资组合对的对冲比率范围为最大 0.2845（AE/WTI）到最小 0.0400（SA/WTI）。这些普遍较低的对冲比率表明，石油与股票关系风险的有效对冲涉及在 WTI 期货市场上建立空头头寸。具体而言，观察到 AE/WTI 对的平均对冲比率最高（价格最高的对冲），为 0.2845。该值表明，在阿联酋股市持有 1 美元多头头寸的投资者将在 WTI 石油市场卖空 28.45 美分。相比之下，最低的平均对冲比率为 0.0400（SA/WTI），这意味着在沙特阿拉伯股市对冲 1 美元的多头头寸需要在 WTI 石油市场对冲 4.00 美分的空头头寸。

图 7-7 绘制了不同分位数的石油-股票关系中对冲比率随时间变化的动态图（不包括印度和巴西）。在整个样本期的所有子图中都观察到了相当大的时变性，这意味着投资者需要经常根据市场条件调整对冲头寸。更重要的是，在动荡时期，所有对冲比率都呈现上升模式，这表明当发生重大冲击事件时，投资者必须支付更多的对冲成本，以最大限度地降低其石油股票投资组合的风险。此外，石油-股票投资组合在 0.5 和 0.05 分位的套期保值率低于其对应对在 0.95 分位的套期保值率。这与 Kang 等（2017a，2019）的研究一致，其认为对冲策略取决于市场条件，在金融动荡期间，对冲比率具有更高的价值。

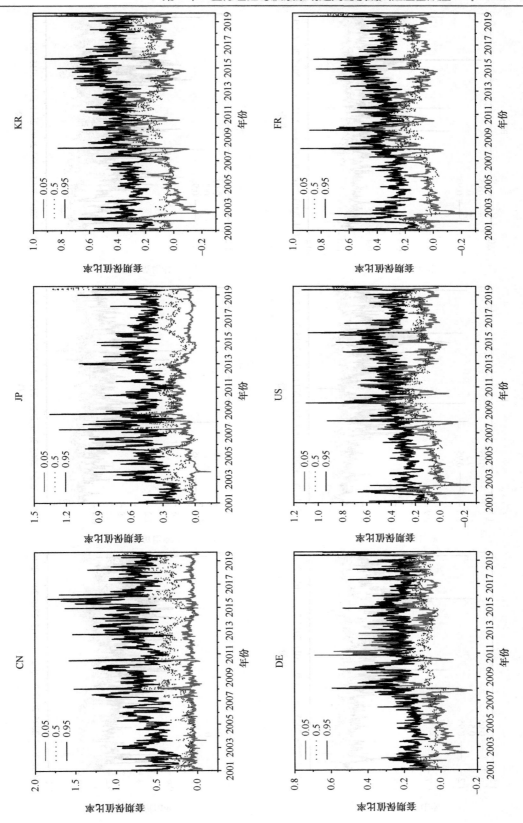

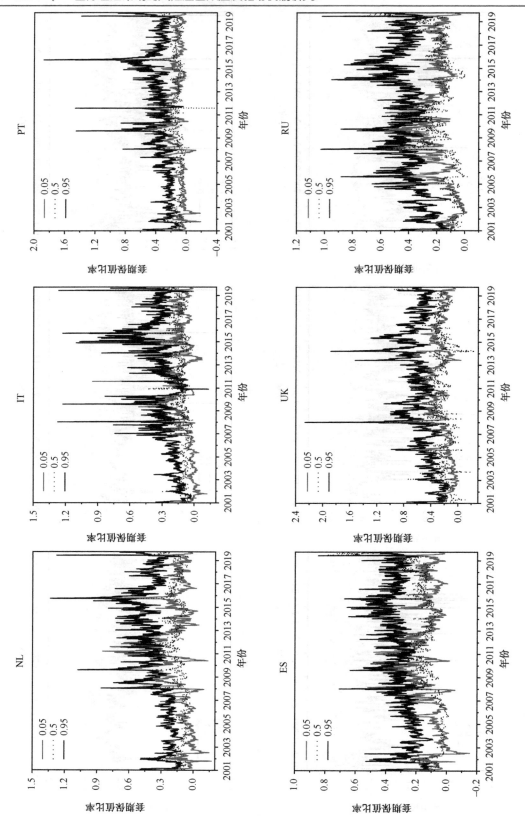

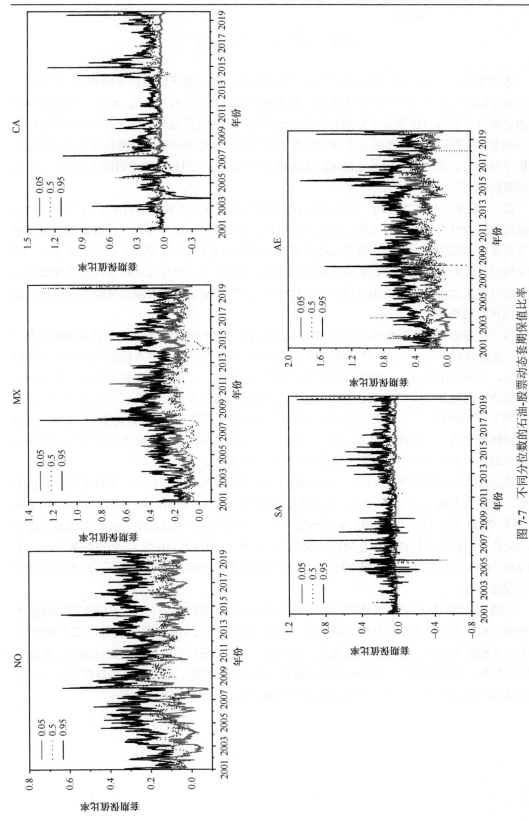

图 7-7　不同分位数的石油-股票动态套期保值比率

7.8 本 章 小 结

本章采用新颖的分位溢出指数方法，立足于全球视角，对国际原油市场和 12 个石油进口国股市以及 7 个石油出口国股市之间的极端风险溢出效应进行了研究。结合关联网络分析和历史事件分析等方法揭示了原油与股票市场系统内极端风险溢出的传递路径、网络结构及动态演变，从而识别了各市场在原油与股市系统极端风险传染网络中的源头及作用，并对比分析了原油与股票市场之间的尾部风险关联机制在石油进口国和石油出口国之间的差异。本章研究的主要结论如下。

第一，在整个样本期间内，原油市场与股票市场间存在显著的极端风险溢出效应。首先，风险溢出效应具有明显的时变性，突发公共事件、金融危机、经济事件、石油市场政策等冲击事件是驱动原油与股市极端波动溢出关系动态变化的重要动因。其次，在正常市态下，股票市场是风险的主要输出方，原油市场是风险的主要接收方，但极端风险事件会造成原油市场与股票市场体系内风险溢出效应的结构性反转，表明原油价格极端波动风险成为引发金融系统性风险的重要因素之一。

第二，原油市场与股票市场的极端风险溢出效应在不同市态下具有异质性和非对称性。首先，就整体溢出水平而言，在极端风险事件的冲击下，原油与股票市场的尾部风险关联程度更高，特别是在波动上行时期极易发生风险传染。其次，方向性溢出指数方面，原油市场对股票市场的尾部风险溢出能力更强。再次，净溢出指数分析显示，在正常市态（0.5 分位）和波动下行（0.05 分位）时期，原油市场均为波动溢出净接收方，而在波动上行（0.95 分位）时期则转变为波动溢出净输出方。最后，溢出网络结构方面，在冲击分布的右尾存在明显的净配对溢出效应，而在左尾分布上的净配对溢出效应较弱。

第三，原油市场与股票市场之间的净配对溢出关系具有周期性特征，大致可以分为三个周期。在油价大幅上涨时期（2002 年 8 月至 2008 年 10 月）和油价低位运行时期（2014 年 11 月至 2020 年 6 月），不论市场处于何种状态，原油市场基本都表现为股票市场波动溢出的净接收方。但在油价高位运行期间（2008 年 11 月至 2014 年 10 月），当市场处于波动上行时期（0.95 分位）时，除中国市场外，原油市场对于其他所有股票市场而言均表现为波动溢出净输出方。

第四，原油市场与股票市场的风险溢出效应跟石油贸易国地位有关。石油进口国股票市场方面，原油市场在 0.5 分位和 0.05 分位上均主要表现为波动溢出净接收方，而在 0.95 分位上主要扮演波动溢出净输出方的角色。相比之下，对于石油出口国股票市场而言，不论市场状况如何，原油市场均主要表现为波动溢出净输出方。同时，石油进口国股票市场对于原油市场的"接收"和"输出"风险溢出效应普遍高于石油出口国股票市场。

第8章 国际石油与股票市场间的信息溢出效应：基于投资者情绪视角

在测算石油市场内部和外部风险溢出效应的基础上，进一步剖析石油市场风险溢出效应的传递渠道和驱动机制对于深化理解和防范石油市场风险具有重要的意义。关于石油与股票市场之间的联动关系，国内外学者主要从信息渠道的视角进行解释，认为市场的联动主要在于经济基本面的相互关联。但是这种联系已经超越了经济基本面的联系，部分学者认为存在"过度相关"和"市场传染"现象。与传统的金融投资理论不同，市场传染理论认为投资者在进行投资时并非完全处于理性，而是很容易受到其他投资者的影响。在市场传染假说背景下，当石油市场（股票）处于经济政策环境不稳定时，投资者的恐慌情绪会即时传染至股票（石油）市场，从而引起股票（石油）市场发生波动。基于此，本章从投资者情绪的角度出发，研究了国际原油价格与中国股票市场之间的相关关系，为石油金融领域的相关研究提供了新的理论视角。

8.1 问题的提出

石油向来被誉为"工业的血液"，作为工业生产的上游原材料，一直发挥着不可替代的作用，为满足巨大的石油消费需求，世界典型国家大量进口原油，如 2015 年美国原油进口量为 3.66 亿吨、中国原油进口量为 3.36 亿吨、印度原油进口量为 1.95 亿吨、日本原油进口量为 1.68 亿吨等，石油价格波动关系到一个国家的经济发展、社会稳定和人民生活。鉴于石油在经济发展中的重要地位，越来越多的国内外学者对国际原油价格进行研究。目前，对国际原油价格的分析主要基于两个视角：一是将石油价格作为因变量，探究供求因素、政治因素、期货市场等自变量对石油价格产生的影响；二是将石油价格作为自变量，探究其对 GDP、CPI、生产价格指数（PPI）以及通货膨胀等宏观经济变量的影响。作为宏观经济的晴雨表，股票市场也会受到国际原油价格波动的影响。投资者情绪作为投资者决策的重要影响因素，能够对股票市场出现的诸多问题进行有效解释，而这些问题运用传统经济学理论难以解答，因此受到很多学者的关注。国际原油价格波动与股票市场之间以及股票市场与投资者情绪之间均存在较强的相关关系，那么，国际原油价格波动与股票市场投资者情绪之间是否也存在相关关系？

目前，国际上关于投资者情绪的文献主要集中于研究投资者情绪对股票市场波动、收益和预测的影响，关于国际原油价格波动与股票市场关系的文献主要探究了国际原油价格波动对股票市场收益的影响和溢出效应，如表 8-1 所示。而从投资者情绪视角讨论国际原油价格波动对股票市场传染效应的文献十分匮乏，本章研究具有一定的原创性。

表 8-1　关于投资者情绪和国际原油价格波动与股票市场相关关系的研究文献

项目		具体文献
投资者情绪相关研究文献	投资者情绪对股票市场收益的影响	Corredor 等（2013）； Ni 等（2015）； He 和 Casey（2015）； Frugier（2016）
	投资者情绪对股票市场收益的预测	Vozlyublennaia（2014）； Kim 等（2014）； Aissia（2016）
	投资者情绪对股票市场波动的影响	Kumari 和 Mahakud（2015）
	投资者情绪与不同类型股票市场之间的关系	Baker 和 Wurgler（2007）； Kadilli（2015）； Liston（2016）
国际原油价格波动与股票市场相关关系研究文献	国际原油价格波动对股票市场收益的影响	Zhang 和 Wei（2011）； Awartani 和 Maghyereh（2013）； Bouri 等（2016）； Ahmadi 等（2016）； Diaz 等（2016）； Nejad 等（2016）
	国际原油价格波动对股票市场收益的溢出效应	Chang 等（2013）； Broadstock 和 Filis（2014）； Kang（2015a）； Du 和 He（2015）； Khalfaoui 等（2015）； Ewing 和 Malik（2016）； Liu 等（2017b）
	国际原油价格与股票市场之间的相互依赖或传染关系	Wen 等（2012）； Zhu 等（2014）； Chen 等（2015）

　　石油作为工业生产的原材料，会对石油相关的下游产业经营产生深远影响。石油不仅具有资源属性，而且随着石油期货市场的日臻完善和石油衍生工具的运用，石油的金融属性日益凸显，石油价格的波动对实体经济和虚拟经济都会产生影响。本章以中国市场为例，选取国际原油价格波动为自变量，股票市场投资者情绪为因变量，将探究国际原油价格波动对中国股票市场投资者情绪的影响，希望能够为中国和世界其他国家及地区防范金融传染风险及制定股票市场调控政策提供积极的借鉴。可能在以下方面有一定的创新之处：目前国内外的相关研究主要围绕国际原油价格对股票市场波动和收益的影响，本章从投资者情绪的视角出发，探究了国际原油价格与中国股票市场投资者情绪之间的相关关系，突破了以往研究的视角；本章通过测度国际原油价格对中国股票市场投资者情绪的长期、短期传染效力和传染时

滞，从而揭示了国际原油价格对中国股票市场投资者情绪的传染效应。

8.2　研　究　方　法

8.2.1　主成分分析法

主成分分析是指将多指标转化为少数并且互无关系的综合指标的统计方法，综合指标是由原来多个变量经过线性组合后得到的新的变量，能够反映原来多个变量的信息。

主成分分析方法的一般模型可用式（8-1）表示，即

$$
\left.
\begin{array}{l}
F_1 = a_{11}X_1 + a_{12}X_2 + a_{13}X_3 + \cdots + a_{1m}X_m \\
F_2 = a_{21}X_1 + a_{22}X_2 + a_{23}X_3 + \cdots + a_{2m}X_m \\
\qquad\qquad\qquad \cdots\cdots \\
F_m = a_{m1}X_1 + a_{m2}X_2 + a_{m3}X_3 + \cdots + a_{mm}X_m \\
Y = \dfrac{\lambda_1}{\sum\limits_{i=1}^{m}\lambda_i}F_1 + \dfrac{\lambda_2}{\sum\limits_{i=1}^{m}\lambda_i}F_2 + \dfrac{\lambda_3}{\sum\limits_{i=1}^{m}\lambda_i}F_3 + \cdots + \dfrac{\lambda_k}{\sum\limits_{i=1}^{m}\lambda_i}F_k
\end{array}
\right\}
\tag{8-1}
$$

其中，$X_1, X_2, \cdots, X_m$ 为实测变量；$F_1, F_2, \cdots, F_m$ 为主成分；$a_{ij}(i=1, 2, \cdots, m; j=1, 2, \cdots, m)$为因子载荷；$Y$ 为预测分值，表示第 i 个主成分的贡献率；$\dfrac{\lambda_i}{\sum\limits_{i=1}^{m}\lambda_i}F_i$ 为选取的第 i 个主成分；k

为选择主成分的贡献率。

8.2.2　SVAR 模型

改进后的 SVAR 模型通过施加约束条件，可以较好地解决 VAR 模型不能解决的问题。因此，就已有的 VAR 模型，进一步构建 SVAR 模型，结合本章的研究内容，首先需要构造一个包含国际原油价格和股票市场投资者情绪的 VAR 模型：

$$
Y_t = \alpha + \sum_{i=1}^{n}\beta_i Y_{t-i} + e_t
\tag{8-2}
$$

其中，n 为滞后阶数；Y_t 为一个包含 LBrent（布伦特原油价格对数）和 SMISr$_t$（中国股票市场投资者情绪指数）的列向量；α 为常数项矩阵；e_t 为整个模型的残差项，用来反映不同向量相互冲击的影响效应；β_i 为系数矩阵。本章只考虑市场环境下国际原油价格波动对股票市场投资者情绪的影响，由式（8-2）进一步施加约束条件，构建 SVAR 模型：

$$
A_0 Y_t = A_0 \alpha + \sum_{i=1}^{n}A_i\beta_i Y_{t-i} + u_t
\tag{8-3}
$$

其中，A_0 为系数矩阵；u_t 为白噪声序列，用来衡量国际原油价格波动对股票市场投资者情绪的影响，且它的协方差矩阵为单位矩阵，$u_t = A_0 e_t$，且有

$$
e_t = \begin{pmatrix} e_t^{\text{brent}} \\ e_t^{\text{smis}} \end{pmatrix} = \begin{bmatrix} a_{11} & 0 \\ a_{21} & a_{22} \end{bmatrix}\begin{pmatrix} u_t^{\text{brent}} \\ u_t^{\text{smis}} \end{pmatrix}
\tag{8-4}
$$

式中，u_t^{brent} 和 u_t^{smis} 分别为国际原油价格和股票市场投资者情绪所带来的冲击效应；e_t^{brent}、e_t^{smis} 为油价冲击与投资者情绪冲击的结构冲击变量。由于股票市场投资者情绪难以根据短期国际原油价格的变化作出及时的调整，假定股票市场投资者情绪不会对当期国际原油价格的改变作出反应，故 $a_{12}=0$。

8.2.3 脉冲响应函数

脉冲响应函数是指系统对某一变量的一个冲击所作出的反应。VAR 模型如果可逆，则可以表示为一个向量移动平均（VMA）模型，即

$$Y_t = C + \sum_{s=0}^{\infty} \psi_s \varepsilon_{t-s} \tag{8-5}$$

其中，ψ_s 为系数矩阵；C 为常数项；ε_{t-s} 为误差向量。对于 SVAR 模型的脉冲响应函数来说，首先需要解决 VAR 模型脉冲响应函数非正交化问题。由式（8-5）可得到如下正交的脉冲响应函数：

$$d_{ij}^{(q)} = \frac{\partial Y_{i,t+q}}{\partial u_{jt}} \tag{8-6}$$

式（8-6）中，$d_{ij}^{(q)}$ 反映了在 t 时刻，第 j 个变量的扰动项每增加一个单位，其他变量扰动项不变，并且其他时期的扰动项均为常数的情况下 $Y_{i,t+q}$[在 t 时刻 q 阶滞后的 i 变量（不等于 j）的脉冲响应值]对 u_{jt}（t 时刻 j 变量所带来的冲击效应）的一个结构冲击所作出的反应。

8.2.4 动态方差分解

方差分解是通过分析每一个结构冲击对内生变量变化（通常用方差来度量）的贡献度，进一步评价不同结构冲击的重要性。因此，方差分解给出对 VAR 模型中的变量产生影响的每个随机扰动的相对重要性的信息。

其模型如下：

$$y_{it} = \sum_{j=1}^{k} \left(a_{ij}^{(0)} \varepsilon_{jt} + a_{ij}^{(1)} \varepsilon_{jt-1} + a_{ij}^{(2)} \varepsilon_{jt-2} + a_{ij}^{(3)} \varepsilon_{jt-3} + \cdots \right) \tag{8-7}$$

其中，括号中的内容是第 j 个扰动项 ε_{jt} 从无限过去到现在时点对 y_{it} 影响的总和。求其方差，假定 ε_j 无序列相关，则有

$$E\left[a_{ij}^{(0)} \varepsilon_{jt} + a_{ij}^{(1)} \varepsilon_{jt-1} + a_{ij}^{(2)} \varepsilon_{jt-2} + \cdots \right] = \sum_{q=0}^{\infty} \left(a_{ij}^{(q)} \right)^2 \sigma_{jj}, \quad j=1,2,\cdots,k \tag{8-8}$$

式中，σ_{jj} 为标准差。

把第 j 个扰动项对第 i 个变量从无限过去到现在时点的影响，用方差加以评价。y_i 的方差可以分解成 k 种不相关的影响，因此为了测定各个扰动项相对 y_i 的方差有多大程度的贡献，定义了如下尺度：

$$\text{RVC}_{j \to i}(\infty) = \frac{\sum\limits_{q=0}^{\infty}\left(a_{ij}^{(q)}\right)^2 \sigma_{jj}}{\text{var}(y_i)} = \frac{\sum\limits_{q=0}^{\infty}\left(a_{ij}^{(q)}\right)^2 \sigma_{jj}}{\sum\limits_{j=1}^{k}\left\{\sum\limits_{q=0}^{\infty}\left(a_{ij}^{(q)}\right)^2 \sigma_{jj}\right\}}, \quad i, j = 1, 2, \cdots, k \quad (8\text{-}9)$$

其中，RVC 为相似方差贡献度，即根据第 j 个变量基于冲击的方差对 y_i 的方差的相对贡献度来观测第 j 个变量对第 i 个变量的影响。

8.3　数　　据

借鉴 B-W（Baker-Wurgler）（Baker and Wurgler，2006）情绪指数研究方法和易志高和茅宁（2009）的 CICSI 指数构建方法，并结合沪深股市的现实情况和数据的可获得性，选取了沪深 A 股股票市场的封闭式基金折价、交易量、IPO 数量、IPO 上市首日收益、新增投资者开户数和消费者信心指数等 6 个指标的月度数据做主成分分析，并剔除了工业品出厂价格指数、居民消费价格指数和宏观经济景气指数等相关宏观经济变量，构建了中国股票市场投资者情绪指数（SMISr）的月度指标。作为油价的标杆，Brent 原油价格能够较好地体现国际石油市场价格行情，基于数据的可获得性，本章选取了 2005 年 2 月至 2015 年 4 月 Brent 原油价格月度数据和各情绪指标数据，构建投资者情绪指数的变量名称及含义，如表 8-2 所示。

表 8-2　投资者情绪指数变量名称及含义

变量名称	变量符号	意义及计算
封闭式基金折价	DCEF	沪深 A 股所有上市的封闭式基金每月最后一个交易日折价的加权平均
交易量	TURN	沪深 A 股市场月成交股数/流通市值
IPO 数量	IPON	以发行日期为基准统计每月 IPO 数量
IPO 上市首日收益	IPOR	以发行流通股股数为权重的加权平均形式
新增投资者开户数	NIA	沪深 A 股每月新增开户数
消费者信心指数	CCI	国家统计局编制，表示信心强弱

8.4　投资者情绪指数构建

8.4.1　中国股市投资者情绪指数

为了消除各变量单位差异的影响，在主成分分析前将各个变量进行标准化处理，由于不同指标对投资者情绪影响具有滞后性，t 期和 $t-1$ 期的信息均会对 t 期投资者的投资行为产生影响，因此对 6 个指标的提前及滞后变量进行主成分分析，从而构造一个包含 12 个变量的投资者综合情绪指数（SMIS$_t$），有利于规避投资者情绪变量间高度的自相关性。需要注意的是，在 SMIS$_t$ 计算过程中，采用易志高和茅宁（2009）的计算方式，即严格遵守累积方差解释率至少达到 85% 的统计标准，每次均采用第 1、2、3、4、5 主成分的加权平均，以保留更多的信息。

然后分别对 SMIS$_t$ 与 6 个指标的提前与滞后变量进行相关性分析，并相应地选择相关系数较大的 6 个变量作为构造综合情绪指数（$SMIS_t$）的源指标，分析结果见表 8-3。

表 8-3　$SMIS_t$ 与 12 个变量的相关性

变量	相关系数	样本量	变量	相关系数	样本量
$DCEF_t$	−0.684**	122	$DCEF_{t-1}$	−0.687**	122
$TURN_t$	0.785**	122	$TURN_{t-1}$	0.830**	122
$IPON_t$	−0.035	122	$IPON_{t-1}$	−0.079	122
$IPOR_t$	0.281**	122	$IPOR_{t-1}$	0.294**	122
NIA_t	0.324**	122	NIA_{t-1}	0.270**	122
CCI_t	0.630**	122	CCI_{t-1}	0.639**	122

注：*、**分别表示 5%和 1%显著性水平（双侧），下同。

从表 8-3 可知，各指标均通过了相关的显著性检验，其中 $SMIS_t$ 与 $TURN_{t-1}$、$DCEF_{t-1}$、CCI_{t-1}、NIA_t、$IPOR_{t-1}$ 和 $IPON_{t-1}$ 的相关程度较高，且除了新增投资者开户数外其余指标均提前反映投资者情绪。下面，就选择这 6 个变量作为构建 $SMIS_t$ 的最终源指标。

先对 6 个源指标变量，即 $TURN_{t-1}$、$DCEF_{t-1}$、CCI_{t-1}、NIA_t、$IPOR_{t-1}$ 和 $IPON_{t-1}$ 进行标准化处理，再对其进行主成分分析。其中第 1 至第 5 主成分累积方差解释率为 97.37%。

从表 8-4 可以看到由 6 个变量构成的 $SMIS_t$ 具有良好的特点：从统计的角度来看，投资者情绪与新增投资者开户数、交易量、IPO 上市首日收益和消费者信心指数正相关，而封闭式基金折价越大，投资者情绪越低落。

表 8-4　$SMIS_t$ 与 6 个变量之间的相关系数

	NIA_t	$DCEF_{t-1}$	$TURN_{t-1}$	$IPON_{t-1}$	$IPOR_{t-1}$	CCI_{t-1}	$SMIS_t$
NIA_t	1						
$DCEF_{t-1}$	0.362**	1					
$TURN_{t-1}$	−0.112	−0.742**	1				
$IPON_{t-1}$	0.386**	0.387**	−0.367**	1			
$IPOR_{t-1}$	0.427**	−0.047	−0.027	0.229*	1		
CCI_{t-1}	0.034	−0.595**	0.445**	−0.099	0.363**	1	
$SMIS_t$	0.391**	−0.576**	0.848**	−0.030	0.241**	0.442**	1

考虑到反映中国宏观经济周期变量的可代表性和数据（月度）的可获得性，本章从生产、消费和经济景气三个方面选取了 PPI、CPI 和宏观经济景气指数（MCI）三个指标作为经济基本面的代理变量来剔除相关宏观经济因素对情绪指数的影响。

把每个 $SMIS_t$ 源指标变量即 $TURN_{t-1}$、$DCEF_{t-1}$、CCI_{t-1}、NIA_t、$IPOR_{t-1}$ 和 $IPON_{t-1}$ 分别与 PPI、CPI、MBCI 三个宏观经济变量进行回归（回归前把各变量进行标准化），由此得到各自回归后的残差序列，即 $TURNr_{t-1}$、$DCEFr_{t-1}$、$CCIr_{t-1}$、$NIAr_t$、$IPORr_{t-1}$ 和 $IPONr_{t-1}$。然后，再对这 6 个残差变量进行主成分分析（第 1 至第 5 主成分的累积方差解释率为 96.186%），最后得到控制宏观经济因素影响后的中国股票市场投资者情绪指数（$SMISr_t$），$SMISr_t$ 与各变量的相关系数分别见表 8-5。

表 8-5　SMISr$_t$ 与 6 个变量之间的相关系数

	NIAr$_t$	DCEFr$_{t-1}$	TURNr$_{t-1}$	IPONr$_{t-1}$	IPORr$_{t-1}$	CCIr$_{t-1}$	SMISr$_t$
NIAr$_t$	1						
DCEFr$_{t-1}$	0.189[*]	1					
TURNr$_{t-1}$	0.109	−0.666[**]	1				
IPONr$_{t-1}$	0.384[**]	0.616[**]	−0.406[**]	1			
IPORr$_{t-1}$	0.309[**]	−0.181[*]	0.129	0.077	1		
CCIr$_{t-1}$	0.138	−0.602[**]	0.563[**]	−0.348[**]	0.326[**]	1	
SMISr$_t$	0.419[**]	−0.654[**]	0.927[**]	−0.236[**]	0.298[**]	0.583[**]	1

从表 8-5 中的结果可以发现 SMISr$_t$ 基本保留了 SMIS$_t$ 所具有的特点。

8.4.2　国际油价和中国股市投资者情绪描述性分析

图 8-1 展示了 Brent 原油价格与本章构建的股票市场投资者情绪指数变动走势，并通过皮尔逊（Pearson）相关检验发现，SMISr$_t$ 与 Brent 原油价格的相关系数为−0.512（双尾，1% 显著水平），这说明 Brent 原油价格波动对股票市场投资者情绪存在着不可忽视的影响，且与股票市场投资者情绪指数走势保持着相反的变动趋势。为了进一步分析两者之间的内在关系，本章将通过构建 SVAR 模型，进一步深入探讨国际原油价格波动与中国股票市场投资者情绪之间的相关关系。

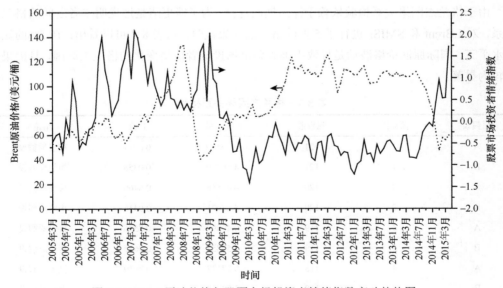

图 8-1　Brent 原油价格与股票市场投资者情绪指数变动趋势图

8.5　油价冲击与股市投资者情绪的传染效应

8.5.1　平稳性检验

基于建模的需要，为了消除原油价格时间序列中的季节变动要素和异方差，本章采用 CensusX12 方法对数据季节进行调整，并对季节调整序列取自然对数，布伦特原油价格（Brent）对数序列记为 LBrent。

为保证模型的有效性，避免出现"伪回归"，对变量进行 ADF 平稳性检验，结果如表 8-6 所示。检验结果表明 LBrent 和 $SMISr_t$ 序列是同阶单整 I（1）过程，LBrent 和 $SMISr_t$ 序列可能存在协整即长期稳定的比例关系。

表 8-6　各变量 ADF 检验结果

序列	检验形式	ADF 统计量	1%临界值	5%临界值	10%临界值	P 值	结论
LBrent	(c, t, 2)	−2.7083	−4.0370	−3.4480	−3.1491	0.2353	非平稳
△LBrent	(c, t, 0)	−8.1462	−4.0363	−3.4477	−3.1490	0.0000	平稳
$SMISr_t$	(c, t, 0)	−3.0062	−4.0356	−3.4474	−3.1488	0.1349	非平稳
△$SMISr_t$	(c, t, 0)	−13.6275	−4.0363	−3.4477	−3.1490	0.0000	平稳

注：(c, t, q) 表示序列 ADF 检验形式，c、t、q 分别代表常数项、时间趋势和滞后阶数 q，由 AIC 和 SIC 准则确定最优滞后项。

8.5.2　格兰杰因果关系检验

由于格兰杰因果关系检验依赖于滞后期的选择，为了能更清楚地说明二者之间的格兰杰关系，对 LBrent 和 $SMISr_t$ 进行了 5 期的格兰杰因果检验。从表 8-7 可以看出：在 5%的显著性水平下，国际原油价格波动是导致中国股票市场投资者情绪变化的格兰杰原因，且因果关系较为显著。

表 8-7　格兰杰因果关系检验

原假设	滞后阶	观察值	F 统计量	P 值	结论
A	1	121	0.26499	0.6077	接受原假设
B	1	121	4.50799	0.0358	拒绝原假设
A	2	120	0.43856	0.6460	接受原假设
B	2	120	3.27071	0.0415	拒绝原假设
A	3	119	0.40099	0.7526	接受原假设
B	3	119	2.50852	0.0625	接受原假设
A	4	118	0.27137	0.8959	接受原假设
B	4	118	3.88068	0.0055	拒绝原假设
A	5	117	0.38822	0.8559	接受原假设
B	5	117	3.03992	0.0132	拒绝原假设

注：A 为 $SMISr_t$ 不能格兰杰引起 LBrent，B 为 LBrent 不能格兰杰引起 $SMISr_t$。

8.5.3　长期影响关系

根据 AIC 和 SIC 准则确定最优滞后阶数为 2，在滞后 2 期，对 LBrent 和 SMISr$_t$ 之间的协整关系进行检验，Johansen（约翰森）协整检验表明两者之间只存在唯一的协整关系。并且，经平稳性检验发现，滞后 2 阶的 VAR（2）模型的特征多项式的所有根模的倒数小于 1，即位于单位圆内，因此模型满足稳定性所要求的条件。

根据 Johansen 协整检验的结果，可以得到国际原油价格与股票市场投资者情绪之间确实存在长期均衡关系，协整方程为

$$SMIS = -3.9400LBrent + 17.403 \tag{8-10}$$

从式（8-10）可以看出，国际原油价格每波动 1%，股票市场投资者情绪会负向波动 3.9400%，长期来看，国际原油价格对股票市场投资者情绪的负向影响效力显著。

8.5.4　短期影响关系

误差修正模型是反映变量从短期非均衡状态向长期均衡状态逼近的过程。因此，通过误差修正模型可以测度国际原油价格波动对股票市场投资者情绪的短期影响效力。误差修正模型可以视为短期效力测度方程，国际原油价格对股票市场投资者情绪的短期效力方程为

$$\begin{aligned}
D(SMIS) = &-0.3559\big(LBrent(-1) + 0.2538SMIS(-1) - 4.4171\big) \\
&-0.2535D\big(SMIS(-1)\big) - 0.0655D\big(SMIS(-2)\big) \\
&-1.0223D\big(LBrent(-1)\big) + 0.5035D\big(LBrent(-2)\big) + 0.0201
\end{aligned} \tag{8-11}$$

从式（8-11）可知，模型的误差修正系数为–0.3559，为负反馈机制，并在统计上显著，符合修正意义，表明国际原油价格对股票市场投资者情绪具有短期作用效力。当短期波动偏离长期均衡时，将以–0.3559 的调整力度从非均衡状态拉到均衡状态，最终实现长期均衡。从短期效力看，国际原油价格每波动 1%，股票市场投资者情绪同期负向波动 1.0223%，即国际原油价格波动对中国股票市场投资者情绪具有短期负效应。

综合长短期传染效力测度的结果，可以得出：在长期和短期，国际原油价格波动对中国股票市场投资者情绪均产生负向影响。

8.5.5　传染效应分析

1）SVAR 模型的建立

建立双变量 SVAR 模型，其模型形式如下：

$$Ae_t = Bu_t \tag{8-12}$$

其中，e_t 和 u_t 为二维向量；A、B 为待估计的 2×2 矩阵。根据已有文献和经济实际，设定如下短期约束条件：当期的石油价格波动对中国股票市场投资者情绪的变化没有反应。这就表示 SVAR 模型的 A、B 矩阵均被定义为

$$A = \begin{bmatrix} 1 & 0 \\ C(1) & 1 \end{bmatrix}, \quad B = \begin{bmatrix} C(2) & 0 \\ 0 & C(3) \end{bmatrix} \tag{8-13}$$

其中，$C(i)(i=1, 2, 3)$为待估计系数。运用极大似然估计法对 A、B 矩阵中的系数进行估计，可以得出由 LBrent 和 SMISr$_t$ 所构建的 SVAR 模型的 A、B 矩阵为

$$A = \begin{bmatrix} 1 & 0 \\ 1.8618 & 1 \end{bmatrix}, \quad B = \begin{bmatrix} 15.4919 & 0 \\ 0 & 15.4919 \end{bmatrix} \tag{8-14}$$

通过所构建的 SVAR 模型进行脉冲响应函数和方差分解分析，可以更为准确地观察变量对于结构冲击的时滞效应。

2）脉冲响应函数分析

构建 SVAR 模型的目的是分析一个内生变量的冲击给其他内生变量所带来的影响，这就需要脉冲响应函数来对其进行进一步的分析。基于 SVAR 模型的股票市场投资者情绪对国际原油价格变动的脉冲响应轨迹如图 8-2 和图 8-3 所示。

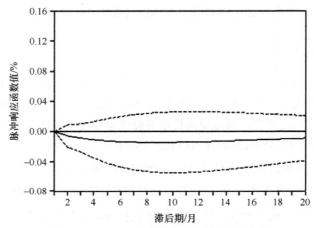

图 8-2　LBrent 对 SMISr$_t$ 的脉冲响应函数

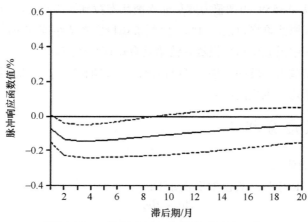

图 8-3　SMISr$_t$ 对 LBrent 的脉冲响应函数

从图 8-2 和图 8-3 可以看出：国际原油价格波动对中国股票市场投资者情绪始终都产生着负向的冲击效果，从第 1 期开始逐渐增加，在第 4 期达到–0.1458%的最大值，随后开始逐渐下降，并且下降幅度较为平缓。一般而言，对于非石油生产公司来说，原油作为部分投入要素，原油价格的上升，会使得公司的生产成本上升，将导致现金流恶化，进而使得股票价

格下降。另外，原油价格的上升会使得一般物价水平随之上升，发生通货膨胀，相关部门将通过提高利率等措施来予以抑制，使得购买债券等投资方式比股票更具有吸引力，进而股票价格也会随之下降。从前面的文献部分可知，股票价格的下跌，会引起投资者情绪的下降。因此，国际原油价格对股票市场投资者情绪的负向冲击效应得以解释。

　　3）动态方差分解分析

　　脉冲响应函数是为了分析扰动项的影响是如何传播到各变量的，而方差分解则是通过分析每一个结构冲击对内生变量变化的贡献度，进一步评价不同结构冲击的重要性。表 8-8 为国际原油价格对股票市场投资者情绪的预测方差分解结果。

表 8-8　国际原油价格对股票市场投资者情绪的预测方差分解

时期	SMISr 标准差	LBrent 对 SMISr 的贡献率/%	时期	LBrent 标准差	SMISr 对 LBrent 的贡献率/%
1	0.4411	2.8076	1	0.0792	0.0000
2	0.5363	8.1955	2	0.1278	0.2169
3	0.6162	11.6822	3	0.1631	0.4183
4	0.6732	14.4826	4	0.1889	0.6532
5	0.7172	16.6501	5	0.2084	0.9016
6	0.7514	18.4143	6	0.2233	1.1572
7	0.7785	19.8766	7	0.2349	1.4121
8	0.8003	21.1095	8	0.2441	1.6606
9	0.8180	22.1590	9	0.2515	1.8983
10	0.8323	23.0578	10	0.2575	2.1222
11	0.8442	23.8301	11	0.2624	2.3305
12	0.8539	24.4948	12	0.2664	2.5222

　　从表 8-8 可以看出，国际原油价格在初期对投资者情绪的贡献率快速增长，第 1 期为 2.8076%，第 2 期为 8.1955%，但随后增速放缓，最终稳定在 25% 左右的水平。而股票市场投资者情绪对国际原油价格的贡献率一直很低，在 3% 以内。

　　4）传染时滞分析

　　综合以上的分析，可以得出：国际原油价格对中国股票市场投资者情绪的冲击在第 4 期达到最大值，而国际原油价格对中国股票市场投资者情绪变动的贡献率在第 12 期达到稳定状态。基于上述结论，通过对脉冲响应函数达到峰值的期数和方差分解实现平稳的期数取均值，可以进一步得出：国际原油价格波动对中国股票市场投资者情绪产生影响的平均传染时滞为 8 个月。

8.6　本章小结

　　（1）国际原油价格波动对中国股票市场投资者情绪具有显著的格兰杰因果关系，且两者之间存在长期均衡关系。该结论也验证了 Lee 等（2014）的研究成果：全球主要市场之间都是相互关联的。同时，也拓展了研究范围，除了跨区域市场间具有传染效应，跨行业市场之间也具有传染效应。

（2）国际原油价格对中国股票市场投资者情绪具有负向传染效力。从长期看，国际原油价格每波动 1%，股票市场投资者情绪会负向波动 3.9400%，从短期效力来看，国际原油价格每波动 1%，股票市场投资者情绪同期负向波动 1.0223%。

（3）国际原油价格对中国股票市场投资者情绪影响的平均传染时滞为 8 个月。国际原油价格波动对股票市场投资者情绪始终都产生着负向的冲击效果，从第 1 期开始逐渐增加，在第 4 期达到–0.1458%的最大值，随后开始逐渐下降，并且下降幅度较为平缓；国际原油价格在初期对投资者情绪的贡献率快速增长，第 1 期为 2.8076%，第 2 期为 8.1955%，但随后增速放缓，最终在第 12 期达到稳定状态，稳定在 25%左右的水平。

第9章 国际石油与股票市场间风险联动关系：经济政策不确定性视角

近年来，层出不穷的"黑天鹅"事件导致全球经济不确定性日益升高。在面临国内外多重挑战情况下，我国为维护经济的有序发展而频繁出台财政、货币和贸易等一系列经济政策，导致经济政策不确定性不断增加（Huang and Luk，2020）。现有研究表明：经济政策不确定性作为影响宏观基本面走势、抑制经济复苏或导致股市崩溃的重要因素，其在跨市场风险传递中的作用不容忽视（Pástor and Veronesi，2013；Baker et al.，2016；杨子晖等，2020）。因此，从经济政策不确定性视角，深入研究国际原油价格与我国股市的联动关系及动态演变规律，具有重要的学术价值和现实意义。

9.1 问题的提出

在石油金融化背景下，原油市场已经成为金融系统中不可或缺的一部分，其与金融市场之间的联动关系更加多样化和复杂化（Liu et al.，2020）。特别是，近年来国际油价和股票市场出现多轮暴涨暴跌，全球经济不确定性增强，不同市场间的风险传导效应增加，如 2020年新冠疫情时期全球原油和股票市场的剧烈震荡。因此，有必要从经济政策不确定性视角深入研究国际原油价格与股票市场之间的风险联动关系。

理解原油市场与股票市场之间的动态相关性有助于投资组合决策和风险管理。在投资组合管理当中，原油和股票是两种重要的投资标的，经常被用于资产配置。解析经济政策不确定性在原油与股票市场互动关系当中所起到的作用，有助于市场投资者更好地构建和调整投资组合策略（Mokni，2020）。从风险管理的角度来看，在经济政策不确定时，市场投资风险增加，由于大多数投资者属于风险厌恶型，投资者将会动态地调整其资产配置决策，导致原油与股票市场间的相关性发生变化（Conrad et al.，2014）。但是，经济政策不确定性对于原油和股票市场之间的相关性的影响尚不明确。理论而言，可能会产生如下两种不同的影响效应。一方面，当经济政策不确定性上升（下降）时，市场投资环境处于恶化（稳定）状态，投资者会减少（增加）对原油和股票的投资，进而导致原油和股市收益率同时降低（提高）。由此可知，经济政策不确定性的提高和降低均增强了原油与股票市场的相关性。另一方面，由于原油和股票具有不同的风险-收益特征，两者之间存在资金竞争关系。经济政策不确定性会影响到投资者的行为，产生"安全投资转移"（flight to quality）现象，导致原油与股票市场之间的相关性降低。

基于 GARCH 类模型、小波分解、Copula 等方法，大量研究提供了原油与股票市场之间存在时变相关性的经验证据（Kang et al.，2015b；Ye et al.，2020）。其中，引起原油与股票市场之间相关性变化的因素主要包括金融冲击（Broadstock and Filis，2014）、战争（Bhar and Nikolova，2010）或国家宏观政策（Foroni et al.，2017）等。得益于 Baker 等（2016）构建的经济政策不确定性指数来衡量与经济政策有关的不确定状况，经济政策不确定性的经济影响力研究不断丰富。学者就经济政策不确定性对股票市场和原油市场的影响进行了有益探讨，这些研究普遍认为经济政策不确定性对股票市场（Li et al.，2019；Shen et al.，2021）及原油市场（Ma et al.，2018；Zhang and Yan，2020）具有重要影响。然而，有关经济政策不确定性对原油与股票市场间相关性影响的研究却十分有限。Fang 等（2018）以美国为例，研究发现经济政策不确定性对石油市场和股票市场之间的动态相关性有正向影响。Yang 等（2019）选取四个全球主要股票市场[美国标普 500 指数、日本 TOPIX（日本东证股价指数，Tokyo stock price index）、欧洲 STOXX 50（欧洲斯托克 50 指数）、英国 FTSE 100（英国富时 100 指数，financial times stock exchange share index）]，研究了宏观经济因素对石油市场与股票市场之间动态相关性的影响，发现无风险利率对两市场之间的相关性产生正向影响，而经济活动和信贷风险则具有负向影响。

从以上研究可以看出：①现有研究对于原油与股票市场之间动态相关性的分析主要关注了市场间的短期相关性，且鲜有研究考虑宏观经济因素对市场间长期相关性的影响。长期相关性可以解释为给定经济状态下的预期相关性，驱动长期相关性的宏观经济因素除了实体经济运行以外，还包括金融政策和市场结构等因素，这些都与国家经济政策环境紧密相关（Conrad et al.，2014；Xu et al.，2021）。然而，对于原油与股票市场间长期相关性驱动因素的分析，特别是经济政策不确定性对市场间长期相关性影响的研究还十分匮乏。②多数研究集中于发达国家股票市场，而对于发展中国家股票市场的关注相对较少。特别是，中国股票市场政策干预特征明显。与美国等发达国家相比，中国政府在经济运行中扮演着更加重要的角色。以中国为例，研究经济政策不确定性与石油和股票市场之间动态相关性的关系可以提供发展中国家的经验证据。③已有研究主要基于单一区制考察了经济政策不确定性与资产间动态相关性之间的线性关系。实际上随着时间的推移，国际油价驱动因素、国家经济结构和经济政策等不断发生变化，石油市场与股票市场间的动态相关性常常存在区制转移，而过往研究忽视了经济政策不确定性对不同区制下石油市场与股票市场之间动态相关性的非线性影响。

与已有研究相比，本章的创新性主要包括以下两个方面：第一，采用动态条件相关性混频数据抽样（DCC-MIDAS）模型测度了国际原油市场与中国股票市场之间的长期动态相关性，并结合马尔可夫区制转换模型分析了经济政策不确定性与两市场间长期动态相关性的区制关联。第二，由于原油价格冲击对股市的影响以及股市对经济政策不确定性变化的反应在不同行业间存在异质性，因此本章还将上述研究框架纳入行业股市层面分析，进一步验证经济政策不确定性对原油与股票市场之间长期动态相关性的影响在不同行业股市是否存在差异。

本章研究结果显示，石油与股票市场之间的动态相关性具有均值回归特征，其短期成分围绕长期趋势变动。在经济繁荣和经济复苏时期，石油与股票市场间的长期动态相关性保持在低位徘徊，而在经济衰退（如全球金融危机）期间长期动态相关性急剧上升且呈高位震荡态势。区制关联分析表明，在长期动态相关性较高且波动幅度较大的区制，经济政策不确定性上升将加强两市间的长期动态相关性；而在长期动态相关性较低且波动幅度较小的区制，经济政策不确定性的影响效应十分微弱。行业分析显示，经济政策不确定性对原油与能源业、金融业、工业、材料业和公共事业股票市场之间的长期动态相关性的影响程度较高，而对原油与消费者常用品业和医疗保健业股票市场之间的长期动态相关性的作用程度相对较小。

本章的结构安排如下：9.2 节为模型构建与数据描述，9.3 节为石油与股票市场间长期动态相关性，9.4 节为经济政策不确定性对石油-股票长期动态相关性的异质性影响，9.5 节为稳健性检验，9.6 节为本章小结。

9.2　模型构建与数据描述

9.2.1　GARCH-MIDAS 模型

Engle 等（2013）提出的 GARCH-MIDAS 模型是在 Engle 和 Rangel（2008）研究的基础上采用 MIDAS 模型从高频的资产价格波动数据中获取市场波动的长期成分，以便应用于月度、季度、半年等各种频率的宏观和金融变量的建模与分析。GARCH-MIDAS 模型构建如下：

$$r_{i,t} = \mu_i + \sqrt{m_{i,\tau} \cdot g_{i,t}} \, \xi_{i,t}, \quad \forall t = \tau N_v^i, \cdots, (\tau+1) N_v^i \tag{9-1}$$

其中，$r_{i,t}$ 为资产 i 在第 t 期的收益率；$g_{i,t}$ 为收益率波动的短期成分，在日度频率变化；$\xi_{i,t}$ 为误差项；$m_{i,\tau}$ 为收益率波动的长期成分，每隔 N_v^i 天变化一次；μ_i 为条件均值；τ 为长期成分的分量；N_v^i 为季度时窗。在本章中为了能与式（9-1）中的短期日波动相匹配，我们在具体分析中，将 $m_{i,\tau}$ 在 N_v^i 天的值均用同一值表示。

进一步，可以定义短期波动成分 $g_{i,t}$ 服从如下的 GARCH（1, 1）过程：

$$g_{i,t} = (1 - \alpha_i - \beta_i) + \alpha_i \frac{(r_{i,t-1} - \mu_i)^2}{m_{i,\tau}} + \beta_i g_{i,t-1} \tag{9-2}$$

长期成分 $m_{i,\tau}$ 可表示为 K_v^i 个已实现方差（RV）在一段时间内的权重加总，即

$$m_{i,\tau} = \bar{m}_i + \theta_i \sum_{l=1}^{K_v^i} \varphi_l(\omega_v^i) \mathrm{RV}_{i,\tau-1} \tag{9-3}$$

其中，$\bar{m}_i$ 为长期成分的条件均值；ω_v^i 为不同资产的权重参数；已实现方差可以用 N_v^i 个交易日的收益平方的和来表示，即

$$\mathrm{RV}_{i,\tau} = \sum_{j=(\tau-1)N_v^i+1}^{\tau N_v^i} r_{i,j}^2 \tag{9-4}$$

由式（9-4）可知，根据 N_v^i 的不同，可以得到类似月度、季度或年度的已实现方差。从式（9-1）～式（9-4）可以看出，GARCH-MIDAS 模型的关键在于方程中的权重多项式，在本章中，选择贝塔（Beta）滞后多项式函数作为权重函数，其表达式如下：

$$\varphi_l\left(\omega_v^i\right) = \frac{\left(1 - 1/K_v^i\right)^{\omega_v^i - 1}}{\sum_{j=1}^{K_v^i}\left(1 - j/K_v^i\right)^{\omega_v^i - 1}} \tag{9-5}$$

式（9-1）～式（9-5）就构成了单变量 GARCH-MIDAS 模型。

9.2.2 DCC-MIDAS 模型

DCC-MIDAS 模型是在单变量 GARCH-MIDAS 模型的基础上引入 DCC 模型设定形式，进而扩展为分析不同市场间动态相关性的多变量模型，构建如下。

假设 $r_t = \left[r_{1,t}, \cdots, r_{n,t}\right]'$ 是 n 种资产的收益率向量，服从如下分布：

$$r_t \sim \text{i.i.d.} N\left(\mu_t, H_t\right), \quad H_t = D_t R_t D_t \tag{9-6}$$

其中，μ_t 为非条件均值向量；H_t 为条件方差与条件协方差矩阵；D_t 为对角线元素为波动率的对角矩阵。并且有

$$R_t = E_{t-1}\left(\xi_t \xi_t'\right), \quad \xi_t = D_t^{-1}\left(r_t - \mu_t\right) \tag{9-7}$$

借鉴 Colacito 等（2011）的研究，DCC-MIDAS 模型的参数估计包括两个步骤：首先，估计 D_t 中的条件波动率；其次，估计动态条件相关系数矩阵 R_t。

本章考虑二元资产收益率向量 $r_t = \left[r_{1,t}, r_{2,t}\right]'$，其中 $r_{1,t}$ 表示油价收益率，$r_{2,t}$ 表示股票市场收益率。根据式（9-6）和式（9-7），定义均值向量 $E_{t-1}\left(r_t\right) = \mu_t = (\mu_{1,t}, \mu_{2,t})'$，条件方差与条件协方差矩阵 $H_t = D_t R_t D_t$。其中，

$$D_t = \begin{pmatrix} h_{1,t}^{1/2} & 0 \\ 0 & h_{2,t}^{1/2} \end{pmatrix}, \quad R_t = \begin{pmatrix} 1 & \rho_{1,2,t} \\ \rho_{1,2,t} & 1 \end{pmatrix} \tag{9-8}$$

根据 Engle（2002）的 DCC 模型，动态条件相关系数矩阵 R_t 的结构可以分解为

$$R_t = \left(Q_t^*\right)^{-1/2} Q_t \left(Q_t^*\right)^{-1/2} \tag{9-9}$$

其中，$Q_t^* = \text{diag}(Q_t)$ 表示协方差矩阵 Q_t 的对角元素所组成的矩阵。动态条件相关系数矩阵 R_t 中的元素 $\rho_{i,j,t}$ 表示股票市场 i 和 j 在第 t 期的相关性，可以表示为如下的形式：

$$\rho_{i,j,t} = \frac{q_{i,j,t}}{\sqrt{q_{i,i,t} \cdot q_{j,j,t}}} \tag{9-10}$$

其中，协方差矩阵 Q_t 的元素 $q_{i,j,t}$ 为股票市场 i 和 j 在第 t 期的短期相关性。参照 DCC 模型的构建思想，可以将相关性短期成分表示为一个动态自回归结构的形式，即

$$q_{i,j,t} = \overline{\rho}_{i,j,t}\left(1 - a - b\right) + a\xi_{i,t-1}\xi_{j,t-1} + bq_{i,j,t-1} \tag{9-11}$$

进一步地，式（9-11）还可以改写为如下形式：

$$q_{i,j,t} - \overline{\rho}_{i,j,t} = a\left(\xi_{i,t-1}\xi_{j,t-1} - \overline{\rho}_{i,j,t}\right) + b\left(q_{i,j,t-1} - \overline{\rho}_{i,j,t}\right) \tag{9-12}$$

这样，$q_{i,j,t}$ 的含义就更加明确为围绕着时变长期相关成分上下波动的短期相关成分。其中，$\overline{\rho}_{i,j,t}$ 表示具有缓慢变化趋势的长期相关成分，参照 GARCH-MIDAS 模型中式（9-3）对长期波动的定义，本章将长期相关成分定义为

$$\overline{\rho}_{i,j,t} = \sum_{l=1}^{K_c^{ij}} \varphi_l\left(\omega_c^{ij}\right) c_{i,j,t-1} \tag{9-13}$$

其中，K_c^{ij} 为滞后阶数；$\varphi_l(\omega_c^{ij})$ 是与式（9-5）类似的权重函数形式；$c_{i,j,t-1}$ 可以用如下固定时窗 N_c^{ij} 的标准化残差的相关性来表示，即

$$c_{i,j,t} = \frac{\sum_{k=t-N_c^{ij}}^{t} \xi_{i,k}\xi_{j,k}}{\sqrt{\sum_{k=t-N_c^{ij}}^{t} \xi_{i,k}^2 \sum_{k=t-N_c^{ij}}^{t} \xi_{j,k}^2}} \tag{9-14}$$

这样式（9-11）～式（9-14）就构成了一个具有混频结构的 DCC 模型。将它们用简洁的矩阵语言表示为如下形式，即

$$Q_t = \left(1-a-b\right)\overline{R}_t\left(\underline{\omega}_c\right) + a\xi_t\xi_t' + bQ_{t-1} \tag{9-15}$$

其中，$\underline{\omega}_c$ 为由式（9-13）中的所有元素 ω_c^{ij} 所组成的权重参数矩阵。因此，$\overline{R}_t\left(\underline{\omega}_c\right)$ 是对应于式（9-13）所定义的长期相关系数矩阵，可以表示成如下形式：

$$\overline{R}_t\left(\underline{\omega}_c\right) = \sum_{l=1}^{K_c} \Phi_l\left(\underline{\omega}_c\right) \square\, C_{t-1} \tag{9-16}$$

$$C_t = \begin{pmatrix} v_{1,t} & \cdots & 0 \\ \vdots & \ddots & \vdots \\ 0 & \cdots & v_{n,t} \end{pmatrix}^{-\frac{1}{2}} \left(\sum_{k=t-N_c}^{t} \xi_k\xi_k'\right) \begin{pmatrix} v_{1,t} & \cdots & 0 \\ \vdots & \ddots & \vdots \\ 0 & \cdots & v_{n,t} \end{pmatrix}^{-\frac{1}{2}} \tag{9-17}$$

$$v_{i,t} = \sum_{k=t-N_c}^{t} \xi_{i,k}^2, \quad \forall i = 1,2,\cdots,n \tag{9-18}$$

其中，$\Phi_l\left(\underline{\omega}_r\right) = \Phi_l\left(\underline{\omega}_r\right)'_{ll}$；$\square$ 表示阿达马（Hadamard）乘积。

9.2.3 参数估计方法

DCC-MIDAS 模型的估计可以参考 Engle 的两步法。首先，可以估计每个单变量无条件波动模型中的参数向量 $\psi \equiv \left[\left(\alpha_i,\beta_i,\omega_i,m_i,\theta_i\right),i=1,\cdots,n\right]$，然后再估计条件相关性模型中的参数 $\Xi \equiv \left(a,b,\underline{\omega}_r\right)$，这样就可以得到 DCC-MIDAS 模型的准最大似然方程，即

$$\mathrm{QL}\left(\psi,\Xi\right) = \mathrm{QL}_1\left(\psi\right) + \mathrm{QL}_2\left(\psi,\Xi\right) \tag{9-19}$$

$$\mathrm{QL}_1\left(\psi\right) = -\sum_{t=l}^{T}\left(n\log\left(2\pi\right) + 2\log\left|D_t\right| + r_t'\,D_t^{-2}r_t\right) \tag{9-20}$$

$$\mathrm{QL}_2\left(\psi,\Xi\right) = -\sum_{t=l}^{r}\left(\log\left|R_t\right| + \xi_t'R_t^{-1}\xi_t + \xi_t'\xi_t\right) \tag{9-21}$$

可以使用似然函数 $\mathrm{QL}_1\left(\psi\right)$ 估计单变量 GARCH-MIDAS 模型的参数，然后使用单变量模型中的标准化残差 $\xi_t = \hat{D}_t^{-1}\left(r_t - \hat{\mu}\right)$（$\hat{\mu}$ 为收益率的条件均值）和似然函数 $\mathrm{QL}_2\left(\psi,\Xi\right)$ 来估计 DCC-MIDAS 模型的参数。

9.2.4 数据描述

本章分别选取 Brent 原油期货价格和上证综合指数（以下简称上证综指）来反映国际原油价格和中国综合股票市场的变动情况，使用这两个市场的日收盘价来计算其收益率，即 $r_{i,t} = \ln P_{i,t} - \ln P_{i,t-1}$，其中 i 表示 Brent 原油期货价格或上证综指，数据来源于 Wind 数据库。使用 Baker 等（2016）构建的中国经济政策不确定性指数来衡量中国与经济政策有关的不确定性状况，数据来源于个人网站：http://www.policyuncertainty.com，我们对经济政策不确定性指数除以 10 进行了预处理。样本区间为 2002 年 1 月至 2018 年 7 月。

从图 9-1 的 Brent 原油期货和上证综指收盘价和收益率序列的图形可知，在 2008 年和 2015 年前后，国际原油市场和中国股票市场价格走势波动较大，这也体现在两市场的收益率变化中。从收益率序列的变动轨迹来看，国际原油市场与中国综合股票市场收益率序列均具有典型的波动集聚性特征，这为后续采用 GARCH 类模型和计算动态条件相关性提供了基础。表 9-1 将对两市场收益率序列特征进行进一步的检验。

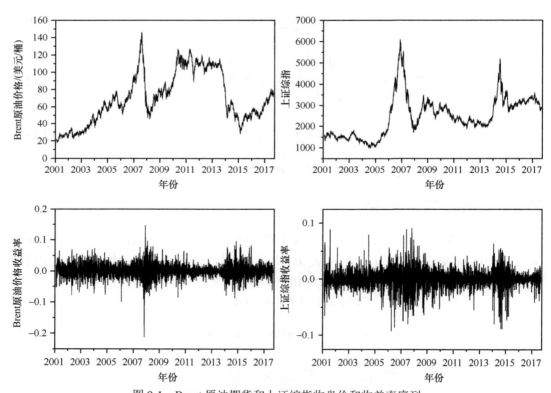

图 9-1 Brent 原油期货和上证综指收盘价和收益率序列

表 9-1 Brent 原油期货和上证综指收益率序列的描述性统计

序列	均值	标准差	最大值	最小值	偏度	峰度	JB	ADF	ARCH（10）
原油收益率	0.00	0.02	0.14	−0.21	−0.14	7.89	3938.46***	−66.66***	38.41***
股市收益率	0.00	0.01	0.09	−0.09	−0.37	7.44	3327.22***	−61.47***	42.41***

注：JB 表示 Jarque-Bera 统计量。***表示在 1%的显著性水平下拒绝原假设。

表 9-1 给出了 Brent 原油期货和上证综指收益率序列的描述性统计。偏度和峰度表明各变量是非正态的，JB 统计量也证实了非正态性。ADF 检验拒绝了变量包含单位根的原假设，说明每个变量在 1%的显著性水平上是平稳的。此外，对收益率序列的异方差（ARCH）检验结果也显著拒绝了不存在异方差的原假设，表明下面采用 GARCH 类模型对市场价格收益率序列波动的长短期成分进行建模是合理且必要的。

9.3　石油与股票市场间长期动态相关性

本节给出了基于 DCC-MIDAS 模型得到的原油与综合股票市场之间长期相关性的实证分析结果。在进行 DCC-MIDAS 模型设定和分析过程中存在一个关键问题，即如何选取计算已实现波动率时的时窗 N_v^i 和 N_c，在这方面一般有两种解决方式，即固定时窗和滚动时窗。Engle 等（2013）采用了固定时窗和滚动时窗两种方式，选取了不同的时窗长度，分别计算了月度、季度和半年度的已实现波动率来估计长期波动成分，发现季度时窗（$N_v = 65$）为拟合优度最好的时窗，而且在此时窗基础上基于固定时窗和滚动时窗的估计结果差异不大。由于中国股票市场样本数据长度的限制以及后面分析经济政策不确定性的影响，本章参照王永莲（2017）的研究，仅选择月度固定时窗的方法对原油市场和股票市场的 GARCH-MIDAS 模型进行估计。在对样本数据根据共同交易匹配以后得到的时间序列数据显示，每个月有 20 个左右的共同交易日，因此本章确定 $N_v^i = N_c = 20$ 天，并据此来计算月度已实现波动率。由于 GARCH-MIDAS 和 DCC-MIDAS 均需要选取 MIDAS 滞后期，那么另外一个关键问题是如何确定 K_v^i 和 K_c 的数值。本章参考 Conrad 等（2014）和 Fang 等（2018）的研究，选取 MIDAS 滞后期均为 36 个月。

表 9-2 展示了单变量 GARCH-MIDAS 和双变量 DCC-MIDAS 模型的估计结果，除了原油收益率的 GARCH-MIDAS 模型中的常数项 μ 不显著以外，其他所有参数估计都显著。原油市场的 α 值小于股票市场的 α 值，而 β 值却大于股需市场，表明原油市场波动率的市场即期性弱于股票市场，而持续性却强于股票市场。换言之，原油市场对市场即期信息的反应较慢。此外，α 和 β 满足 $\alpha+\beta<1$，意味着两个市场存在着均值回复现象，从长期来看，短期波动成分会回复到长期趋势上。参数 θ 表示月度已实现波动率对高频波动率长期成分的边际贡献，符号为正并且在 1%的水平下显著，说明月度已实现波动率的升高会助推市场波动率的增加。在原油市场与股票市场动态相关性估计结果中，参数 $a,b>0$ 且 a 和 b 的和十分接近于 1，表明两市场间的条件相关性也存在均值回复的特征，即短期相关性成分会在长期回复到长期趋势上。其中，$b=0.9559$ 则体现了两市场相关性的持续性和稳定性。

表 9-2　原油与综合股市长期波动和两市间长期相关性的估计结果

面板 A：GARCH-MIDAS 模型估计

市场	μ	α	β	θ	ω_v	$\bar{m}$
原油市场	0.0003	0.0565***	0.9087***	0.1994***	8.3436***	0.0085***
	(0.0002)	(0.0072)	(0.0172)	(0.0106)	(3.0948)	(0.0013)
股票市场	0.0004*	0.0659***	0.8962***	0.2129***	12.9380***	0.0057***
	(0.0002)	(0.0063)	(0.0143)	(0.0077)	(3.0454)	(0.0007)

续表

面板 B：DCC-MIDAS 模型估计			
模型	a	b	ω_c
DCC-MIDAS	0.0187**	0.9559***	1.0244***
	（0.0075）	（0.0237）	（0.3309）

注：括号中的数值为标准误差。***、**和*分别表示 1%、5%和 10%的显著性水平。

图 9-2 描绘了原油市场与股票市场波动率及其长期成分。从图 9-2 中可以看出，原油市场与股票市场收益率条件方差的长期成分可以很好地刻画市场波动的长期成分，且波动幅度比短期成分要小得多，变动趋势更加平滑。原油市场与股票市场收益率的条件方差均呈现波动集聚的现象，且该现象主要集中于 2008 年全球金融危机时期和 2015 年"6·26 股灾"时期。2008 年全球金融危机导致世界经济遭受重创，原油市场和股票市场价格应声下跌。对于原油市场而言，自 2014 年以来，美国页岩油的出现再次冲击了原油市场的供需结构。在 OPEC 原油与美国页岩油的市场份额争夺中，全球原油供应过剩，油价开始下跌，仅 2014 年下半年跌幅已超过 50%，原油市场寻找新的平衡。对于中国股市而言，2014 年 7 月至 2015 年 6 月，受中国深化体制改革全面启动和美国宽松货币政策全面退出等利好因素的影响，中国股市

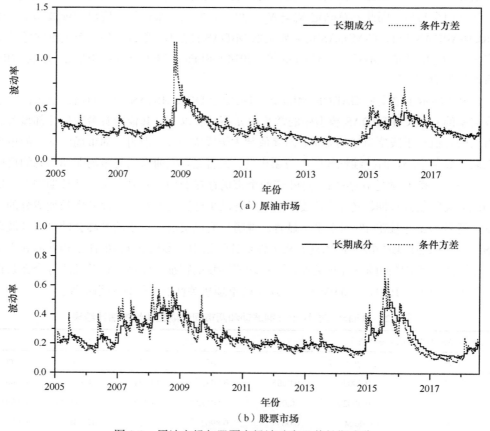

（a）原油市场

（b）股票市场

图 9-2 原油市场与股票市场波动率及其长期成分

经历了新一轮的暴涨。但自 2015 年 6 月中旬开始，由于场外配资清理、场内融资和分级基金去杠杆形成连锁反应，股市价格急剧下行。

图 9-3 描绘了国际原油市场与中国综合股票市场之间的条件相关性及其长期成分的动态变化。从图 9-3 可以看出，国际原油市场与中国综合股票市场之间的动态条件相关系数及其长期成分在样本期内表现出明显的时变特征，并体现了长期相关性演变中的一个非常有趣的周期性模式。具体来说，在 2005 年至 2008 年上半年，相关性水平较低，但自 2008 年下半年金融危机发生后，两市场之间的相关性急剧上升，并呈高位震荡状态一直持续到 2013 年下半年，此后相关性急剧下降且在低位徘徊。这跟 Fang 等（2018）的结论相一致，该研究认为在经济衰退特别是 2008 年全球金融危机期间，宏观经济政策环境不稳定，从而打击了投资者的信心，并导致相互关联的原油市场与股票市场同步大幅下跌。这也表明，与经济政策有关的不确定性对原油与股票市场之间的相关性起到了重要作用，9.4 节将进一步剖析经济政策不确定性对两市场之间相关性的影响。另外，在 2014 年前后，由于全球原油产能过剩，国际油价大幅下跌。而中国股市受国际油价下跌等一系列利好推动，迎来一轮暴涨。在国际油价下跌而中国股市上涨的情形下，两市场之间的相关性显著降低。

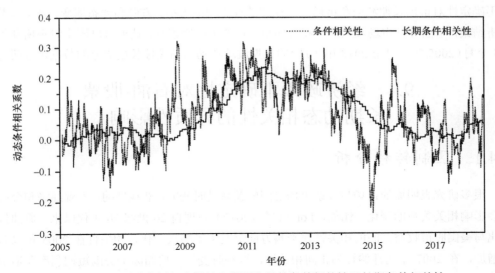

图 9-3　国际原油市场与中国综合股票市场的条件相关性及长期条件相关性

接下来，我们进一步讨论 MIDAS 滞后结构及其含义。ω_c 的估计值体现了月度已实现相关性的滞后信息对原油市场与股票市场之间动态相关性长期成分的最优估计权重，其估计值越大意味着权重降为零的速度越快。为了便于比较，图 9-4 同时给出了原油市场与股票市场 DCC-MIDAS 模型的权重函数和原油市场、股票市场 GARCH-MIDAS 模型的权重函数。从图中可以看出，长期相关性模型的权重函数几乎是线性的，而波动长期成分模型的权重函数呈现出平滑递减的趋势，表明已实现方差对原油或股票市场长期波动的影响随着时间的推移逐渐下降，近期的影响大，远期的影响小，这与 Conrad 等（2014）的研究结论基本一致。

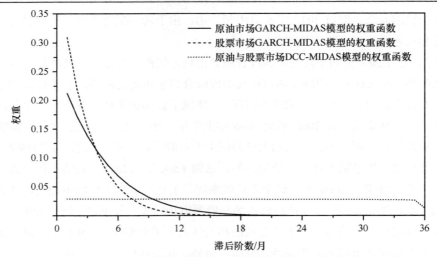

图 9-4　DCC-MIDAS 模型和 GARCH-MIDAS 模型中的最优权重函数

在得到原油与股票市场长期波动及相关性的长期成分后，9.4 节将探讨与经济政策有关的不确定性对市场长期波动和市场间长期相关性影响的大小、方向和动态演变。基于本节的分析结果，下面分析市场长期波动和长期相关性的影响因素时，选取月度固定时窗所获得的 163 个月（2005 年 1 月至 2018 年 7 月）的长期波动和动态相关性长期成分的数据进行研究[①]。

9.4　经济政策不确定性对石油-股票
长期动态相关性的异质性影响

9.4.1　区制转移分析

很多研究表明原油市场与股票市场之间的关系是时变的、非线性的，宏观经济和金融冲击会影响相关关系的变化。比如，Foroni 等（2017）发现自 20 世纪 70 年代以来，原油价格变化与美国股市收益之间的相关性在影响方向上发生了多次变化，相关性在 2005 年以后一直增加，在 2007 年初开始转为正向相关性，这种时变性主要归因于美国短期利率和消费者信心的变化。Bouri 等（2017a）认为 2013 年中国成品油价格改革导致了国际原油市场与中国股市之间均值和方差的动态时变关系。在 2013 年改革后，均值因果关系（causality-in-mean）增强，而方差因果关系（causality-in-variance）几乎消失了。Wen 等（2016）发现在 2013 年中国成品油价格改革之后，中国行业股市对原油产品价格调整更加敏感，上调价格比下调价格对股市波动率的影响更大。

从这个思路出发，本节使用非线性的马尔可夫两区制转换模型，着重分析经济政策不确定性对原油市场与股票市场长期波动和两市场长期相关性的作用关系。模型构建如下：

$$模型 1：\quad Y_t^i = \alpha_{S_t}^i + \beta_{1,S_t}^i \text{EPU}_t + \varepsilon_t^i, \quad \varepsilon_t^i \sim \text{i.i.d.} N\left(0, \sigma_{S_t}^i\right) \tag{9-22}$$

---

① 此外，本章还尝试将 9.3 节设定的月度固定时窗（$N_v^i = N_c = 20$）调整为季度固定时窗（$N_v^i = N_c = 60$），获得的结果和基于月度固定时窗所得的结果差异不大。

模型2：$Y_t^i = \alpha_{S_t}^i + \beta_{1,S_t}^i \mathrm{EPU}_t + \beta_{2,S_t}^i \mathrm{EPU}_{t-1} + \varepsilon_t^i, \quad \varepsilon_t^i \sim \mathrm{i.i.d.}N\left(0, \sigma_{S_t}^i\right)$ (9-23)

其中，$Y_t^i(i=1,2,3)$ 为原油市场和股市长期波动以及两市场间的长期相关性；$S_t \in \{1,2\}$ 为服从不可约、遍历的两区制马尔可夫过程；EPU_t 为中国经济政策不确定性指数；ε_t^i 为两区制波动率状态下的随机扰动项。

    表9-3给出了经济政策不确定性与原油市场和股票市场长期波动及两市场长期相关性的区制关联分析结果。可以看出，模型1的所有参数估计都显著。首先，从经济政策不确定性对原油市场长期波动的作用关系来看。在国际原油市场"高波动"时期（图9-5中的阴影区域），经济政策不确定性与原油市场长期波动呈显著正相关，即中国经济政策不确定性增加会助推国际原油市场波动；而在国际原油市场"低波动"时期，中国经济政策不确定性对国际原油市场的波动依然有正向影响，但影响力度比较微弱。其次，从经济政策不确定性对股票市场长期波动的作用关系来看。在中国综合股票市场"高波动"时期（图9-6中的阴影区域），经济政策不确定性与中国综合股市长期波动呈显著正相关，即经济政策不稳定会加剧股市波动，该区制体现了中国股票市场的"政策市"特征；而在股市长期波动较小的"低波动"状态下，经济政策不确定性对股市长期波动的影响方向发生了反转，但作用力度较小。这跟王永莲（2017）的研究结论相一致，该研究认为在中国股市低位平稳运行期，经济政策的干预和调节不仅不会刺激股市的活性，还会使得股市活性降低。最后，经济政策不确定性对两市场长期相关性的作用关系表明，在原油与股市长期相关性较高且波动幅度较大的"高相关"区制（图9-7中的阴影区域），经济政策不确定性与两市场长期相关性同向变动，即经济政策不确定性上升将加强两市场之间的长期相关性；在长期相关性较低且波动幅度较小的"低相关"区制，经济政策不确定性升高仍旧会加强两市场间的长期相关性，但作用力度十分微弱。

表9-3 经济政策不确定性与原油市场和股票市场长期波动及长期相关性的区制关联性分析

参数	模型1			模型2		
	原油市场长期波动	股市长期波动	原油市场与股市长期相关性	原油市场长期波动	股市长期波动	原油市场与股市长期相关性
A	0.2644***	0.2200***	0.0263***	0.2566***	0.2227***	0.0287***
	(0.0100)	(0.0058)	(0.0033)	(0.0105)	(0.0058)	(0.0045)
β_{1,S_t}^1	0.1538***	0.0814***	0.0775***	0.0759***	0.0497***	0.0363***
	(0.0106)	(0.0056)	(0.0054)	(0.0173)	(0.0126)	(0.0127)
β_{1,S_t}^2	0.0129***	−0.0136***	0.0069***	0.0099	−0.0034	0.0037*
	(0.0041)	(0.0024)	(0.0012)	(0.0068)	(0.0040)	(0.0022)
β_{2,S_t}^1				0.0888***	0.0328***	0.0248**
				(0.0167)	(0.0128)	(0.0124)
β_{2,S_t}^2				0.0069	−0.0121***	−0.0046**
				(0.0070)	(0.0042)	(0.0023)
$\sigma_{S_t}^1$	0.0030***	0.0033***	0.0046***	0.0013***	0.0028***	0.0040***
	(0.0009)	(0.0007)	(0.0008)	(0.0004)	(0.0006)	(0.0007)
$\sigma_{S_t}^2$	0.0036***	0.0012***	0.0003***	0.0038***	0.0011***	0.0003***
	(0.0004)	(0.0002)	(0.0000)	(0.0005)	(0.0002)	(0.0001)

续表

参数	模型1			模型2		
	原油市场长期波动	股市长期波动	原油市场与股市长期相关性	原油市场长期波动	股市长期波动	原油市场与股市长期相关性
TPM	$\begin{bmatrix}0.91 & 0.01 \\ 0.09 & 0.99\end{bmatrix}$	$\begin{bmatrix}0.96 & 0.02 \\ 0.04 & 0.98\end{bmatrix}$	$\begin{bmatrix}0.98 & 0.01 \\ 0.02 & 0.99\end{bmatrix}$	$\begin{bmatrix}0.92 & 0.01 \\ 0.08 & 0.99\end{bmatrix}$	$\begin{bmatrix}0.96 & 0.02 \\ 0.04 & 0.98\end{bmatrix}$	$\begin{bmatrix}0.97 & 0.05 \\ 0.03 & 0.95\end{bmatrix}$
LL	216.96	271.87	325.84	222.12	279.59	320.37
AIC	−419.93	−508.09	−637.68	−426.25	−541.18	−622.75

注：表中括号里给出的是标准误差统计量的值。LL 表示对数似然函数值；TPM 表示转移概率矩阵（transition probabilities matrix）。***、**和*分别表示 1%、5%和10%显著性水平。

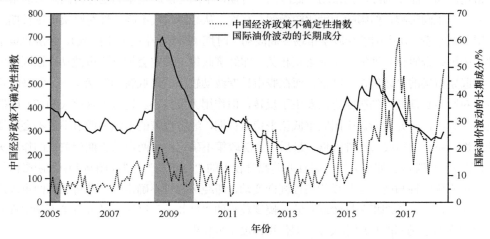

图 9-5　经济政策不确定性与原油市场长期波动的区制相关

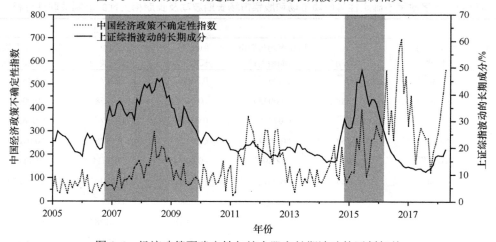

图 9-6　经济政策不确定性与综合股市长期波动的区制相关

　　为了进一步验证经济政策不确定性影响的持续性，将经济政策不确定性滞后一阶纳入模型当中。对模型 2 的估计结果表明，当期的经济政策不确定性与原油市场和股市长期波动及长期相关性的区制相关系数跟模型 1 的结果相似，但前期的经济政策不确定性对两市场长期相关性的影响存在一定的差异。具体来说，在长期相关性较低且波动幅度较小的"低相关"区制，前期的经济政策不确定性对当期的两市场长期相关性体现为微弱的负向影响。

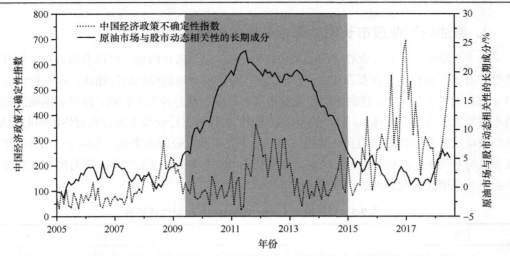

图 9-7　经济政策不确定性与原油市场和综合股市长期条件相关的区制相关

9.4.2　经济政策不确定性对原油与行业股市长期动态相关性的影响

跟第 3 和第 4 章保持一致，本章选取了 10 个中证 300 行业（CSI300）股票指数分类，分别是：消费者非必需品业（COND）、消费者常用品业（CONS）、能源业（ENRS）、金融业（FINL）、医疗保健业（HLTH）、工业（INDU）、信息技术业（INFT）、材料业（MATR）、电信服务业（TELS）和公共事业（UTIL）。样本数据来自 Wind 数据库，样本区间为 2002年 1 月至 2018 年 7 月。表 9-4 展示了各个行业股市收益率的描述性统计结果。所有行业股市收益率都接近于 0 值且具有十分相近的标准差。所有收益率序列的偏度均不为 0 且峰度都大于 3，说明都具有"尖峰厚尾"的分布特征，这意味着极端事件发生的可能性较大。由Jarque-Bera 统计量可知，所有行业股市收益率序列都是非正态分布。ADF 单位根检验表明，所有收益率序列都在 1% 的显著性水平下表现为无单位根的平稳序列。ARCH 效应检验结果表明所有收益率序列都具有显著的异方差特征，符合建模条件。

表 9-4　各行业股市收益率的描述性统计结果

行业	均值	标准差	最大值	最小值	偏度	峰度	JB	ADF	ARCH（10）
消费者非必需品	0.00	0.02	0.09	−0.10	−0.47	6.43	2087.83***	−60.03***	51.44***
消费者常用品	0.00	0.02	0.09	−0.10	−0.18	6.36	1880.83***	−46.42***	43.33***
能源	0.00	0.02	0.09	−0.10	−0.16	6.08	1574.50***	−60.99***	35.65***
金融	0.00	0.02	0.10	−0.10	−0.09	6.36	1853.72***	−61.99***	46.33***
医疗保健	0.00	0.02	0.10	−0.10	−0.30	6.73	2342.75***	−46.38***	56.31***
工业	0.00	0.02	0.10	−0.10	−0.45	7.10	2885.49***	−59.08***	67.36***
信息技术	0.00	0.02	0.10	−0.10	−0.43	5.38	1053.79***	−60.81***	50.24***
材料	0.00	0.02	0.09	−0.10	−0.43	5.94	1537.25***	−59.69***	50.46***
电信服务	0.00	0.02	0.10	−0.11	−0.09	6.42	1923.80***	−62.26***	47.07***
公共事业	0.00	0.02	0.09	−0.10	−0.46	7.80	3910.32***	−60.50***	69.36***

注：JB 表示 Jarque-Bera 统计量。***表示在 1% 的显著性水平下拒绝原假设。

1. 原油与行业股市长期动态相关性的分析

表 9-5 给出了所有行业股市的 GARCH-MIDAS 模型估计结果。可以看出，对于所有行业股市而言，参数 α 和 β 都在 1%水平下显著。与原油市场的模型估计相比，所有行业股市的 α 值稍大且 β 值稍小，这意味着行业股市更容易受到新息冲击的影响，但对前期项的反应则不像原油市场那么敏感。α 和 β 的和接近于 1，表明所有行业股市都存在着均值回归现象，短期波动成分在长期会回归到长期趋势上。对于大多数行业股市来说，参数 θ 在 1%水平下显著且符号为正，说明已实现波动率对市场长期波动有显著的正向影响，即月度已实现波动率的上升会增加行业股市的长期波动。

表 9-5　行业股市 GARCH-MIDAS 模型估计结果

行业	μ	α	β	θ	ω_v	$\bar{m}$
消费者非必需品	0.0007***	0.0994***	0.9006***	0.0127	5.0013	0.0042***
	(0.0001)	(0.0050)	(0.0039)	(0.0410)	(31.5000)	(0.0004)
消费者常用品	0.0008***	0.0827***	0.8819***	0.1738***	8.2202**	0.0113***
	(0.0002)	(0.0087)	(0.0158)	(0.0161)	(4.0830)	(0.0013)
能源	0.0004	0.0698***	0.8935***	0.2066***	10.9610***	0.0084***
	(0.0002)	(0.0073)	(0.0148)	(0.0098)	(3.1466)	(0.0011)
金融	0.0005**	0.0599***	0.8876***	0.2152***	16.4990***	0.0059***
	(0.0002)	(0.0069)	(0.0198)	(0.0068)	(3.8524)	(0.0007)
医疗保健	0.0006***	0.0997***	0.9002***	0.0360	4.9993	0.0028**
	(0.0001)	(0.0067)	(0.0054)	(0.0233)	(4.7777)	(0.0013)
工业	0.0002	0.0663***	0.9044***	0.1945***	10.8250***	0.0092***
	(0.0002)	(0.0064)	(0.0125)	(0.0111)	(3.5327)	(0.0010)
信息技术	0.0000	0.0752***	0.9247***	0.0672***	10.4640***	0.0000
	(0.0002)	(0.0039)	(0.0034)	(0.0045)	(2.4652)	(129.4100)
材料	0.0013***	0.0994***	0.9005***	0.0168	4.9974	0.0034***
	(0.0002)	(0.0066)	(0.0054)	(0.0259)	(16.9040)	(0.0004)
电信服务	0.0005*	0.0946***	0.7775***	0.1935***	21.5900***	0.0105***
	(0.0003)	(0.0110)	(0.0337)	(0.0068)	(4.1062)	(0.0006)
公共事业	0.0002	0.0898***	0.8489***	0.2099***	16.9260***	0.0056***
	(0.0002)	(0.0090)	(0.0191)	(0.0077)	(3.5251)	(0.0006)

注：括号中的数值为标准误差。***、**和*分别表示 1%、5%和 10%的显著性水平。

图 9-8 展示了 10 个行业股市的长期波动，可以看出，所有行业股市长期波动走势跟综合股市相似，但行业之间存在明显的差异。比如，对能源业、工业和金融业来说，在股市发生动荡时期其长期波动幅度比其他行业更大。

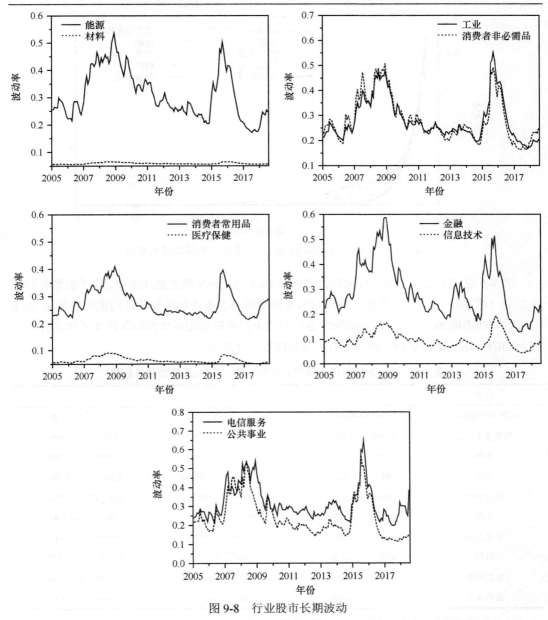

图 9-8　行业股市长期波动

从图 9-9 行业股市 GARCH-MIDAS 模型中的最优权重函数可以看出，电信服务业股市
GARCH-MIDAS 模型的权重递减最快，材料业股市权重递减最慢[①]。

---

① 行业股市 GARCH-MIDAS 模型的权重递减速率排序为：电信服务业>公共事业>金融业>能源业>工业>信息技术业>消费者常用品业>消费者非必需品业>医疗保健业>材料业。

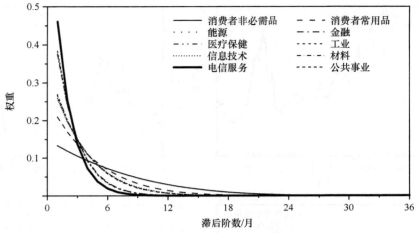

图 9-9　行业股市 GARCH-MIDAS 模型中的最优权重函数

　　表 9-6 展示了原油市场与行业股市之间的 DCC-MIDAS 模型估计结果。除了消费者非必需品业（COND）以外[①]，其他行业股市与原油市场动态条件相关性估计结果中参数 a 和 b 显著，且两者的和接近于 1，表明原油市场与每个行业股票市场之间的条件相关性也存在均值回归的特征，即短期相关性成分会围绕长期相关性波动。

表 9-6　原油市场与行业股市之间的 DCC-MIDAS 模型估计结果

行业	a	b	ω_c
消费者非必需品	0.0000（0.0129）	0.0000（5.2211）	1.5718***（0.5789）
消费者常用品	0.0091*（0.0054）	0.9670***（0.0287）	1.0010***（0.1890）
能源	0.0162*（0.0091）	0.9015***（0.0896）	3.2098***（1.1915）
金融	0.0194**（0.0085）	0.8975***（0.0764）	2.1824**（1.0036）
医疗保健	0.0087*（0.0047）	0.9687***（0.0243）	1.0034***（0.1562）
工业	0.0124***（0.0046）	0.9724***（0.0144）	1.0010***（0.2041）
信息技术	0.0137**（0.0061）	0.9524***（0.0279）	1.0010***（0.1415）
材料	0.0125*（0.0095）	0.8690***（0.1598）	4.7670***（1.4273）
电信服务	0.0108*（0.0106）	0.8346***（0.2640）	5.1799***（1.4136）
公共事业	0.0129**（0.0054）	0.9965***（0.0204）	1.0977（0.7113）

注：括号中的数值为标准误差。***、**和*分别表示 1%、5%和 10%的显著性水平。

　　图 9-10 描绘了原油市场与各行业股市之间的条件相关性和长期成分的动态变化。从图中可以看出，原油市场与各行业股市之间的长期条件相关性比条件相关性更加平滑，并且条件相关性围绕长期趋势变动。在全球金融危机发生前后，原油市场与各行业股市之间的长期条件相关性急剧上升，从负向转为正向。而在经济繁荣期和经济复苏期，市场之间的相关性

---

　　① 消费者非必需品业（COND）股市与原油市场的 DCC-MIDAS 模型回归参数 a 和 b 的值都过小，并且无法通过显著性检验。因此，无法使用实际相关系数与标准化残差对动态相关性矩阵与其长期成分进行分离，无法得出有效的相关系数估计值。

相对较低。从行业间差异来看，原油市场与能源业和材料业的长期条件相关性在金融危机发生期间相对更高。这是因为能源业和材料业分别属于原油相关行业和原油消费行业，所以国际油价与这两个行业股市指数关联性更强。本节的实证结果与 Yu 等（2018）的研究一致，

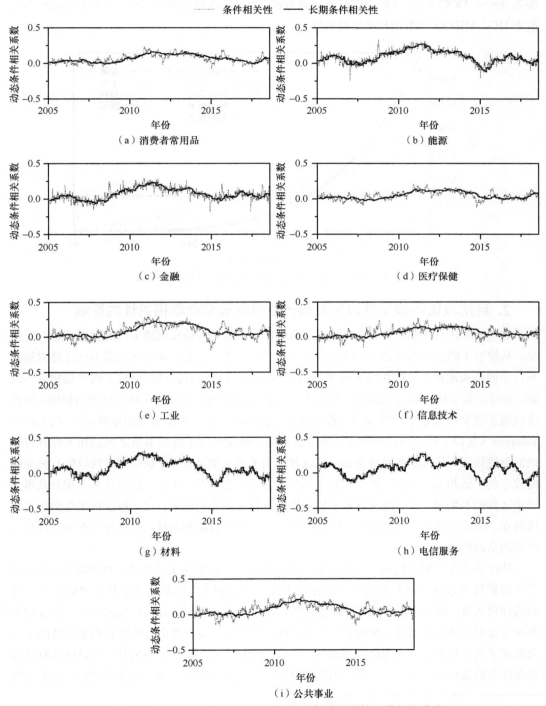

图 9-10　原油市场与各行业股市之间的条件相关性及其长期成分

该研究检验了国际油价与美国行业股票市场的关联性，发现油价与能源业和材料业的相关性在样本期内高于其他行业。

从图9-11原油与行业股市DCC-MIDAS模型中的最优权重函数可以看出，原油与电信服务业股市DCC-MIDAS模型的权重递减最快，原油与消费者常用品业、工业和信息技术业股市DCC-MIDAS模型的权重递减最慢[①]。

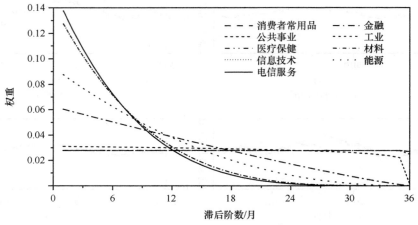

图9-11　原油与行业股市DCC-MIDAS最优权重函数

2. 经济政策不确定性对原油与行业股市长期动态相关性的影响

表9-7给出了经济政策不确定性与原油和各行业股票市场长期相关性的区制关联分析结果。从模型1的估计结果来看，绝大多数参数估计显著。首先，从经济政策不确定性对原油与行业股市长期相关性的作用方向来看，在长期相关性较高且波动幅度较大的"高相关"区制，经济政策不确定性对原油市场与绝大多数行业股市间的长期相关性具有正向影响，即经济政策不确定性加强了原油市场与行业股市之间的相关性。本章研究结论验证了Pástor和Veronesi（2012）的观点，该研究认为经济政策不确定性对于股票市场之间的相关性具有正向的促进作用，尤其是在经济衰退时期这种作用关系更加显著。在长期相关性较低且波动幅度较小的"低相关"区制，对于原油市场与能源业、金融业、工业、信息技术业和公共事业股市之间的长期相关性，经济政策不确定性具有微弱的正向影响；对于原油市场与消费者常用品业、医疗保健业、材料业和电信服务业股市之间的长期相关性，经济政策不确定性起到微弱的负向影响。

从经济政策不确定性对原油与行业股市长期相关性的作用大小来看，整体而言，经济政策不确定性对市场之间长期相关性的作用力度在"高相关"区制远大于其在"低相关"区制的作用力度。而且，经济政策不确定性的作用力度在行业间表现出明显的差异。经济政策不确定性对原油与能源业、金融业、工业、材料业和公共事业股市之间的长期相关性的作用力度高于其他行业，一方面是因为这些行业与经济政策不确定性关系密切，可以快速有效地整合经济政策信息；另一方面是因为这些行业主要为原油相关行业、原油消费行业或原油替

---

① 原油与行业股市DCC-MIDAS模型的权重递减速率排序为：电信服务业>材料业>能源业>金融业>公共事业>医疗保健业>消费者常用品业=工业=信息技术业。

表 9-7　经济政策不确定性与原油和各行业股市长期相关性的区制关联性分析

参数	消费者常用品	能源	金融	医疗保健	工业	信息技术	材料	电信服务	公共事业
模型 1 估计结果									
α	0.0341***	0.0473***	0.0040	0.0142***	0.0245**	0.0081**	0.0275**	0.0983**	0.0159***
	(0.0045)	(0.0109)	(0.0065)	(0.0026)	(0.0040)	(0.0033)	(0.0134)	(0.0076)	(0.003)
$\beta^1_{S_t}$	0.0456***	0.0683***	0.0762***	0.0370***	0.0771***	0.0564***	0.0753***	-0.0013	0.0717***
	(0.0039)	(0.0079)	(0.0068)	(0.0033)	(0.0054)	(0.0042)	(0.0100)	(0.0034)	(0.0050)
$\beta^2_{S_t}$	-0.0003	0.0003	0.0109***	-0.0013	0.0041***	0.0064***	-0.0101**	-0.0457***	0.0045***
	(0.0017)	(0.0043)	(0.0025)	(0.0011)	(0.0016)	(0.0013)	(0.0052)	(0.0098)	(0.0014)
$\sigma^1_{S_t}$	0.0018***	0.0058***	0.0059***	0.0026***	0.0044***	0.0027***	0.0097***	0.0015***	0.0037***
	(0.0003)	(0.0012)	(0.0011)	(0.0005)	(0.0008)	(0.0005)	(0.0020)	(0.0003)	(0.0007)
$\sigma^2_{S_t}$	0.0005***	0.0028***	0.0011***	0.0002***	0.0004***	0.0003***	0.0046***	0.0166***	0.0004***
	(0.0001)	(0.0005)	(0.0002)	(0.0001)	(0.0001)	(0.0001)	(0.0008)	(0.0028)	(0.0001)
TPM	$\begin{bmatrix}0.98 & 0.01\\0.02 & 0.99\end{bmatrix}$	$\begin{bmatrix}0.98 & 0.01\\0.02 & 0.99\end{bmatrix}$	$\begin{bmatrix}0.98 & 0.01\\0.02 & 0.99\end{bmatrix}$	$\begin{bmatrix}0.99 & 0.02\\0.01 & 0.98\end{bmatrix}$	$\begin{bmatrix}0.98 & 0.01\\0.02 & 0.99\end{bmatrix}$	$\begin{bmatrix}0.99 & 0.01\\0.01 & 0.99\end{bmatrix}$	$\begin{bmatrix}0.98 & 0.01\\0.02 & 0.99\end{bmatrix}$	$\begin{bmatrix}0.95 & 0.05\\0.05 & 0.95\end{bmatrix}$	$\begin{bmatrix}0.98 & 0.01\\0.02 & 0.99\end{bmatrix}$
LL	331.62	215.19	257.71	358.08	309.90	342.33	173.45	187.42	325.66
模型 2 估计结果									
α	0.0345***	0.0447***	-0.0007	0.0139***	0.0251***	0.0072**	0.0267**	0.0959***	0.0148***
	(0.0046)	(0.0106)	(0.0061)	(0.0026)	(0.0041)	(0.0034)	(0.0137)	(0.0080)	(0.0037)
$\beta^1_{S_t}$	0.0269***	0.0460***	0.0480***	0.0126	0.0151	0.0321***	0.0515***	-0.0027	0.0418***
	(0.0077)	(0.0157)	(0.0157)	(0.0088)	(0.0134)	(0.0094)	(0.0202)	(0.0059)	(0.0120)
$\beta^2_{S_t}$	0.0035	-0.0002	0.0045	-0.0023	0.0037	0.0053**	-0.0064	-0.0357*	0.0029
	(0.0029)	(0.0057)	(0.0040)	(0.0019)	(0.0028)	(0.0022)	(0.0085)	(0.0218)	(0.0024)

续表

参数	消费者常用品	能源	金融	医疗保健	工业	信息技术	材料	电信服务	公共事业
模型 2 估计结果									
β^1_{2,S_t}	0.0201***	0.0252	0.0329**	0.0278***	0.0581***	0.0268***	0.0254	0.0022	0.0329***
	(0.0077)	(0.0157)	(0.0157)	(0.0095)	(0.0134)	(0.0094)	(0.0199)	(0.0058)	(0.0121)
β^2_{2,S_t}	−0.0043	0.0015	0.0087**	0.0013	0.0004	0.0015	−0.0038	−0.0023	0.0021
	(0.0030)	(0.0061)	(0.0041)	(0.0019)	(0.0028)	(0.0022)	(0.0087)	(0.0227)	(0.0025)
$\sigma^1_{S_t}$	0.0016***	0.0056***	0.0058***	0.0022***	0.0037***	0.0025***	0.0095***	0.0014***	0.0033***
	(0.0003)	(0.0011)	(0.0011)	(0.0004)	(0.0007)	(0.0004)	(0.0019)	(0.0003)	(0.0006)
$\sigma^2_{S_t}$	0.0005***	0.0027***	0.0010***	0.0002***	0.0004***	0.0003***	0.0046***	0.0159***	0.0004***
	(0.0001)	(0.0004)	(0.0002)	(0.0001)	(0.0001)	(0.0001)	(0.0007)	(0.0027)	(0.0001)
TPM	$\begin{bmatrix}0.98 & 0.01\\0.02 & 0.99\end{bmatrix}$	$\begin{bmatrix}0.98 & 0.01\\0.02 & 0.99\end{bmatrix}$	$\begin{bmatrix}0.98 & 0.01\\0.02 & 0.99\end{bmatrix}$	$\begin{bmatrix}0.98 & 0.02\\0.01 & 0.98\end{bmatrix}$	$\begin{bmatrix}0.96 & 0.03\\0.04 & 0.97\end{bmatrix}$	$\begin{bmatrix}0.99 & 0.01\\0.01 & 0.99\end{bmatrix}$	$\begin{bmatrix}0.98 & 0.01\\0.02 & 0.99\end{bmatrix}$	$\begin{bmatrix}0.94 & 0.05\\0.06 & 0.95\end{bmatrix}$	$\begin{bmatrix}0.98 & 0.01\\0.02 & 0.99\end{bmatrix}$
LL	336.06	216.48	261.90	362.80	309.46	346.52	174.39	187.10	329.51

注：表中括号里是标准误差统计量的值。LL 表示对数似然函数的值；TPM 表示转移概率矩阵。***、**和*分别表示 1%、5%和 10%显著性水平。

代行业，对于油价变化比较敏感。对于原油与消费者常用品业和医疗保健业股市之间的长期相关性而言，经济政策不确定性的作用力度相对较小。这种现象不难理解，消费者常用品业和医疗保健业提供了生活中的日用产品、食品和药品等生活必需品，不论经济环境发生怎样的变化，人们都不会削减对此类行业的支出，因而对经济政策不确定性冲击不够敏感。

当将经济政策不确定性滞后一阶纳入模型当中时，对模型2的估计结果表明，对于绝大多数行业来说，参数估计依然显著，而且经济政策不确定性的作用方向和大小没有发生明显变化，说明经济政策不确定性对原油与各行业股市之间的长期相关性的影响具有一定的持续性。

9.5　稳健性检验

本章使用中国股票市场的另一个综合股市行情指数，即深证综合股市指数（SZSE），来研究经济政策不确定性对国际原油市场与中国股票市场之间长期相关性的影响，进而检验本章实证结果的稳健性。

表9-8表明，基于深证综合股市指数的GARCH-MIDAS和DCC-MIDAS模型估计结果与前面使用上证综指分析得到的模型估计结果基本一致。

表9-8　原油市场与深证综合股市长期波动和两市间长期相关性的估计结果

面板A：GARCH-MIDAS模型估计结果

市场	μ	α	β	θ	ω_v	$\bar{m}$
原油市场	0.0003	0.0565***	0.9087***	0.1994***	8.3436***	0.0085***
	(0.0002)	(0.0072)	(0.0172)	(0.0106)	(3.0948)	(0.0013)
股票市场	0.0005*	0.0583***	0.9085***	0.1759***	9.7897***	0.0109***
	(0.0003)	(0.0063)	(0.0140)	(0.0109)	(2.9869)	(0.0010)

面板B：DCC-MIDAS模型估计结果

模型	a	b	ω_c
DCC-MIDAS	0.0109**	0.9767***	1.0010***
	(0.0043)	(0.0128)	(0.2012)

注：括号中的数值为标准误差。***、**和*分别表示1%、5%和10%的显著性水平。

图9-12刻画了原油市场与深证综合股市波动率及其长期成分，图9-13描绘了国际原油市场与深证综合股市之间的条件相关性及其长期成分的动态变化，表9-9给出了经济政策不确定性与国际原油市场和深证综合股市长期波动及两市场间长期相关性的区制关联分析结果。由以上分析可知，基于深证综合股市指数分析得到的国际原油市场与股票市场长期波动和长期相关性及其与经济政策不确定性的区制关联分析结果与9.3节得到的实证结果基本相似，可以认为替换中国综合股市指标所得结论没有发生明显的变化，进而说明本章的实证研究结论是稳健的。

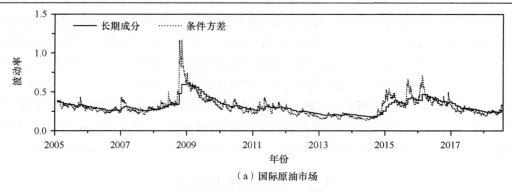

（a）国际原油市场

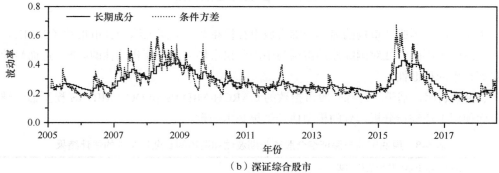

（b）深证综合股市

图 9-12　国际原油市场与深证综合股市波动率及其长期成分

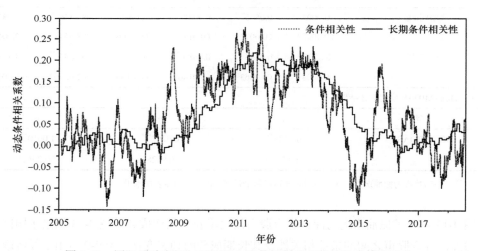

图 9-13　国际原油市场与深证综合股市的条件相关性及其长期成分

表 9-9　经济政策不确定性与国际原油市场和深证综合股市长期波动及长期相关性的区制关联性分析

参数	模型 1			模型 2		
	原油市场 长期波动	深证综合股市 长期波动	原油与股市 长期相关性	原油市场 长期波动	深证综合股市 长期波动	原油与股市 长期相关性
α	0.2644***	0.2527***	0.0164***	0.2566***	0.2530***	0.0173***
	（0.0100）	（0.0040）	（0.0028）	（0.0105）	（0.0044）	（0.0029）

续表

参数	模型1			模型2		
	原油市场长期波动	深证综合股市长期波动	原油与股市长期相关性	原油市场长期波动	深证综合股市长期波动	原油与股市长期相关性
β^1_{1,S_t}	0.1538***	0.0577***	0.0773***	0.0759***	0.0294***	0.0449***
	(0.0106)	(0.0036)	(0.0053)	(0.0173)	(0.0085)	(0.0131)
β^2_{1,S_t}	0.0129***	−0.0046***	−0.0007	0.0099	−0.0014	0.0039*
	(0.0041)	(0.0016)	(0.0011)	(0.0068)	(0.0026)	(0.0020)
β^1_{2,S_t}				0.0888***	0.0317***	0.0201
				(0.0167)	(0.0088)	(0.0133)
β^2_{2,S_t}				0.0069	−0.0036	−0.0051**
				(0.0070)	(0.0026)	(0.0021)
$\sigma^1_{S_t}$	0.0030***	0.0017***	0.0047***	0.0013***	0.0014***	0.0043***
	(0.0009)	(0.0003)	(0.0008)	(0.0004)	(0.0003)	(0.0008)
$\sigma^2_{S_t}$	0.0036***	0.0005***	0.0002***	0.0038***	0.0005***	0.0002***
	(0.0004)	(0.0001)	(0.0000)	(0.0005)	(0.0001)	(0.0000)
TPM	$\begin{bmatrix} 0.91 & 0.01 \\ 0.09 & 0.99 \end{bmatrix}$	$\begin{bmatrix} 0.96 & 0.02 \\ 0.04 & 0.98 \end{bmatrix}$	$\begin{bmatrix} 0.98 & 0.01 \\ 0.02 & 0.99 \end{bmatrix}$	$\begin{bmatrix} 0.92 & 0.01 \\ 0.08 & 0.99 \end{bmatrix}$	$\begin{bmatrix} 0.99 & 0.01 \\ 0.01 & 0.99 \end{bmatrix}$	$\begin{bmatrix} 0.99 & 0.03 \\ 0.01 & 0.97 \end{bmatrix}$
LL	216.96	341.65	343.15	222.12	345.04	337.92
AIC	−419.93	−669.31	−672.30	−426.25	−672.09	−657.84

注：表中括号里给出的是标准误差统计量的值。LL 表示对数似然函数值；TPM 表示转移概率矩阵。***、**和*分别表示 1%、5%和10%显著性水平。

9.6　本　章　小　结

本章采用两因子混频数据模型——GARCH-MIDAS 模型及其扩展模型——DCC-MIDAS 模型，分别从整体市场和行业市场两个层面测度了国际原油市场和中国股票市场长期波动及两市场之间时变条件相关性的长期成分。进一步地，为了验证原油市场与股票市场波动及市场间相关性是否受政策干预的影响，本章借助马尔可夫区制转换模型探讨了经济政策不确定性对市场长期波动及长期相关性影响的大小、方向和动态演变，得出了以下几点主要结论。

第一，基于混频数据模型的 GARCH-MIDAS 模型和 DCC-MIDAS 模型可以有效地将国际原油市场和中国股票市场的长期波动及两市场之间动态相关性的长期成分提取出来。实证结果表明，国际原油市场和中国股票市场波动均具有均值回归特征，即短期波动成分在长期会回归到长期趋势上。同样地，国际原油市场与中国股票市场之间的动态相关性也存在这种现象，条件相关性的短期成分围绕长期趋势变动。说明单市场长期波动和市场间长期相关性可以有效地反映市场波动和市场间相关性的整体走势，屏蔽了高频市场波动中的大量噪声成分，能够很好地跟低频宏观经济指标联系起来，作为判断经济运行态势和市场间联动性发展走势的重要参考。在经济繁荣和经济复苏时期，国际原油市场与中国股票市场之间的长期相关性保持在低位徘徊，而在经济衰退（如全球金融危机）期间两市场之间的长期相关性急剧上升且呈高位震荡态势。

第二，国际原油市场和中国股票市场长期波动及市场间长期相关性存在显著的区制特征，而且经济政策不确定性的作用关系在不同区制表现出明显的差异。具体来说，不论国际原油市场处于高波动时期还是低波动时期，中国经济政策不确定性的升高均会加剧国际油价波动，但其影响力度在国际原油市场高波动时期远大于低波动时期。对于中国综合股市而言，股票市场波动较大的活跃期往往伴随着经济政策不确定性的上升，这体现了中国股票市场的"政策市"特征，而在中国股市低迷期，经济政策不确定性的作用效果微弱且影响方向发生了反转。经济政策不确定性与原油市场和股票市场长期相关性的区制关联分析结果表明，在长期相关性较高且波动幅度较大的区制，经济政策不确定性与两市场长期相关性同向变动，即经济政策不确定性上升将加强两市场之间的长期相关性。而在长期相关性较低且波动幅度较小的区制，经济政策不确定性仍旧表现为正向影响效应但影响力度十分微弱。从以上内容可以看出，经济政策的作用效果跟原油市场和股票市场本身所处的阶段有关，当市场波动或两市场相关性波动幅度较大时，经济政策的作用效果较为明显。

第三，经济政策不确定性对原油市场与股票市场之间的长期相关性的影响在不同行业存在差异。经济政策不确定性对原油市场与能源业、金融业、工业、材料业和公共事业股票市场之间的长期相关性的作用力度较大，对于原油与消费者常用品业和医疗保健业股票市场之间的长期相关性的作用力度相对较小。

第 10 章　全球能源市场间的极端风险溢出效应：气候政策不确定性视角

在应对气候变化和实现"双碳"目标背景下，政府将不可避免地实施和调整一系列与气候变化相关的政策，而气候政策的调整具有不确定性（Borenstein et al.，2019）。气候政策不确定性条件下，石油与其他能源市场间的风险传导路径更加复杂，风险传染效应加剧，对能源安全及经济发展造成严重冲击。然而，现阶段从气候政策不确定性视角考察石油市场风险溢出的研究仍相对较少，且关于气候政策不确定性在石油与其他能源市场间风险传递过程中的作用机制尚不明晰。鉴于此，本章采用了基于 QVAR 模型的溢出指数方法，来测量在正常状态和极端状态下石油与其他能源市场之间的风险溢出及其动态演变规律。进一步，本章构建了一个包含气候政策不确定性冲击的 GARCH-MIDAS-CPU 模型，以深入研究气候政策不确定性对石油与其他能源市场间风险溢出关系的驱动机制。

10.1　问题的提出

在全球能源转型的大背景下，气候危机事件将加速能源市场的变革，引发全球能源市场的剧烈动荡和风险剧增，给能源市场的监管者和投资者带来更大的风险和不确定性（Hong et al.，2019）。比如，2021 年底爆发的欧洲能源危机席卷全球，引发国际能源价格暴涨暴跌并迅速出现跨市场风险传染，成为 1973 年石油危机以来最严重的危机。与 20 世纪两次石油危机不同，此次能源危机的原因主要来源于两方面：一是全球极端天气频发推高了能源需求，导致能源短缺问题更加突出；二是应对气候变化政策的转变，使得传统石化能源过早退出，而清洁能源供给不够稳定，供需失衡导致能源价格快速上行（郝宇，2022）。全球能源市场的稳定关系到中国能源安全，全球能源市场的动荡与变革势必对中国的经济社会带来深刻影响。面对全球能源市场大变局，如何有效应对国际能源市场间的风险联动及外溢冲击，仍将是中国推进碳中和进程中面临的重要挑战。在当前能源安全已成为国家安全重要组成部分的背景下，有效地衡量全球能源市场间的极端风险溢出效应及其驱动机制，具有重要的学术价值和现实意义。

为缓解气候变化的不利影响，以实现碳中和为目标的能源结构转型已成为全球趋势，与之相伴的气候政策不确定性正成为能源市场间风险溢出的重要驱动力量。进入 21 世纪以来，为积极应对气候变化，世界各国政府制定和实施了一系列与气候变化相关的政策（姬强等，2022）。然而，气候政策的频繁变动势必会引致气候政策不确定性（CPU）的升高，体现在气候政策制定主体、政策颁布时间与内容以及政策作用后果等方面的不确定（Borenstein et al., 2019）。在气候政策不确定性条件下，全球能源市场风险传导路径更加复杂，风险传染效应加剧，对能源安全及经济发展造成严重冲击。首先，气候政策不确定性的升高会加大金融摩擦，推高融资和投资成本，导致能源企业推迟或减少投资。其次，气候政策不确定性可通过资产搁浅和市场预期扰乱能源市场价格信号，造成高碳企业尤其是石油、天然气、煤炭等能源行业资产价值重估，影响能源价格体系的稳定。最后，不可预期的气候政策转型会加剧能源价格波动水平及风险外溢，从而影响经济的稳定增长。

纵观该领域的研究，从研究视角看，现阶段从气候政策不确定性视角考察能源市场风险溢出的研究仍相对较少，且关于气候政策不确定性在全球能源市场间风险传递过程中的作用机制尚不明晰。在全球极端气候事件频发以及《巴黎协定》和《格拉斯哥气候公约》等全球气候治理行动引发气候政策不确定性升高的背景下，如何应对能源市场间的风险联动，携手应对气候变化，是当前和未来一段时间需要关注的重点问题。从研究方法看，尽管近期Diebold 和 Yilmaz（2009）以及 Baruník 和 Křehlík（2018）提出的时间域和频率域溢出指数方法在研究能源市场波动溢出和风险传递中得到广泛应用，但此类方法的一个共同特征是依赖条件均值估计量，仅能估计正常市态下能源市场之间的溢出效应。然而，在"黑天鹅"和"灰犀牛"事件导致的全球不确定性升高的背景下，能源市场之间的溢出效应在不同市场状态下具有明显的异质性（Sim and Zhou, 2015）。因此，基于常系数线性 VAR 模型的溢出指数方法难以揭示极端状态下跨市场的溢出效应及动态演化。从研究内容看，既有研究主要围绕能源内部市场、能源与其他市场（如非能源商品市场、金融市场）之间的收益率和波动溢出效应，缺乏从市场风险角度考察整个能源系统关联的脆弱性。能源价格系统脆弱性刻画了能源价格风险之间的关联性受到内外部不确定性冲击影响而发生震荡的一种状态，尤其是当前对能源安全的考量已从"生产-供应"型的"供给安全"转为"市场-金融"型的"价格安全"，有效衡量能源价格系统脆弱性，识别脆弱性来源，有助于政府和监管部门防范化解能源系统风险，保障能源安全。

有鉴于此，本章采用基于 QVAR 模型的溢出指数方法，测度正常状态和极端状态下的全球能源市场间的风险溢出及其动态演变规律，并进一步构建包含气候政策不确定性冲击的GARCH-MIDAS-CPU 模型，对气候政策不确定性对能源市场间风险溢出关系的驱动机制展开深入研究。与已有文献相比，本章的边际贡献主要有以下三点：第一，研究视角上，从气候政策不确定性视角对能源市场间风险溢出效应及能源价格系统脆弱性的驱动机制展开研究，丰富了能源市场风险管理的理论视角。第二，研究方法上，将 QVAR 模型纳入溢出指数方法，可以揭示正常和极端状态下能源市场间的风险溢出效应，弥补了基于条件均值估计的溢出指数方法的不足。第三，研究内容上，构建了能源价格系统脆弱性指标，能够衡量能源系统风险关联的稳定性，为能源市场风险监管提供了有力工具。在应对气候变化背景下，本章不仅有助于有效识别国际能源市场的风险源头，根据能源市场状态的变化有针对性地防范国际能源市场风险，而且有助于更好地理解能源市场间风险溢出的驱动机理，为健全能源市场风险监控机制，完善气候危机下的能源风险治理提供有益的参考依据。

本章结构安排：10.2 节为模型构建，10.3 节为变量选择与数据描述，10.4 为能源市场间风险溢出效应分析，10.5 节为气候政策不确定性对能源市场间风险溢出效应的影响，10.6节为稳健性检验，10.7 节为本章小结。

10.2　模 型 构 建

基于分位数溢出指数方法计算的能源市场间风险溢出指数为日度频率，而 CPU 指数为月度频率。对于混合频率数据，如果对高频数据进行降频处理，则会丢失高频数据中的有效信息，导致参数估计存在偏差，无法准确评估气候政策不确定性对能源市场间风险溢出水平的影响。因此，本章在 Engle 等（2013）研究的基础上，构建了带有外生变量的 GARCH-MIDAS-CPU 模型，分析气候政策不确定性对能源市场间风险溢出水平的影响。GARCH-MIDAS-CPU 模型的设定如下：

$$r_{i,t} = \mu + \sqrt{\tau_t g_{i,t}}\,\varepsilon_{i,t}, \quad \forall i = 1, 2, \cdots, N_t \tag{10-1}$$

其中，$r_{i,t}$ 为 t 月第 i 天的能源市场间溢出指数变化率；N_t 为 t 月的天数；τ_t 为能源市场间溢出指数波动的长期成分；$g_{i,t}$ 为能源市场间溢出指数波动的短期成分；$\varepsilon_{i,t}\,|\,\psi_{i-1,t} \sim N(0,1)$，$\psi_{i-1,t}$ 表示截至 t 月第 i–1 天可获取的历史信息集。

对于短期成分 $g_{i,t}$，可利用标准 GARCH（1, 1）过程进行刻画。

$$g_{i,t} = (1 - \alpha - \beta) + \alpha \frac{(r_{i,t} - \mu)^2}{\tau_t} + \beta_{g_{i,t}} \tag{10-2}$$

其中，$\alpha > 0$, $\beta > 0$, $\alpha + \beta < 1$。

参考 Ghysels 等（2005）提出的 MIDAS 回归方法，基于已实现波动率 $RV_t = \sum_{i=1}^{N_t} r_{i,t}^2$ 来刻画长期成分 τ_t，则有

$$\log \tau_t = m + \theta \sum_{k=1}^{K_r} \varphi_k(\omega_1, \omega_2) RV_{t-k} \tag{10-3}$$

其中，K_r 为已实现波动率的最大滞后阶数；$\varphi_k(\omega_1, \omega_2)$ 为基于 Beta 函数构造的权重方程，即

$$\varphi_k(\omega_1, \omega_2) = \frac{(k/K_r)^{\omega_1^{-1}}(1 - k/K_r)^{\omega_2^{-1}}}{\sum_{j=1}^{K_r}(j/K_r)^{\omega_1^{-1}}(1 - j/K_r)^{\omega_2^{-1}}} \tag{10-4}$$

为了保证滞后项权重呈衰减形式（即滞后期越小，对当期影响越大）以及模型的简便，本章借鉴 Engle 等（2013）的研究，对该权重方程设置约束加权条件 ω_1=1，仅由参数 ω_2 决定低频变量对长期成分的衰减速度。因此，式（10-1）～式（10-4）共同构成了基于已实现波动率 RV 的 GARCH-MIDAS 模型，其中式（10-3）也被称为 MIDAS 滤波。

为考察气候政策不确定性对能源市场间风险溢出的影响，本章用气候政策不确定性指数替换已实现波动率 RV，直接引入到 GARCH-MIDAS 模型中：

$$\log \tau_t = m_c + \theta_c \sum_{k=1}^{K_c} \varphi_k(\omega_{1,c}, \omega_{2,c}) CPU_{t-k} \tag{10-5}$$

其中，CPU_{t-k} 为相对当期（t 期）滞后 k 期的气候政策不确定性指数；K_c 为 CPU_{t-k} 的最大滞后阶数。因此，式（10-1）、式（10-2）、式（10-4）、式（10-5）共同构成基于气候政策不确定性指数的 GARCH-MIDAS-CPU 模型。

在估计权重函数中的最大滞后阶数 K_c 时，Engle 等（2013）和 Conrad 和 Kleen（2020）的研究表明，用过去三年的信息来估计权重系数拟合效果最好。如果是日度数据和月度数据，$K_c=36$；如果是日度数据和季度数据，$K_c=12$。本章选用日度能源市场风险溢出指数和月度气候政策不确定性指数数据，因此 $K_c=36$。

根据溢出指数的分布函数和模型设定，用极大似然估计得出所需参数，极大似然函数为

$$\text{LLF} = -\frac{1}{2}\sum_{t=1}^{T}\left[\log g_t(\varphi)\tau_t(\varphi) + \frac{(r_t-\mu)^2}{g_t(\varphi)\tau_t(\varphi)}\right] \tag{10-6}$$

10.3 变量选择与数据描述

10.3.1 数据选取及说明

为了对全球能源市场间的风险溢出效应进行有效测度，并深入分析各市场之间的风险联动关系，分别选择煤炭市场、石油市场、燃料油市场、汽油市场、天然气市场、电力市场、碳市场、清洁能源市场等共计 8 个全球主要能源市场指数数据。鉴于数据的可获得性，选取的各个能源市场指数及研究分析的样本区间为 2006 年 7 月 18 日至 2021 年 3 月 31 日，共计 3683 个交易日，数据来源于 Datastream 数据库。参照 Green 等（2018）的研究，本章使用 GARCH 模型计算条件波动率以衡量能源市场的波动风险。

本章采用 Gavriilidis（2021）构建的 CPU 指数来衡量气候政策变化引致的不确定性，基于美国 8 家主流新闻媒体自 2000 年 1 月以来的新闻数据，使用机器自动统计各媒体新闻中同时包含"气候"、"政策"和"不确定"三类关键词词组的月度文章数量，进一步将筛选出来的目标文章数除以同月该报纸的文章数，以消除报纸版面不同带来的目标文章数的变化。为控制新闻数量的时间趋势，本书作者对上述文章数量进行标准化处理，再对标准化后的序列按月进行平均，最后将序列转换为均值 100 的 CPU 指数[①]。CPU 指数在与气候政策相关的重要事件前后达到峰值，如新的排放立法、全球针对气候变化的罢工和关于气候政策的声明等，可以较好地反映气候政策的不确定性水平。该指数提出后得到学术界的广泛关注，并被越来越多的学者用于评估气候政策不确定性的影响后果。参考 Ren 等（2022）、Guo 等（2022）的研究，由于美国是世界上最大的经济体，我们可以用美国的 CPU 指数来代表全球气候政策风险。

10.3.2 数据描述性统计

表 10-1 展示了各个能源市场波动率和 CPU 指数的描述性统计。从表 10-1 可以看出，首先，电力市场波动率均值及标准差高于其他市场，表明电力市场波动程度更高，其风险水平较高。其次，各类能源市场波动率均呈现显著的尖峰和厚尾分布特征，Jarque-Bera 统计量则进一步表明各个波动率序列均为非正态分布。因此，在分析能源市场间溢出效应时，应当考察跨市场溢出效应在不同条件分布下可能表现出的异质性特征。最后，单位根检验结果表明，所有序列均平稳，在 1%的显著性水平下拒绝了含有单位根的假设，适合构建

① 资料来源：http://www.policyuncertainty.com。

溢出指数模型。

表 10-1　能源市场波动率及 CPU 指数的描述性统计

变量	平均值	标准差	最小值	最大值	偏度	峰度	JB	ADF
煤炭	0.0003	0.0003	0.0000	0.0033	4.0681	26.7588	96782***	−5.4372***
石油	0.0008	0.0030	0.0001	0.0769	15.6089	297.7590	13482455***	−7.8366***
燃料油	0.0004	0.0004	0.0001	0.0037	3.4846	18.3120	43432***	−5.0605***
汽油	0.0007	0.0014	0.0002	0.0261	10.0037	134.1006	2698975***	−7.6177***
天然气	0.0011	0.0008	0.0002	0.0090	2.8239	15.6173	29325***	−7.6096***
电力	0.0359	0.0507	0.0032	0.5845	3.8285	24.7774	81776***	−9.2177***
碳市场	0.0010	0.0013	0.0002	0.0229	7.3959	90.7053	1214011***	−9.8320***
清洁能源	0.0004	0.0008	0.0000	0.0083	5.9169	43.6558	275140***	−5.8725***
CPU	4.6379	0.6805	1.9539	6.4442	−0.7509	5.0031	46.2255***	−4.8289***

注：ADF 表示单位根检验，***表示 1%显著性水平。

10.4　能源市场间风险溢出效应分析

10.4.1　能源市场间风险溢出效应的静态分析

1. 基于条件均值的溢出指数

本章采用分位溢出指数方法考察正常状态和极端状态下全球能源市场之间的风险溢出效应。参照 AIC，本章选取 QVAR 模型的最优滞后阶数为 1 阶，预测误差方差分解的期数为 10。鉴于 OLS 估计量等于 $\tau \in (0,1)$ 的分位回归估计量的均等加权平均值，本章首先使用 OLS 估计了全球能源市场之间的风险溢出效应，具体结果如表 10-2 所示。

表 10-2　基于 OLS 估计的静态溢出指数表　（单位：%）

变量	煤炭	石油	燃料油	汽油	天然气	电力	碳市场	清洁能源	溢入
煤炭	71.26	4.13	4.88	4.40	5.13	3.42	3.53	3.25	28.74
石油	1.71	45.52	27.35	12.74	2.63	2.09	2.02	5.95	54.48
燃料油	1.56	31.37	44.37	11.57	2.32	2.23	1.78	4.80	55.63
汽油	2.42	15.58	14.95	56.52	2.79	1.57	1.82	4.34	43.48
天然气	4.07	3.34	2.76	2.82	77.63	3.51	3.49	2.37	22.37
电力	2.92	3.19	2.95	1.98	3.67	79.98	2.97	2.34	20.02
碳市场	5.81	2.92	4.06	4.04	2.39	3.12	71.84	5.83	28.16
清洁能源	3.68	6.07	5.55	4.90	2.61	2.47	3.70	71.02	28.98
溢出	22.18	66.60	62.50	42.45	21.55	18.41	19.32	28.87	总溢出指数
净溢出	−6.56	12.12	6.87	−1.03	−0.82	−1.61	−8.84	−0.11	35.23

由表 10-2 可知，全球能源市场之间的总溢出指数为 35.23%，说明能源市场系统内的风险溢出效应显著。从方向性溢出效应来看，各个能源市场的风险溢入效应在 20.02%（电力）和

55.63%（燃料油）之间变化，风险溢出效应在18.41%（电力）和66.60%（石油）的范围内变化。其中，石油市场的对外溢出效应最高，为66.60%，是全球能源市场系统性风险的首要来源，这个结果跟Chuliá等（2019）和Gong等（2021）的结论保持一致。主要原因在于，石油在现有的能源体系中具有高度的流动性和广泛的市场交易，在生产和消费中扮演着重要的角色。净溢出效应方面，石油和燃料油市场对系统内其他能源市场风险预测误差方差的贡献度较高，分别达到66.60%和62.50%，高于整个系统对石油和燃料油市场风险的贡献度（54.48%和55.63%），导致石油和燃料油市场的净溢出效应为正值。相比之下，其余能源市场的净溢出效应为负值。这意味着石油市场和燃料油市场的对外风险溢出效应较大，在整个能源系统中扮演风险溢出净输出方的角色，而煤炭市场、汽油市场、天然气市场、电力市场、碳市场和清洁能源市场则受其他市场的风险冲击影响更强。其中，碳市场和煤炭市场的净溢出水平最弱，分别是–8.84%和–6.56%，表明碳市场和煤炭市场更容易受到其他市场风险冲击的影响。可能的原因主要有两点：一是碳市场发展并不够成熟，其广度和深度尚不足以对其他能源市场产生重大影响（Ding et al.，2022）；二是2008年以来，随着全球经济前景恶化和能源结构转型的大幅推进，煤炭价格整体逐步下跌，容易受到其他能源市场的影响（Chuliá et al.，2019）。

2. 不同市场状态下的溢出指数

然而，如前所述，基于OLS回归的估计结果仅能体现市场之间的平均溢出关系，难以揭示不同市态下跨市场风险溢出关系的异质性。因此，本章进一步检验了在正常（0.5分位）、极端波动下行（0.05分位）和极端波动上行（0.95分位）等不同市场状态下全球能源市场之间的风险溢出效应，结果如表10-3所示。

表10-3 不同分位下的静态溢出指数表 （单位：%）

面板A：0.5分位									
变量	煤炭	石油	燃料油	汽油	天然气	电力	碳市场	清洁能源	溢入
煤炭	78.48	3.34	2.89	3.77	3.15	2.72	3.70	1.96	21.52
石油	2.28	46.00	29.23	13.19	1.57	1.05	1.68	5.00	54.00
燃料油	2.01	31.24	44.46	12.52	1.60	1.10	1.66	5.41	55.54
汽油	2.18	15.63	14.40	60.72	1.44	0.59	1.52	3.51	39.28
天然气	3.06	2.27	2.35	2.02	84.14	2.33	2.41	1.44	15.86
电力	1.73	1.84	1.81	0.85	1.50	89.92	1.49	0.85	10.07
碳市场	4.33	1.96	2.28	2.07	1.94	1.41	81.85	4.16	18.15
清洁能源	2.47	6.87	6.04	4.41	1.90	0.92	3.74	73.65	26.35
溢出	18.06	63.15	59.00	38.83	13.09	10.12	16.20	22.33	总溢出指数
净溢出	–3.46	9.15	3.46	–0.45	–2.77	0.05	–1.95	–4.02	30.10
面板B：0.05分位									
变量	煤炭	石油	燃料油	汽油	天然气	电力	碳市场	清洁能源	溢入
煤炭	65.52	5.90	5.42	4.83	5.17	2.54	5.90	4.71	34.48
石油	3.77	40.30	29.08	13.25	2.91	1.51	2.84	6.33	59.70
燃料油	3.48	29.24	40.34	13.07	3.06	1.50	3.00	6.30	59.66

续表

面板 B：0.05 分位

变量	煤炭	石油	燃料油	汽油	天然气	电力	碳市场	清洁能源	溢入
汽油	3.72	15.88	15.60	54.15	2.67	0.96	2.50	4.51	45.85
天然气	5.49	4.89	5.12	3.69	71.12	2.46	3.92	3.31	28.87
电力	2.96	2.94	2.89	1.52	2.70	82.86	2.04	2.09	17.13
碳市场	6.01	4.63	4.88	3.36	3.67	1.82	69.41	6.21	30.59
清洁能源	4.39	9.31	8.95	5.45	2.92	1.65	5.57	61.76	38.24
溢出	29.82	72.80	71.93	45.17	23.10	12.46	25.79	33.46	总溢出指数
净溢出	−4.66	13.10	12.27	−0.68	−5.77	−4.67	−4.80	−4.78	39.32

面板 C：0.95 分位

变量	煤炭	石油	燃料油	汽油	天然气	电力	碳市场	清洁能源	溢入
煤炭	15.48	12.97	10.93	14.93	11.37	11.59	11.26	11.46	84.52
石油	11.53	16.18	12.77	15.99	11.14	9.99	10.72	11.67	83.81
燃料油	11.00	15.12	14.72	16.19	10.68	10.15	10.29	11.84	85.28
汽油	11.53	14.35	11.70	19.14	10.88	10.09	10.88	11.44	80.86
天然气	11.95	13.86	10.94	13.41	16.63	11.25	10.75	11.21	83.37
电力	11.65	11.66	9.92	12.89	11.17	21.85	11.25	9.61	78.15
碳市场	11.63	12.92	11.05	14.42	10.38	12.44	16.25	10.91	83.75
清洁能源	11.64	14.38	11.46	14.46	10.40	10.77	11.45	15.43	84.57
溢出	80.92	95.25	78.78	102.30	76.04	76.28	76.61	78.13	总溢出指数
净溢出	−3.60	11.44	−6.50	21.44	−7.33	−1.87	−7.14	−6.44	83.04

从表 10-3 可以看出，全球能源市场之间的风险溢出效应在不同分位上的表现存在显著差异。总溢出指数方面，0.05 和 0.95 分位上的总溢出指数分别为 39.32%和 83.04%，高于 0.5 分位上的总溢出指数（30.1%）。可能的解释在于，随着能源金融化的加深及经济全球化的发展，全球资本流动显著增加，全球能源市场之间的联系更加紧密（Ji et al.，2018a）。特别是，在全球各类不确定性升高的环境下，能源市场之间的尾部风险关联程度更高，各市场对极端风险冲击更加敏感。

方向性溢出指数方面，在 0.5 分位上溢出指数和溢入指数最高的分别为石油市场（63.15%）和燃料油市场（55.54%）；在 0.05 分位上溢出指数和溢入指数最高的均为石油市场，分别达到 72.8%和 59.70%；在 0.95 分位上溢出指数和溢入指数最高的分别为汽油市场（102.3%）和燃料油市场（85.28%）。可以看出，石油类能源商品在全球能源系统风险溢出中占有举足轻重的地位，石油市场风险极易传染到其他能源市场。值得注意的是，在 0.95 分位上各能源市场溢出指数和溢入指数的水平均较高，全部都在 70%以上，说明全球能源市场之间的上行风险溢出更强，主要原因在于负向冲击导致的溢出效应比正向冲击更加显著。

净溢出指数方面，石油市场在 0.5、0.05 和 0.95 分位均为风险净输出方，而且石油市场在 0.05 和 0.95 分位上的净溢出水平大幅升高，表明石油市场的尾部风险溢出能力更强。这一结果验证了 Sim 和 Zhou（2015）的观点，油价冲击的影响效应跟市场状态有关，其在极端市场状态下的影响程度更高。此外，在不同分位上部分能源市场的风险溢出地位发生了改变，如燃料油市场在 0.5 和 0.05 分位为风险溢出净输出方，但在 0.95 分位转变为风险溢出净接收方。汽油市场在 0.5 和 0.05 分位为风险溢出净接收方，但在 0.95 分位转变为风险溢出净输出方。电力市场在 0.5 分位为风险溢出净输出方，但在 0.05 和 0.95 分位转变为风险溢出净接收方。相比之下，煤炭市场、天然气市场、碳市场和清洁能源市场在所有分位上均为风险溢出净接收方。基于以上内容可知，能源市场间的风险溢出效应跟市场状态有关，基于条件均值估计得到的溢出指数难以准确把握跨市场风险溢出规律。

现有文献已经证实资产间的联动性在负面冲击下会显著增加，因此条件分布的右尾应呈现出强烈的溢出效应（Ang and Bekaert，2002）。图 10-1 体现了不同市场状态下能源市场间总溢出水平的变化走势，可以看出总溢出水平在左尾（0.05 分位）和右尾（0.95 分位）更加强烈，表明对于负向（右尾）和正向（左尾）冲击，溢出强度都随着冲击规模的增加而增加。相比之下，右尾总溢出水平又明显高于左尾总溢出水平，且 0.95 分位上的总溢出水平（83.04%）是 0.05 分位上总溢出水平的（39.32%）两倍有余，意味着能源市场间的极端风险溢出具有显著的非对称性，极端负向冲击对能源市场的影响远大于极端正向冲击。出现上述现象的可能原因在于，能源市场波动具有多样性和广泛性，且多数能源市场兼具金融属性，表现出金融市场的非对称波动特征（Wang et al.，2015）。分位数的变化可以被解释为一个状态转换过程，冲击水平的变化导致了极端利好和极端利差信息冲击之间的状态转换。因此，条件分布中的尾部溢出强度的显著升高，体现了外部冲击将导致极端风险传染的发生。这些现象给我们的启示在于，当巨大的异质性极端冲击影响能源市场时，投资者需要获取冲击产生的信息源，进而重新评估整个能源系统中的风险关联水平。

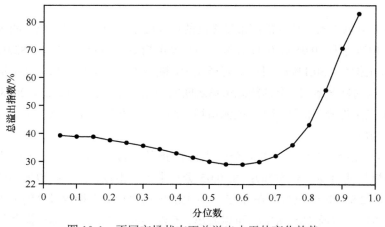

图 10-1　不同市场状态下总溢出水平的变化趋势

10.4.2　能源市场间风险溢出效应的动态分析

1. 动态总溢出指数

全样本分析的溢出指数表从静态上显示了不同分位数上能源市场之间的风险溢出效应，

让我们对整个样本期内跨市场之间的风险传递有了一个初步的把握，但这种静态分析无法揭示风险溢出关系的动态演变。因此，将滚动窗口分析方法和分位溢出指数方法相结合，使用200 天的滚动窗口刻画不同分位数上能源市场间风险溢出效应的动态演变规律。图 10-2 描绘了基于条件均值和不同分位数的总溢出指数动态变化。

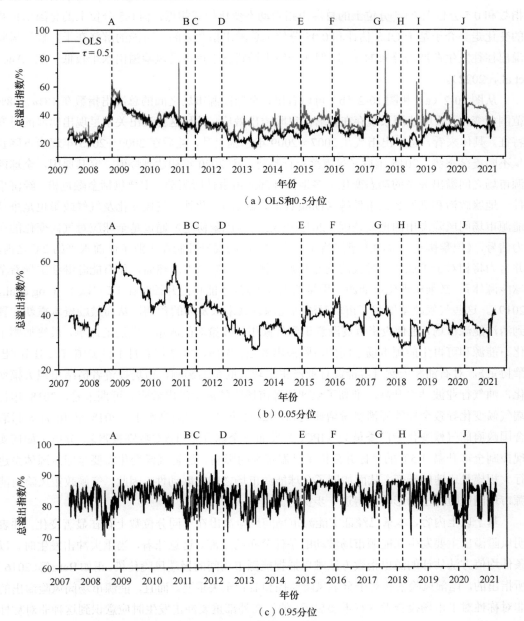

图 10-2　不同分位点上动态总溢出指数

事件 A：全球金融危机，2008 年 10 月 7 日；事件 B：日本大地震，2011 年 3 月 11 日；事件 C：欧洲债务危机，2011 年 6 月 27 日；事件 D：中东冲突，2012 年 5 月 8 日；事件 E：国际油价暴跌，2014 年 12 月 1 日；事件 F：《巴黎协定》通过，2015 年 12 月 12 日；事件 G：美国宣布退出《巴黎协定》，2017 年 6 月 1 日；事件 H：中美贸易摩擦，2018 年 3 月 8 日；事件 I：IPCC 发布《全球升温 1.5℃特别报告》，2018 年 10 月 8 日；事件 J：新冠疫情全球大暴发，2020 年 2 月 5 日

　　图 10-2（a）展示了基于 OLS 和条件中位数（0.5 分位）估计的总溢出指数动态变化，度量了两种不同类型估计方法下的平均溢出水平。图 10-2（b）描绘了 0.05 分位上的总溢出指数，体现了左尾风险溢出的程度。相应地，图 10-2（c）捕捉了 0.95 分位上的总溢出指数，以衡量右尾风险溢出的水平。由图 10-2（a）和图 10-2（b）可知，基于 OLS 估计的总溢出指数和 0.5 分位及 0.05 分位上的总溢出指数动态变化模式相近，但 0.5 分位上的总溢出指数的变化走势介于基于 OLS 估计和 0.05 分位上总溢出指数之间。可能的解释在于，极端风险溢出往往发生在冲击分布的尾部，但在一般市场状态下跨市场风险溢出水平较低一些（Ando et al.，2022）。

　　从图 10-2（a）和图 10-2（b）可以看出，全球能源市场之间的总溢出指数在 18%～88% 范围内变化，表明能源系统存在显著的风险溢出效应，并且这种溢出关系呈现出明显的时变特征。具体来看，总溢出指数在 2007～2009 年急剧上升，随后在 2009～2015 年逐步下降且呈不断震荡态势，2015 年后又呈震荡上行趋势，于 2020 年初达到峰值。究其原因，全球能源市场之间溢出关系的动态变化更多地由外部冲击事件所驱动，主要包括金融危机、经济事件、地缘政治和突发公共事件等（Ding et al.，2022）。此外，气候变化及气候政策也是推动能源市场间风险溢出的重要诱因。2015 年 12 月《巴黎协定》通过是全球应对气候变化的有力信号，《巴黎协定》缔约方承诺将全球平均气温的温升控制在工业革命前水平的 2℃之内，并努力将相对于工业化前时代的气温升幅控制在 1.5℃以内。然而，化石能源继续主导着全球能源体系，必须实现化石能源使用量的大幅下降，才能将温升控制在 1.5℃以下（Tong et al.，2019）。这些气候政策增强了市场对清洁能源领域未来发展的预期，从而鼓励资本重新配置到清洁能源市场，也使投资者逐渐意识到气候相关政策对能源市场发展的影响，最终加剧了化石能源和可再生能源市场之间的风险溢出效应。然而，2017 年 6 月 1 日美国宣布退出《巴黎协定》，对石油和天然气等能源行业产生了较大的负面影响，市场投资者情绪出现大幅变化，油气行业波动率升高，推高了全球能源市场间的风险溢出效应。近期来看，2018 年极端气候变化导致全球能源消费量增速达到自 2011 年以来的最高水平，2018 年 10 月 8 日联合国政府间气候变化专门委员会（IPCC）发布《全球升温 1.5℃特别报告》，分析了如何实现控制全球升温 1.5℃的目标并分析了升温带来的影响。缓解气候变化需要全球能源体系进行大规模且迅速的转变，从而加剧了全球能源市场之间的联动性。因此，气候政策风险对能源市场间风险溢出的影响值得进一步探讨。

　　基于以上内容，本章已经证实能源市场间风险溢出在不同分位数上存在显著变化，并表明风险溢出主要发生在能源市场波动的条件分布的尾部。这意味着，当重大冲击发生时，以条件均值方法估计的溢出指数方法难以捕捉能源市场间的极端风险传染。正如 Betz 等（2016）所指出的，尾部风险依赖对于金融风险监控和监管至关重要。而且，能源市场间风险溢出的非对称性对于市场投资者具有重要启示，他们在外部重要冲击发生时应意识到这种非对称性对投资和对冲决策的影响。因此，与现有基于 Diebold 和 Yilmaz（2009）以及 Baruník 和 Křehlík（2018）溢出指数方法研究能源市场溢出效应的文献不同，通过结合分位数回归溢出指数方法和滚动窗口分析技术，本章能够直接刻画能源市场间风险溢出效应在不同市场状态下的动态演变，特别是重大冲击下的极端风险传染演变规律。

2. 动态方向性溢出指数

方向性溢出指数方面，图 10-3～图 10-5 分别展示了 0.5 分位、0.05 分位和 0.95 分位上全球能源市场风险的动态溢出效应、动态溢入效应和动态净溢出效应，可以得到以下几点结论。

第一，就不同市场状态而言，能源市场的风险溢出和溢入效应在不同市场状态下表现出明显的异质性。整体来看，各个能源市场在极端市场状态下的风险溢出和溢入水平均高于正常状态。其中，在极端波动上行（0.95 分位）时期能源市场的风险溢出和溢入水平最高，其次是极端波动下行（0.05 分位）时期，正常状态（0.5 分位）下的风险溢出和溢入水平则相对较低。因此，基于条件均值的溢出指数测度会低估各个能源市场在极端状态下的风险溢出和溢入水平，从而忽视极端状态下的风险输入和输出水平的急剧升高。

第二，从截面维度来看，不同能源市场的风险溢出和溢入水平存在显著差异。在正常状态和极端波动下行的大部分时期，石油市场在全球能源市场溢出关系中占据主导地位，其风险溢出水平和风险溢入水平均最高，其次是燃料油市场和汽油市场，而煤炭、天然气、电力、碳市场和清洁能源市场的风险溢出水平和溢入水平则相对较低。相比之下，在极端波动上行的大部分时期，石油市场和汽油市场对其他能源市场的风险溢出水平较高，这些发现也再次验证了前面静态溢出指数分析得到的结论。

第三，从时间维度来看，各个能源市场的风险溢出和溢入水平呈现明显的动态性。在 2008 年全球金融危机、2014 年国际油价暴跌、2017 年美国宣布退出《巴黎协定》、2020 年全球新冠疫情暴发等冲击事件发生时期，各个能源市场的风险溢出和溢入水平均出现剧烈波动。值得注意的是，在正常状态和极端波动下行状态下，传统化石能源（煤炭、石油、天然气）和二次能源（燃料油、汽油和电力）市场的风险溢出和溢入水平整体呈现下降趋势，而碳市场和清洁能源市场的风险溢出和溢入水平呈现上升趋势。特别是，在 2015 年底《巴黎协定》通过后，碳市场和清洁能源市场的风险溢出能力显著上升，这主要是因为气候政策的实施和推进，增强了碳市场和清洁能源市场的影响力（Ji et al.，2018a）。然而，在极端波动上行状态下，煤炭、石油和天然气等传统化石能源市场依然是能源系统风险溢出关系中的主导力量。受 2008 年金融危机带来全球经济增速放缓、2014 年页岩油气革命引发的国际油价暴跌、2020 年新冠疫情导致的全球经济冲击等重要事件的影响，传统化石能源市场的风险溢出水平均达到局部峰值。究其原因，新冠疫情全球大流行导致经济增速放缓，化石能源行业首当其冲。随着整体经济前景恶化，油价暴跌，多数国家的能源部门受到强烈冲击。在全球贸易和生产网络紧密联系的条件下，化石能源市场间迅速出现跨市场和跨区域的风险溢出效应（Akyildirim et al.，2022）。

第四，从风险溢出角色来看，各个市场在能源系统内溢出关系中的风险溢出地位具有随市场状态转移的特征。由各个能源市场的净溢出水平的动态演变可知，当能源市场处于正常状态和极端波动下行状态时，绝大多数能源市场扮演的溢出角色相对较为稳定，石油、燃料油和汽油市场主要表现为能源系统风险溢出的净输出方，煤炭、天然气、电力、碳市场和清洁能源市场则主要处于风险溢出净接收方的地位。然而，当能源市场处于极端波动上行状态时，各个能源市场的风险溢出角色不再保持稳定，而是随着时间的推移在净输出方和净接收方角色中发生转换。这些发现也验证了 Tiwari 等（2020）的观点，能源市场风险溢出效应在外部冲击下容易在牛市和熊市状态间发生转换。

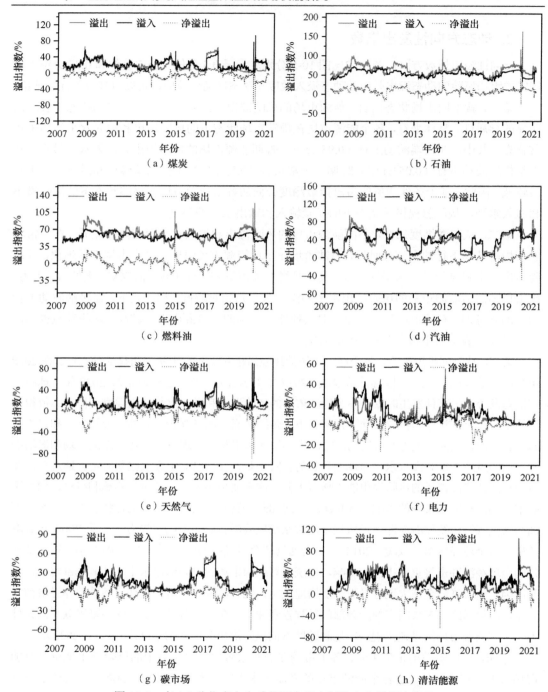

图 10-3　在 0.5 分位点上全球能源市场之间的方向性溢出指数

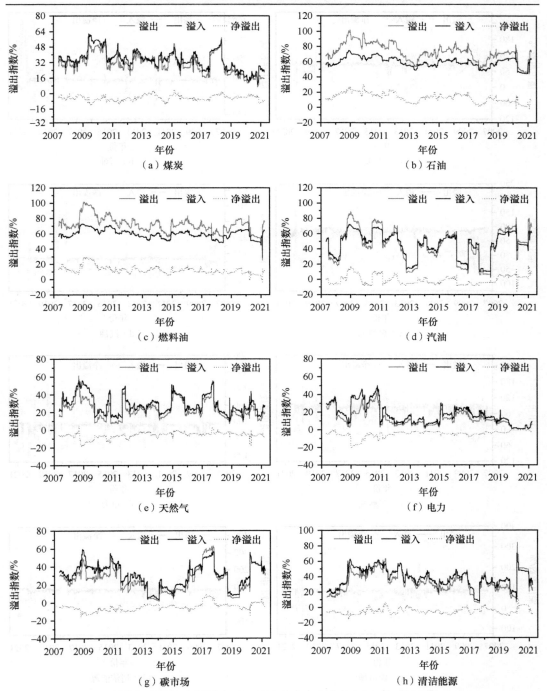

图 10-4　在 0.05 分位点上全球能源市场之间的方向性溢出指数

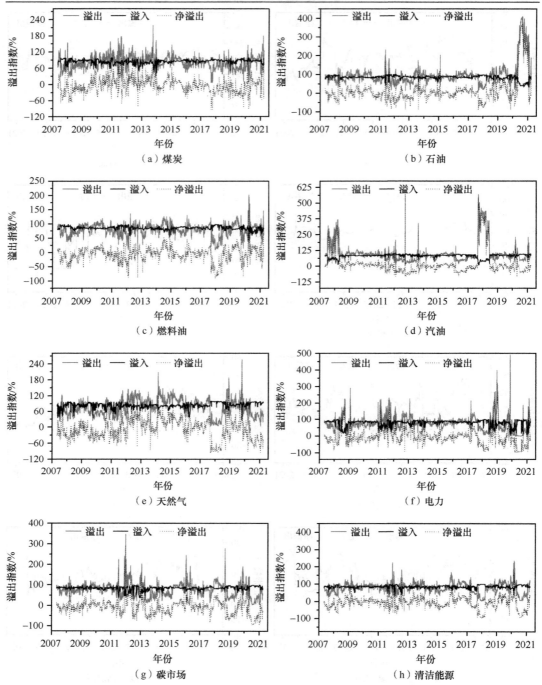

图 10-5　在 0.95 分位点上全球能源市场之间的方向性溢出指数

　　综上可知，与正常市场状态相比，极端市场状态下各个能源市场的风险溢出和溢入水平更高。其中，能源市场极端波动上行时期跨市场风险溢出效应更加显著。因此，基于条件均值的溢出指数测度大幅低估了极端状态下能源市场间的风险关联程度。此外，尽管在正常市场状态和市场波动下行时期，特别是"后巴黎协定"时代，传统化石能源和二次能源市场的风险溢出能力有所下降，碳市场和清洁能源市场风险溢出能力有所上升，但在外部冲击下的极端波动上行时期，化石能源市场在能源系统风险溢出关系中仍占据主导地位。这些发现表明，由于传统化石能源仍是全球能源消费结构中的主体，在重大事件发生时期化石能源市场的极端风险溢出不容忽视。

3. 能源价格系统脆弱性

除跨市场风险溢出外，能源价格系统脆弱性体现了能源系统风险关联的稳定性，是监测能源系统风险的另一重要指标。在本章中，参考 Ando 等（2022）的研究，定义相对尾部依赖指标 $RTD=QTSI_{0.95}-QTSI_{0.05}$，RTD 的正（负）值表示右尾比左尾的依赖性强（弱），RTD 越高意味着左尾和右尾上风险溢出的离散程度越大。因此，RTD 可以作为衡量能源价格系统脆弱性的指标，即 RTD 的增加（减少）体现了能源系统脆弱性的升高（下降）。图 10-6 刻画了相对尾部依赖的动态走势，可以看出，在整个样本区间内 RTD 都为正值，再次表明全球能源市场间极端风险溢出具有明显的非对称性，能源市场极端波动上行时期的风险溢出远高于极端波动下行时期。这些发现验证了以往研究的观点，即重大冲击对能源市场风险及尾部溢出效应的影响程度更高。此外，RTD 呈现显著的动态特征，外部重要事件冲击是 RTD 发生变化的主要原因。具体而言，在 2008 年全球金融危机、2011 年欧洲债务危机、2014 年国际油价暴跌、2017 年美国宣布退出《巴黎协定》、2018 年中美贸易摩擦、2020 年全球新冠疫情暴发等冲击事件发生时期，RTD 均呈现出明显的升高趋势，表明这些外部冲击事件加剧了全球能源价格系统的脆弱性。

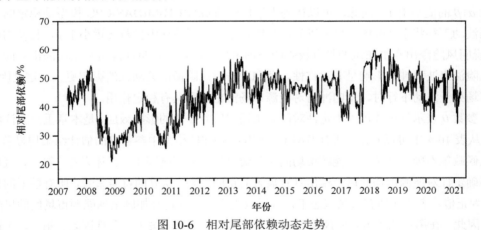

图 10-6　相对尾部依赖动态走势

10.5　气候政策不确定性对能源市场间风险溢出效应的影响

为测算不同状态下 CPU 对能源市场间风险溢出效应的影响，本章将气候政策不确定性指数作为包含外生变量的 GARCH-MIDAS-CPU 模型中的低频变量，根据 Engle 等（2013）、Conrad 等（2014）的研究结论，针对日度和月度混频数据，纳入外生变量的滞后期参数应为 $K_c=36$，即气候政策不确定性对能源系统风险溢出影响的滞后时间为 36 个月，模型的参数估计结果如表 10-4 所示。

表 10-4　GARCH-MIDAS-CPU 模型估计结果

参数和准则	OLS	0.5 分位	0.05 分位	0.95 分位	RTD
μ	1.4724***	0.0165	−0.0444*	−0.0042	0.0007
	(0.0081)	(0.0542)	(0.0245)	(0.0294)	(0.0581)
α	0.0636***	0.0688***	0.3481***	0.1146***	0.1158***
	(0.0004)	(0.0023)	(0.0153)	(0.0056)	(0.0060)
β	0.9363***	0.8842***	0.3097***	0.8677***	0.8670***
	(0.0003)	(0.0025)	(0.0119)	(0.0046)	(0.0054)
θ	0.6055*	9.1494***	1.6389***	5.8357***	41.1156***
	(0.3426)	(0.3270)	(0.0934)	(1.0553)	(7.0423)
ω	5.0009	6.0852***	3.3894***	11.1941***	1.0010***
	(3.5503)	(0.5606)	(0.3332)	(1.5755)	(0.0440)
m	0.1109	−29.7376***	−2.9744***	−18.4318***	−150.8763***
	(1.5652)	(1.2402)	(0.3301)	(3.6958)	(26.7987)
AIC	17966.5	13272.4	10346.6	11450.1	15094.7
BIC	18003.4	13309.4	10383.5	11487.1	15131.6

注：括号内为稳健标准误；*和***分别表示在 10%和 1%的水平上显著；BIC 为贝叶斯信息准则。

从短期 GARCH 部分的估计系数来看，所有模型中的 α 和 β 参数均在 1%的水平上显著，其中 $\alpha+\beta$ 的值小于 1。因此，可以认为本章构建的 GARCH-MIDAS-CPU 模型是稳定的。除市场波动下行状态（0.05 分位）以外，其他状态下模型估计中参数 α 远小于 β，且 β 均接近 1，说明风险溢出水平在短期具有较强的波动聚集效应，而且负向冲击和正向冲击对能源市场风险溢出波动性的影响呈非对称性，负向冲击对风险溢出波动性的影响更大。这是因为，当市场处于波动下行时，正向冲击对能源市场溢出关系具有稳定作用。

参数 θ 表示气候政策不确定性对能源市场间风险溢出的影响效应，是本章重点关注的参数。从表 10-4 中可以看出，所有 GARCH-MIDAS-CPU 模型中参数 θ 的估计结果均显著，说明气候政策不确定性是驱动能源市场间风险溢出的重要影响因子。具体来看：第一，气候政策不确定性对能源市场间风险溢出具有显著的正向影响。从 θ 的符号来看，所有模型的参数 θ 均为正值，表明在所有市场状态下，气候政策不确定性均会加剧全球能源市场间的风险溢出。因此，在衡量能源市场间风险联动关系时应考虑气候政策不确定性因素。第二，不同市场状态下，气候政策不确定性对能源市场间风险溢出的影响具有异质性。从 θ 的数值大小来看，气候政策不确定性对能源市场间风险溢出的影响关系呈现明显的非对称倒 U 形特征，在正常市场状态下气候政策不确定性对能源市场间风险溢出的影响力度最强，而极端市场状态时期能源市场间风险溢出对气候政策不确定性的响应程度较低。造成该现象的原因主要有两个方面：一方面，在正常市场状态下，能源价格波动水平相对较低，市场投资者能够相对理性地进行资产配置和投资决策，而极端市场波动时期的投资者又受到极度悲观或极度乐观情绪的支配，此时气候政策不确定性的变化对能源市场间的风险溢出仅产生有限冲击，于文华等（2022）也得到了相似的研究结论；另一方面，极端市场时期意味着市场面临更加不稳定的环境，存在诸多外部因素与不确定性。石油等能源兼具商品属性、金融属性和政治属性，作为高流动性和高风险性资产，对错综复杂的市场环境十分敏感，故而能源市场风险溢出水平不可避免地受到经济不确定性、金融市场不确定性和地缘政治风险等其他不确定性冲击的影响（魏宇等，2022）。

尾部溢出方面，参数 θ 在右尾（0.95 分位）和左尾（0.05 分位）的估计值分别为 5.8357 和 1.6389，表明气候政策不确定性的影响程度在极端波动上行状态高于极端波动下行状态，气候政策不确定性对能源市场间尾部风险溢出的影响呈非对称性。这些现象验证了张宗新和陈莹（2022）的观点，政策不确定性往往会通过加剧极端风险传染等方式推升能源系统风险溢出水平。因此，气候政策不确定性对能源系统风险溢出的影响对市场表现的程度比较敏感，在能源市场极端波动上行时期，气候政策不确定性会加剧投资者的恐慌情绪并降低能源企业投资意愿，从而推升了能源市场的波动及风险溢出水平（Liang et al.，2022）。这些研究发现再次表明气候政策不确定性对能源市场间风险溢出的影响与能源市场的行情密切相关，在探讨气候政策不确定性与能源市场间风险溢出的关系时考虑分布异质性是必要的。

最后，在相对尾部依赖（RTD）方面，气候政策不确定性对能源价格系统脆弱性产生更加强烈的正向影响。具体而言，参数 θ 在 RTD 模型中的估计值为 41.11156，是正常市态下参数 θ 估计值（9.1494）的 4 倍多。究其原因，能源价格系统脆弱性可以体现能源价格体系应对冲击的能力，而气候政策不确定性冲击会加速能源价格波动的传导过程，构成了能源价格系统脆弱性来源的传递诱因。Baker 等（2016）认为政策决策都是在不确定性背景下作出的，而能源价格体系中最大的不确定性来源于能源生产和投资行为结果的不确定性，这直接导致投资者对能源企业未来生产经营预期的不确定性偏差，从而引起能源价格的波动及风险溢出。

综合以上内容，气候政策不确定性的上升会显著增加能源系统性风险水平，其不仅会加剧能源市场的风险传染性，而且会加重能源价格体系自身的脆弱性。

10.6　稳健性检验

为确保本章研究结果的可靠性，采用改变分位点选择和改变滚动窗口长度两种方式对前面得到的实证研究结论进行稳健性检验。

10.6.1　改变分位点选择

为了排除极端分位点的随机选择情况，本章以总溢出指数为例，分别估计了其他的市场波动下行（0.01 分位和 0.1 分位）和上行（0.9 分位和 0.99 分位）情况对应分位点上的风险溢出效应（图 10-7）。可以看出，这些结果分别与 0.05 分位和 0.95 分位估计得到的总溢出指数的大致走势在样本期内均十分接近，说明本章计算的分位溢出指数结果对极端分位点的选择是稳健的。

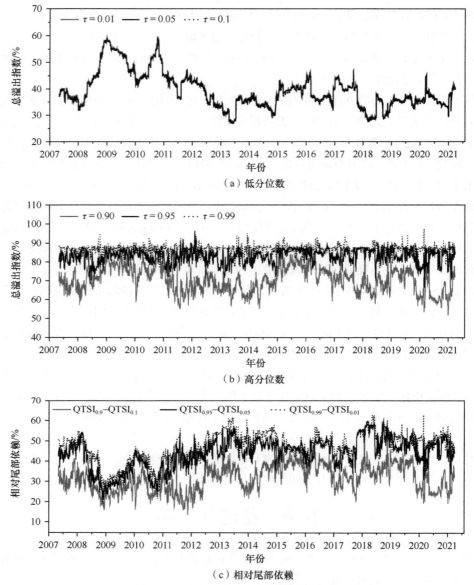

图 10-7　改变极端分位点的总溢出指数

10.6.2　改变滚动窗长度

　　为检验本章的分位溢出效应结果对于滚动窗口长度选取的敏感性，本章选取不同的滚动窗口长度（150 天、200 天和 250 天）进行稳健性检验（图 10-8）。结果表明，在不同的滚动窗口长度的设置下，所刻画的总溢出指数的整体走势是基本一致的，说明分位溢出指数的分析结果对于滚动窗口长度的选取并不敏感，进一步证实了本章研究结果所具有的稳健性。

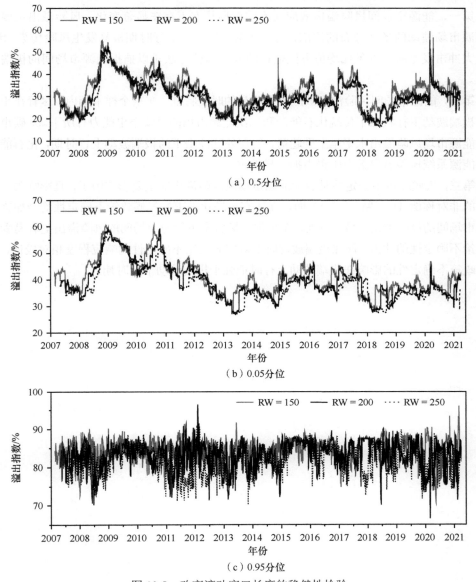

图 10-8　改变滚动窗口长度的稳健性检验

10.7　本 章 小 结

　　本章首先采用基于 QVAR 模型的分位溢出指数方法对全球主要能源市场间的极端风险溢出效应展开研究，刻画了能源系统内风险溢出的水平、路径及动态演变，识别了能源系统极端风险溢出的源头及作用，并对比分析了不同市场状态下跨市场风险溢出的异质性规律；其次构建了包含气候政策不确定性冲击的 GARCH-MIDAS-CPU 模型，探讨了气候政策不确定性对能源市场间风险溢出及价格系统脆弱性的驱动机制。主要研究结论如下。

第一，能源市场间风险溢出效应在不同市场状态下存在显著变化。风险溢出主要发生在能源市场波动的条件分布的尾部，尤其是在极端波动上行时期极易发生风险传染。因此，当重大冲击发生时，以条件均值方法估计的溢出指数方法难以捕捉能源市场间的极端风险传染。

第二，能源市场间风险溢出效应具有明显的时变特征。在整个样本期内，尽管在正常状态和极端波动下行状态下传统化石能源和二次能源市场的风险溢出能力有所下降，碳市场和清洁能源市场风险溢出水平呈上升趋势，但在外部冲击下的极端波动上行时期，化石能源市场在能源系统风险溢出关系中仍占据主导地位。

第三，气候政策不确定性是驱动能源市场间风险溢出的重要影响因子，且影响关系呈现明显的非对称倒 U 形特征。一方面，在所有市场状态下，气候政策不确定性均会加剧全球能源市场间的风险溢出；另一方面，在正常市场状态下能源市场间的风险溢出更容易受到气候政策不确定性的冲击，而在极端波动时期对气候政策不确定性的响应程度相对较低，而且气候政策不确定性的影响在极端波动上行时期强于极端波动下行时期。

第11章 防范国际石油市场风险的政策建议

　　研究石油市场的内外部风险溢出效应以及驱动机制，是为了深入理解石油价格对内外部市场的影响，有助于更好地解析石油市场的风险特征，为相关主体的决策提供建设性的参考依据。为有效防范石油价格冲击风险、提高经济政策决策的效率以及提升市场投资决策的准确性，基于本书的研究结论，本章分别从政策制定者、市场投资者和金融监管者三个层面提出相关政策建议，以便为政府部门、投资者和金融监管部门分别在制定政策、进行市场决策和市场监管时提供参考。

11.1 政策制定者层面

11.1.1 能源转型进程中重视国际石油市场的极端风险溢出能力

　　本书的研究结果表示，尽管在《巴黎协定》后碳市场和清洁能源市场在整个能源市场系统中的影响力显著上升，但在极端冲击发生时，石油等传统化石能源市场仍然是能源系统风险溢出的主要因素。这是因为传统化石能源仍然占据全球能源消费结构的主导地位，因此在重大事件发生时，化石能源市场的极端风险溢出是不容忽视的。政策制定者应当意识到传统化石能源市场在极端事件中的重要性，并在风险溢出发生后采取适当的宏观调控措施来减缓其负面影响。

　　此外，除了关注原油市场风险本身外，政策制定者还需要重视原油市场与金融市场之间的风险传递，特别是在极端事件冲击下的跨市场极端风险传染。因此，政策制定者应当通过研究石油与关联资本市场之间的风险溢出关系，获得有关市场不确定性的信息，以指导未来的政策制定和风险管理。并且在极端事件发生后及时进行适度的宏观调控，以减缓风险溢出所带来的负面影响。

11.1.2 针对不同原因驱动的石油市场风险溢出采取差异化应对策略

　　本书重点从投资者情绪、经济政策不确定性和气候政策不确定性三个方面研究了石油市场风险溢出的驱动机制。研究结果表明，不同影响因素对国际石油市场风险溢出效应表现出不同的作用, 启示政策制定者需针对不同原因驱动的石油市场风险溢出采取差异化应对策略。

首先, 投资者情绪因素。虽然国际原油价格对中国股票市场投资者情绪的传染时滞较长, 但其作用关系主要发生于初期, 因此当国际原油价格发生大幅波动时, 政策制定者应及时采取应对措施, 如利用政策工具(调整利率和信息披露等)及时调整股票市场运转, 降低极端风险的出现概率, 以稳定股票市场投资者情绪。

其次, 经济政策不确定性因素。国际原油市场和中国股票市场长期波动及市场间长期相关性存在显著的区制特征, 而且经济政策不确定性的作用关系在不同区制表现出明显的差异。具体来说, 不论国际原油市场处于高波动时期还是低波动时期, 中国经济政策不确定性的升高均会加剧国际油价波动, 但其影响力度在国际原油市场高波动时期远大于低波动时期。因此政策制定者在油价高波动时期更需保持经济政策的稳定性, 建立战略石油储备系统, 以应对价格高波动带来的供应中断和不稳定性; 同时加强对石油市场的监管和信息披露, 提高市场的透明度。除此之外, 经济政策不确定性对原油与股票市场之间的长期相关性的影响在不同行业存在差异, 因此政策制定者需针对不同行业的异质性特点制定差异化的应对策略。

最后, 气候政策不确定性因素。气候政策不确定性是驱动石油市场风险溢出的重要影响因子。在正常市场状态下, 石油市场风险溢出更容易受到气候政策不确定性的冲击, 在极端波动时期对气候政策不确定性的响应程度相对较低, 而且气候政策不确定性的影响在极端波动上行时期强于极端波动下行时期。因此政策制定者需要充分了解不同的市场状态, 面对不同的市场状态进行针对性的政策调整, 促进中国石油产业持续健康稳定发展。

11.1.3 保持经济和气候政策的连续性和稳定性

前面研究得出, 石油市场对股票市场的溢出效应并非孤立于经济政策的不确定性, 特别是在经济政策环境不稳定时期, 石油市场的溢出效应程度更高。可见, 经济政策不确定性在石油市场对中国股票市场的影响中具有重要作用。这就需要政策制定者努力维持经济政策环境的稳定性, 尽力避免提供不确定的政策决策信息, 从而促进股票市场的健康有序发展。

第 9 章研究表明, 经济政策不确定性的升高均会加剧国际油价波动, 且在长期相关性较高且波动幅度较大的区制, 经济政策不确定性与两市场长期相关性同向变动, 可以看出经济政策的作用效果跟原油市场和股票市场本身所处的阶段有关, 当市场波动或两市场相关性波动幅度较大时, 经济政策的作用效果较为明显。因此政策制定者需要保持经济政策的连续性和稳定性, 以降低石油市场与股票市场的波动性与长期相关性, 以此来降低油价冲击对于股市的影响。

第 10 章研究显示, 在全球积极应对气候变化的背景下, 气候政策的调整不可避免, 而由此引发的气候政策不确定性会加剧能源市场间的风险关联水平, 并导致能源价格体系脆弱性升高。由此启示政策制定者应对全球气候治理时应保持气候政策的连续性和稳定性。在制定气候政策时, 不仅要考虑到气候政策的减排效应, 还要考虑到气候政策调整产生的不确定性的负面影响, 降低因气候政策频繁调整引致的能源市场风险, 保障全球能源体系的安全与稳定。

11.2　市场投资者层面

11.2.1　根据外部经济环境变化动态调整投资组合策略

首先，第 6 章实证研究结果表明，原油市场与股票市场之间具有相关性且呈动态变化特征，因此，投资者应实时密切关注市场所处的宏观政策环境的动态变化情况，深入分析经济政策不确定性对国际油价冲击与股票市场关系产生的潜在影响，并及时跟踪宏观经济政策的实时变化，据此及时调整自身的投资组合策略，进而提高投资决策的准确性和精确度，实现收益最大化。同时，投资者亦可通过进一步结合国际原油价格冲击产生的背后原因，分析不同原因引起的油价冲击对股票市场影响的传导路径，并综合全球经济周期及经济政策环境状况，对股票市场的整体情况做出准确而清晰的研判，进而提高投资效率。

其次，第 4 章实证结果表明，国内外石油市场总波动溢出指数在 73%～80% 变化，表明这些石油市场之间具有较高的溢出效应。波动溢出效应通常发生在短期，表明全球石油市场的信息传递效率高、速度快。对于投资者来说，短期投资者和投资组合经理很难在短期内从原油市场的多样化机会中获益，特别是在严重动荡的时期。相比之下，长期投资者和投资组合经理可能会从由不同原油组成的投资组合中发现更多的组合获益机会。

最后，第 8 章的实证结果表明，国际原油价格可以作为中国股票市场投资者情绪变化的导向指标。因此，投资者需增强能源意识，将国际原油价格波动的风险作为股票定价的重要因素，通过参考国际原油价格波动，结合股票市场收益率，根据上市公司的财务状况、企业经营指标等基本面的综合分析，减少投资者情绪带来的波动造成的经济损失。

11.2.2　针对油价冲击的行业影响构造差异化投资组合

第 9 章研究结果表明，经济政策不确定性对原油与股票市场之间的长期相关性的影响在不同行业存在差异。经济政策不确定性对原油与能源业、金融业、工业、材料业和公共事业股票市场之间的长期相关性作用力度较大，对于原油与消费者常用品业和医疗保健业股票市场之间的长期相关性作用力度相对较小。根据投资行业异质性的特点，投资者在投资时要达到分散风险、增加收益的目标，就必须顾全两方面的问题。一是在确定投资策略之前，需要考察不同行业的投资风险和收益，并且将原油价格变动冲击对行业股市收益的影响考虑在内。当投资者发现国际原油价格变化时，也需要及时调整自身的投资策略。二是由于不同行业股市对国际原油价格变动的敏感程度不同，投资者可以根据不同行业股市对国际原油价格变动的不同敏感程度构造投资组合，从而分散风险、增加收益。此外，在特定行业股市配置资产的长线投资者还需要关注经济政策不确定性对原油和不同行业股市长期相关性影响的差异。而投资组合风险管理者在同时投资不同行业市场时，应掌握这些市场之间溢出方向的相关重要信息，以便采取预防性措施来应对重大事件，特别是有可能造成市场传染的经济事件。

11.3　金融监管者层面

随着原油金融化的发展，原油市场已成为金融系统中不可或缺的一部分，与金融市场之间的信息传递和风险传染关系更加多样化和复杂化。因此，金融监管体系也应由强调个体金融机构的"微观审慎监管"，向关注市场间风险传递的"宏观审慎监管"逐步转移，金融监管部门需要立足整个金融体系来完善金融监管。

11.3.1　重点关注重大冲击事件导致的石油市场极端风险

从第4、6和7章的研究结果中可以看到，在重大事件的冲击之下，石油市场间的内部风险溢出效应和石油市场与股票市场的外部溢出效应均会增强，尾部风险的关联水平更高。在极端冲击下，石油市场风险溢出程度急剧上升，极易发生跨市场风险传染乃至全球性能源危机。因此，金融监管者需重点关注重大事件冲击导致的石油市场极端风险。金融监管部门除了关注石油市场风险本身以外，还需重视不同石油市场之间的风险传递，特别是极端事件冲击下的跨市场极端风险传染。对于石油市场与股票市场，金融监管者必须加强短期内的市场监管，完善相关规则，以减少市场过度波动的负面影响。而且需要重视原油市场与股票市场之间风险溢出关系的动态变化特征，尤其是经济不稳定时期的尾部风险关联。同时，风险防范机制应当考虑从"太大而不能倒"的传统原则向"太关联而不能倒"的监管理念转变。

11.3.2　建立健全国际石油市场风险监测体系

从前面的研究可以看出，国际油价波动特征复杂多变，对宏观经济政策环境和股票市场造成了非常大的冲击，而且这种冲击效应呈现出明显的时变特征，因此有必要建立健全对可能遭遇到的国际油价冲击风险进行预警的监控机制。一方面，相关部门可以直接对原油市场的供需状况及其价格变动进行实时监管；另一方面，对各种影响国际原油价格变动的因素进行分析，如供需因素、投机因素、宏观经济因素和地缘政治突发事件等因素，探索现阶段影响国际油价变动的主要原因。

金融监管部门在预警油价冲击风险方面发挥着重要作用，其应建立完善的预警体系，加强风险管理。具体来说，可以采取以下措施：第一，设立专门的油价风险管理和预警部门，及时搜集油价相关信息，并对信息进行整合和发布，向市场提供油价预警。当发现油价出现大幅波动时，应立即采取纠正措施，在风险发生前采取适当的应对措施。第二，建立应急系统以应对油价冲击带来的风险，根据油价波动的风险程度，提前制定不同级别的应急方案，以降低风险造成的损失。同时，加强监测和预警，可以提高市场参与者的警觉性，促使他们采取适当的风险管理和避险措施。

11.4　本　章　小　结

本章主要基于前面章节的研究，从政策制定者、市场投资者和金融监管者三个层面出发，围绕如何防范国际油价冲击风险、提高政策决策的有效性、促进中国石油与股票市场长远健康发展以及提升市场投资决策的效率等几个方面提出相应的政策建议。政策制定者主要从三个方面入手，降低国际油价冲击的负面影响，一是能源转型进程中重视国际石油市场的极端风险溢出能力；二是针对不同原因引起的石油市场风险溢出采取差异化应对策略；三是保持经济和气候政策的连续性和稳定性。对于市场投资者，主要从两个方面着手，一是根据外部经济环境变化动态调整投资组合策略；二是针对油价冲击的行业影响构造差异化投资组合。金融监管者主要从两个方面考虑，一是重点关注重大冲击事件导致的石油市场极端风险；二是建立健全国际石油市场风险监测体系。本章通过提出以上政策建议，为政府部门、投资者和金融监管部门分别在制定政策、进行市场决策和实施市场监管时提供参考，从而有效防范国际油价冲击风险，增强市场投资者的获益能力。

第 12 章 研究结论与展望

12.1 主要研究结论

本书从石油市场内部和外部两个层面出发，结合新颖的计量经济分析方法，系统而深入地分析了石油市场内部风险溢出效应和外部风险溢出效应，并在明晰这一信息溢出的传递机制、路径和结构之后，探究了宏观政策不确定性和微观投资者行为因素对石油市场风险溢出效应的驱动机制，不仅拓展了国际石油市场风险管理理论，也为市场投资者、金融监管者和政策制定者进行投资组合决策、风险管理及政策制定提供了更为精准的参考。通过研究，本书主要得到了以下几个层面的研究结论。

12.1.1 关于石油市场内部风险溢出效应的研究结论

基于改进的多元 GARCH 模型和时频溢出指数方法，第 3 章和第 4 章分别从结构突变和时频视角研究了国内外石油市场之间的溢出效应，评估了中国新上市原油期货的定价能力，并设计了对冲油价不确定性的交易策略。

（1）中国 INE 市场与国际石油市场之间具有高度的整合关系。一方面，不论是否包含结构突变，INE 市场与 WTI 和 Brent 市场之间的条件相关性的均值均超过了 0.7。另一方面，INE 市场和 Brent 市场之间存在显著双向的短期和长期波动溢出；INE 市场和 WTI 市场之间具有显著双向的短期波动溢出，以及 INE 市场向 WTI 市场的单向长期波动溢出。这些发现反映出中国原油期货市场已具有一定的国际市场影响力和地位。此外，本书还计算了最优投资组合权重和时变对冲比率，发现忽略结构突变的影响可能导致误导性的资产配置和对冲策略。对冲比率显示出相当大的可变性，因而投资者必须经常性地调整对冲策略。配对 t 检验结果表明，在包含和不包含结构突变的情况下计算得到的原油期货市场之间的动态条件相关系数、投资组合权重和对冲比率的均值在 1%的显著性水平下都具有显著的差异。总之，在模型估计中纳入结构突变虚拟变量提升了我们对原油期货市场之间相关性和溢出效应的理解。

（2）国内外石油市场间总波动溢出指数在 73%～80%变化，表明这些石油市场之间具有较高的溢出效应。然而，随着时间的推移，原油市场的波动溢出存在动态变化，这种变化不仅受到基本面因素的影响，也与地缘政治、金融市场等因素有关。更准确地说，波动溢出通常发生在较高的频域，而较低的频域成分起次要作用。这表明，全球原油市场的信息传递效率高、速度快，波动传递主要发生在短期，反过来，长期溢出效应较低的原因是，市场在长期往往主要受其基本面和经济前景的驱动。研究发现，在样本期内，中国 INE 市场的净波动溢出效应始终为负，表明中国 INE 市场是国际基准市场波动冲击的净接收方，此外，与 WTI 市场相比，INE 市场与 Brent 市场关联度更强，主要原因是中国进口原油大部分来自中东、非洲、俄罗斯（BP, 2018b），这些国家和地区的油价主要以 Brent 原油的价格报价。而且坏的波动引起的溢出效应与好的波动引起的溢出效应存在显著差异，说明波动溢出存在显著的非对称性，且由于重大事件的影响，非对称溢出效应也具有显著的时变特征。因此，短期内好的波动主导跨市场溢出，中长期坏的波动主导溢出效应。最后，通过利用溢出信息设计对冲原油市场不确定性的交易策略，揭示了中国新推出的原油期货市场具有较好的对冲和套利机会。

12.1.2 关于石油市场外部风险溢出效应的研究结论

本书第 5~7 章以股票市场为例，研究了国际石油市场的外部风险溢出效应，分别从收益溢出效应、隐含波动溢出效应和极端风险溢出效应三个方面进行了实证研究。

第 5 章研究了国际石油市场分别与中国股市和美国股市的溢出效应。美国股市与国际石油市场的溢出效应的结果表明美国股市与石油市场存在双向的均值溢出，且只存在国际石油市场向美国股市的单向波动溢出。中国股市与国际石油市场的溢出效应结果表明，只存在国际石油市场对中国股市单向的均值溢出，而中国股市与国际石油市场之间不存在显著的波动溢出效应。与美国股市相比，国际石油市场与中国股票市场之间的联动关系比较微弱。出现这种现象的主要原因有：①中国石油定价机制存在弊端；②中国能源消费以煤炭为主；③中国股票市场发展不成熟。虽然以上原因使得国际原油价格与中国股票市场的联动关系比较微弱，但随着中国成品油定价机制的改革，油价市场化的进一步提高，以及中国股票市场的有效性不断提升，国际原油价格与中国股票市场之间的相互影响关系会逐步呈现加强的趋势。如果忽视二者之间的联动关系，则有可能会低估国际原油价格波动对中国经济产生的影响，不利于监管当局制定科学合理的政策。

第 6 章研究了石油与股票市场间的隐含波动溢出效应，主要得到以下结论：①石油与股票隐含波动率之间具有显著正向的时变相关关系，当市场波动同时加剧时，市场相关性倾向于增强。正向的相关性表明，在面对市场不确定信息时，石油与股票市场存在风险协同效应。并且石油与股票市场不确定性之间的关系并不是一成不变的，相关性会跟随市场环境动态变化。②石油与股票隐含波动率之间的动态条件相关关系存在结构突变，这些结构突变主要跟经济事件（如金融危机）、地缘政治事件和市场政策变化有关，这意味着在此期间股票期权的定价需要考虑石油市场的不确定性。还发现了金融危机和地缘政治事件提升了石油与股票市场之间的相关性，而单个市场（石油或股票）相关政策的变化降低了市场之间的相关性。因此，可以推测，对石油和股票市场不确定性均有重要影响的相关事件可能会加强两个市场之间的相关性，而主要引起单个市场（石油或股票）不确定性增加的相关事件可能会减弱两个市场之间的相关性。引起相关性发生结构突变的事件，可以为市场参与者判定石油与股票市场之间的不确定性关联程度提供信号。③石油与股票市场不确定性之间存在显著的双向溢出。此外，由于隐含波动率除了反映市场不确定性以外，还体现了市场参与者的恐慌程度，石油与股票隐含波动率之间的溢出效应也反映了市场投资者恐慌情绪的关联。

第 7 章研究了石油与股票市场之间的极端风险溢出效应，得到如下主要结论。①原油市场与股票市场间存在显著的极端风险溢出效应，且具有明显的时变性。突发公共事件、金融危机、经济事件、石油市场政策等冲击事件是驱动原油与股市极端波动溢出关系动态变化的重要动因。极端风险事件会造成原油市场与股票市场体系内风险溢出效应的结构性反转，表明原油价格极端波动风险成为引发金融系统性风险的重要因素之一。②原油市场与股票市场的极端风险溢出效应在不同市态下具有异质性和非对称性。首先，就整体溢出水平而言，在极端风险事件的冲击下，原油与股票市场的尾部风险关联程度更高，特别是在波动上行时期极易发生风险传染。其次，方向性溢出指数方面，原油市场对股票市场的尾部风险溢出能力更强。再次，净溢出指数分析显示，在正常市场状态（0.5 分位）和波动下行（0.05 分位）时期，原油市场均为波动溢出净接收方，而在波动上行（0.95 分位）时期则转变为波动溢出净输出方。最后，溢出网络结构方面，在冲击分布的右尾存在明显的净配对溢出效应，而在左尾分布上的净配对溢出效应较弱。③原油市场与股票市场的风险溢出效应跟石油贸易国地位有关。石油进口国股票市场方面，原油市场在 0.5 分位和 0.05 分位上均主要表现为波动溢出净接收方，而在 0.95 分位上主要扮演波动溢出净输出方的角色。相比之下，对于石油出口国股票市场而言，不论市场状况如何，原油市场均主要表现为波动溢出净输出方。同时，石油进口国股票市场对于原油市场的"接收"和"输出"风险溢出效应普遍高于石油出口国股票市场。

12.1.3 关于石油市场风险溢出驱动机制的研究结论

在测度石油市场内外部风险溢出效应的基础上，第 8～10 章分别从投资者情绪、经济政策不确定性以及气候政策不确定性三个视角研究了石油市场风险溢出的驱动机制。

第 8 章研究了基于投资者情绪视角的石油市场风险溢出机制，得到以下研究结论。①国际原油价格波动对中国股票市场投资者情绪具有显著的格兰杰因果关系，且两者之间存在长期均衡关系。②国际原油价格对中国股票市场投资者情绪具有负向传染效力。从长期看，国际原油价格每波动 1%，股票市场投资者情绪会负向波动 3.9400%，从短期效力来看，国际原油价格每波动 1%，股票市场投资者情绪同期负向波动 1.0223%。③国际原油价格对中国股票市场投资者情绪影响的平均传染时滞为 8 个月。国际原油价格波动对股票市场投资者情绪始终都产生着负向的冲击效果，从第 1 期开始逐渐增加，在第 4 期达到–0.1458%的最大值，随后开始逐渐下降，并且下降幅度较为平缓；国际原油价格在初期对投资者情绪的贡献率快速增长，第 1 期为 2.8076%，第 2 期为 8.1955%，但随后增速放缓，最终在第 12 期达到稳定状态，稳定在 25%左右的水平。

第 9 章研究了基于经济政策不确定性视角的石油市场风险溢出机制，得到以下研究结论。①国际原油市场和中国股票市场波动均具有均值回归特征，即短期波动成分在长期会回归到长期趋势上。同样地，国际原油市场与中国股票市场之间的动态相关性也存在这种现象，条件相关性的短期成分围绕长期趋势变动。②国际原油市场和中国股票市场长期波动及市场间长期相关性存在显著的区制特征，而且经济政策不确定性的作用关系在不同区制表现出明显的差异。在长期相关性较高且波动幅度较大的区制，经济政策不确定性与两市场长期相关性同向变动，即经济政策不确定性上升将加强两市场之间的长期相关性。而在长期相关性较低且波动幅度较小的区制，经济政策不确定性仍旧表现为正向影响效应，但影响力度十分微弱。③经济政策不确定性对原油与股票市场之间的长期相关性的影响在不同行业存在差异。经济政策不确定性对原油与能源业、金融业、工业、材料业和公共事业股票市场之间的长期相关性作用力度较大，对于原油与消费者常用品业和医疗保健业股票市场之间的长期相关性作用力度相对较小。

第 10 章研究了基于气候政策不确定性视角的石油市场风险溢出机制，得到以下研究结论。①能源市场间的风险溢出效应在不同市场状态下存在显著变化。风险溢出主要发生在市场波动的条件分布的尾部，尤其是在极端波动上行时期极易发生风险传染。②能源市场间风险溢出效应具有明显的时变特征。尽管在正常状态和极端波动下行状态下传统化石能源和二次能源市场的风险溢出能力有所下降，碳市场和清洁能源市场风险溢出水平呈上升趋势，但在外部冲击下的极端波动上行时期，化石能源市场在能源系统风险溢出关系中仍占据主导地位。③气候政策不确定性是驱动能源市场间风险溢出的重要影响因子，且影响关系呈现明显的非对称倒 U 形特征。一方面，在所有市场状态下，气候政策不确定性均会加剧全球能源市场间的风险溢出；另一方面，在正常市场状态下能源市场间风险溢出更容易受到气候政策不确定性的冲击，而在极端波动时期对气候政策不确定性的响应程度相对较低，而且气候政策不确定性的影响在极端波动上行时期强于极端波动下行时期。

12.2　研究局限与未来展望

本书对石油市场内外部风险溢出效应及其驱动机制进行了有益探索，虽然已经得到了一些重要的研究结论，但仍存在一定的局限和不足，以下问题有待进一步深入研究。

（1）鉴于篇幅所限，本书仅以股票市场、能源市场为例研究了石油市场外部风险溢出效应及其驱动机制，未将其他类型的关联市场如外汇市场、黄金市场等金融市场考虑在内，后续的研究可以考察石油市场对其他关联市场的风险溢出效应的驱动机制。

（2）本书主要从内在机制的角度研究了投资者情绪在石油市场风险溢出中的作用机制，尚未考虑投资者情绪变化对跨市场关联性的外部冲击。因此在下一步的研究中，可以进一步结合行为金融学理论探讨个体投资者情绪对石油与相关资产之间信息溢出的影响机制。

（3）本书在 DCC-MIDAS 模型分析中，没有将经济政策不确定性指数的水平值和波动值直接纳入到 GARCH-MIDAS 模型中，而是先将原油与股票市场间的长期动态相关性提取出来，再利用马尔可夫区制转换模型分析了原油与股票市场间长期动态相关性与经济政策不确定性的关联，没有完全将混频数据建模技术的优势充分发挥出来，这也是今后的研究方向。

（4）石油市场风险溢出效应的驱动因素复杂，本书虽然创新性地从投资者情绪、经济政策不确定性和气候政策不确定性等多重角度揭示了石油市场风险溢出的驱动机制，但依然不够全面，后续研究可以进一步探究地缘政治风险、气候风险冲击对石油市场风险溢出效应的影响机制。

参 考 文 献

郝宇. 2022. 欧洲能源危机的根源与影响. 人民论坛, (7): 102-105.

姬强, 赵万里, 张大永, 等. 2022. 气候风险感知对金融市场的影响——基于中国企业层面的微观证据. 计量经济学报, 2(3): 666-680.

蒋玉梅, 王明照. 2010. 投资者情绪与股票收益: 总体效应与横截面效应的实证研究. 南开管理评论, 13(3): 150-160.

王永莲. 2017. 我国股票市场波动与经济政策不确定性的关联性研究. 长春: 吉林大学.

魏宇, 孙应玥, 王瑶, 等. 2022. 原油市场与全球绿色经济发展的交互影响研究. 系统工程理论与实践, 42(7): 1843-1858.

杨子晖, 陈里璇, 陈雨恬. 2020. 经济政策不确定性与系统性金融风险的跨市场传染——基于非线性网络关联的研究. 经济研究, 55(1): 65-81.

易志高, 茅宁. 2009. 中国股市投资者情绪测量研究: CICSI 的构建. 金融研究, (11): 174-184.

于文华, 任向阳, 杨坤, 等. 2022. 传染病不确定性对大宗商品期货波动的非对称影响研究. 中国管理科学: 1-13.

张宗新, 陈莹. 2022. 系统性金融风险动态测度与跨部门网络溢出效应研究. 国际金融研究, 417(1): 72-84.

朱慧明, 董丹, 郭鹏. 2016. 基于 Copula 函数的国际原油价格与股票市场收益的相关性研究. 财经理论与实践, (2): 32-37.

朱小能, 袁经发. 2019. 去伪存真: 油价趋势与股票市场——来自"一带一路"35 国的经验证据. 金融研究, (9): 131-150.

Acharya V V, Pedersen L H, Philippon T, et al. 2017. Measuring systemic risk. The Review of Financial Studies, 30(1): 2-47.

Adelman M. 1984. International oil agreements. The Energy Journal, 5(3): 1-9.

Adrian T, Brunnermeier M K. 2016. CoVaR. The American Economic Review, 106(7): 1705-1741.

Ahmad W, Sadorsky P, Sharma A. 2018. Optimal hedge ratios for clean energy equities. Economic Modelling, 72: 278-295.

Ahmadi M, Manera M, Sadeghzadeh M. 2016. Global oil market and the U.S. stock returns. Energy, 114: 1277-1287.

Ahmed W M A. 2017. On the dynamic interactions between energy and stock markets under structural shifts: Evidence from Egypt. Research in International Business and Finance, 42: 61-74.

Aissia D B. 2016. Home and foreign investor sentiment and the stock returns. The Quarterly Review of Economics and Finance, 59: 71-77.

Akyildirim E, Cepni O, Molnár P, et al. 2022. Connectedness of energy markets around the world during the COVID-19 pandemic. Energy Economics, 109: 105900.

Alemany N, Aragó V, Salvador E. 2019. The influence of intraday seasonality on volatility transmission pattern. Quantitative Finance, 19(7): 1179-1197.

Ali S R M, Mensi W, Anik K L, et al. 2022. The impacts of COVID-19 crisis on spillovers between the oil and stock markets: Evidence from the largest oil importers and exporters. Economic Analysis and Policy, 73: 345-372.

Aloui C, Jammazi R. 2009. The effects of crude oil shocks on stock market shifts behaviour: A regime switching approach. Energy Economics, 31(5): 789-799.

Alsalman Z. 2016. Oil price uncertainty and the U.S. stock market analysis based on a GARCH-in-mean VAR model. Energy Economics, 59: 251-260.

Al-Yahyaee K H, Mensi W, Sensoy A, et al. 2019. Energy, precious metals, and GCC stock markets: Is there any risk spillover. Pacific-Basin Finance Journal, 56: 45-70.

Ando T, Greenwood-Nimmo M, Shin Y. 2022. Quantile connectedness: Modeling tail behavior in the topology of financial networks. Management Science, 68(4): 2401-2431.

Ang A, Bekaert G. 2022. International asset allocation with regime shifts. The Review of Financial Studies, 15(4): 1137-1187.

Angelidis T, Degiannakis S, Filis G. 2015. US stock market regimes and oil price shocks. Global Finance Journal, 28: 132-146.

Antonakakis N, Chatziantoniou I, Filis G. 2013 Dynamic co-movements of stock market returns, implied volatility and policy uncertainty. Economics Letters, 120(1): 87-92.

Antonakakis N, Chatziantoniou I, Filis G. 2017. Oil shocks and stock markets: Dynamic connectedness under the prism of recent geopolitical and economic unrest. International Review of Financial Analysis, 50: 1-26.

Arouri M, Estay C, Rault C, et al. 2016. Economic policy uncertainty and stock markets: Long-run evidence from the US. Finance Research Letters, 18: 136-141.

Arouri M E H, Lahiani A, Nguyen D K. 2011. Return and volatility transmission between world oil prices and stock markets of the GCC countries. Economic Modelling, 28(4): 1815-1825.

Asteriou D, Bashmakova Y. 2013. Assessing the impact of oil returns on emerging stock markets: A panel data approach for ten Central and Eastern European Countries. Energy Economics, 38: 204-211.

Awartani B, Maghyereh A L. 2013. Dynamic spillovers between oil and stock markets in the Gulf Cooperation Council Countries. Energy Economics, 36: 28-42.

Awartani B, Aktham M, Cherif G. 2016. The connectedness between crude oil and financial markets: Evidence from implied volatility indices. Journal of Commodity Markets, 4(1): 56-69.

Bachmeier L J, Griffin J M. 2006. Testing for market integration crude oil, coal, and natural gas. The Energy Journal, 27(2): 55-71.

Bai J, Perron P. 2003. Computation and analysis of multiple structural change models. Journal of Applied Econometrics, 18(1): 1-22.

Bai S, Koong K S. 2018. Oil prices, stock returns, and exchange rates: Empirical evidence from China and the United States. The North American Journal of Economics and Finance, 44: 12-33.

Baker M, Wurgler J. 2006. Investor sentiment and the cross-section of stock returns. The Journal of Finance, 61(4): 1645-1680.

Baker M, Wurgler J. 2007. Investor sentiment in the stock market. Journal of Economic Perspectives, 21(2): 129-151.

Baker S R, Bloom N, Davis S J. 2016. Measuring economic policy uncertainty. The Quarterly Journal of Economics, 131(4): 1593-1636.

Balcilar M, Demirer R, Ulussever T. 2017. Does speculation in the oil market drive investor herding in emerging stock markets. Energy Economics, 65: 50-63.

Balcilar M, Demirer R, Hammoudeh S. 2019. Quantile relationship between oil and stock returns: Evidence from emerging and frontier stock markets. Energy Policy, 134: 110931.

Bams D, Blanchard G, Honarvar I, et al. 2017. Does oil and gold price uncertainty matter for the stock market. Journal of Empirical Finance, 44: 270-285.

Barndorff-Nielsen O, Kinnebrock S, Shephard N. 2010. Volatility and Time Series Econometrics: Essays in Honor of Robert Engle. Oxford: Oxford University Press.

Baruník J, Kočenda E, Vácha L. 2015. Volatility spillovers across petroleum markets. The Energy Journal, 36(3): 309-329.

Baruník J, Kočenda E, Vácha L. 2016. Asymmetric connectedness on the US stock market: Bad and good volatility spillovers. Journal of Financial Markets, 27: 55-78.

Baruník J, Křehlík E. 2018. Measuring the frequency dynamics of financial connectedness and systemic risk. Journal of Financial Econometrics, 16(2): 271-296.

Baruník J, Kočenda E. 2019. Total, asymmetric and frequency connectedness between oil and forex markets. Energy Journal, 40: 157-174.

Baruník J, Kočenda E, Vácha L. 2017. Asymmetric volatility connectedness on the forex market. Journal of International Money and Finance, 77: 39-56.

Basher S A, Sadorsky P. 2016. Hedging emerging market stock prices with oil, gold, VIX, and bonds: A comparison between DCC, ADCC and GO-GARCH. Energy Economics, 54: 235-247.

Bašta M, Molnár P. 2018. Oil market volatility and stock market volatility. Finance Research Letters, 26: 204-214.

Batten J A, Brzeszczynski J, Ciner C, et al. 2019a. Price and volatility spillovers across the international steam coal market. Energy Economics, 77: 119-138.

Batten J A, Kinateder H, Szilagyi P G, et al. 2019b. Liquidity, surprise volume and return premia in the oil market. Energy Economics, 77: 93-104.

Baumöhl E, Shahzad S J H. 2019. Quantile coherency networks of international stock markets. Finance Research Letters, 31: 119-129.

Beckmann J, Berger T, Czudaj R. 2019. Gold price dynamics and the role of uncertainty. Quantitative Finance, 19(4): 663-681.

Betz F, Hautsch N, Peltonen T A, et al. 2016. Systemic risk spillovers in the European banking and sovereign network. Journal of Financial Stability, 25: 206-224.

Bhar R, Nikolova B. 2010. Global oil price, oil industry and equity returns: Russian experience. Scottish Journal of Political Economy, 57(2): 169-186.

Białkowski J, Dang H D, Wei X. 2022. High policy uncertainty and low implied market volatility: An academic puzzle. Journal of Financial Economics, 143(3): 1185-1208.

Bloom N. 2009. The impact of uncertainty shocks. Econometrica, 77(3): 623-685.

Boldanov R, Degiannakis S, Filis G. 2016. Time-varying correlation between oil and stock market volatilities: Evidence from oil-importing and oil-exporting countries. International Review of Financial Analysis, 48: 209-220.

Bondia R, Ghosh S, Kanjilal K. 2016. International crude oil prices and the stock prices of clean energy and technology companies: Evidence from non-linear cointegration tests with unknown structural breaks. Energy, 101: 558-565.

Borenstein S, Bushnell J, Wolak F A, et al. 2019. Expecting the unexpected: Emissions uncertainty and environmental market design. American Economic Review, 109(11): 3953-3977.

Borovkova S, Permana F J. 2009. Implied volatility in oil markets. Computational Statistics & Data Analysis, 53(6): 2022-2039.

Boubaker H, Raza S A. 2017. A wavelet analysis of mean and volatility spillovers between oil and BRICS stock markets. Energy Economics, 64: 105-117.

Bouri E. 2015a. A broadened causality in variance approach to assess the risk dynamics between crude oil prices and the Jordanian stock market. Energy Policy, 85: 271-279.

Bouri E. 2015b. Return and volatility linkages between oil prices and the Lebanese stock market in crisis periods. Energy, 89: 365-371.

Bouri E, Awartani B, Maghyereh A. 2016. Crude oil prices and sectoral stock returns in Jordan around the Arab uprisings of 2010. Energy Economics, 56: 205-214.

Bouri E, Chen Q, Lien D, et al. 2017a. Causality between oil prices and the stock market in China: The relevance of the reformed oil product pricing mechanism. International Review of Economics & Finance, 48: 34-48.

Bouri E, Jain A, Biswal P C, et al. 2017b. Cointegration and nonlinear causality amongst gold, oil, and the Indian stock market: Evidence from implied volatility indices. Resources Policy, 52: 201-206.

Bouri E, Iqbal N, Klein T. 2022. Climate policy uncertainty and the price dynamics of green and brown energy stocks. Finance Research Letters, 47: 102740.

BP. 2018a. Country insight-China. [2023-02-01]. https://www.bp.com.cn/content/dam/bp/country-sites/zh_cn/china/home/reports/bp-energy-outlook/ 2018/eo18-chinaonepager-cn.pdf.

BP. 2018b. BP statistical review of world energy 2018.[2018-06-13]. https://www.bp.com/content/dam/bp/business-sites/en/global/corporate/pdfs/energy-economics/statistical-review/bp-stats-review-2018-full-report.pdf.

BP. 2022. Statistical review of world energy 2022.[2022-07-01]. https://www.bp.com/de_de/germany/home/presse/nachrichten/statistical-review-of-world-energy-2022.html.

Broadstock D C, Cao H, Zhang D. 2012. Oil shocks and their impact on energy related stocks in China. Energy Economics, 34(6): 1888-1895.

Broadstock D C, Filis G. 2014. Oil price shocks and stock market returns: New evidence from the United States and China. Journal of International Financial Markets, Institutions and Money, 33: 417-433.

Brown R L, Durbin J, Evans J M. 1975. Techniques for testing the constancy of regression relationships over time. Journal of the Royal Statistical Society Series B: Statistical Methodology, 37(2): 149-163.

Caporale G M, Ali F M, Spagnolo N. 2015. Oil price uncertainty and sectoral stock returns in China: A time-varying approach. China Economic Review, 34: 311-321.

Chang C P, Lee C C. 2015. Do oil spot and futures prices move together. Energy Economics, 50: 379-390.

Chang C L, McAleer M, Tansuchat R. 2013. Conditional correlations and volatility spillovers between crude oil and stock index returns. The North American Journal of Economics and Finance, 25: 116-138.

Charles A, Darné O. 2014. Volatility persistence in crude oil markets. Energy Policy, 65: 729-742.

Chen H, Sun Z. 2021. International crude oil price, regulation and asymmetric response of China's gasoline price. Energy Economics, 94: 105049.

Chen J, Liang Z, Ding Q, et al. 2022. Extreme spillovers among fossil energy, clean energy, and metals markets: Evidence from a quantile-based analysis. Energy Economics, 107: 105880.

Chen K C, Chen S, Wu L. 2009. Price causal relations between China and the world oil markets. Global Finance Journal, 20(2): 107-118.

Chen L, Du Z, Hu Z. 2020. Impact of economic policy uncertainty on exchange rate volatility of China. Finance Research Letters, 32: 101266.

Chen N F, Roll R, Ross S A. 1986. Economic forces and the stock market. The Journal of Business, 59(3): 383-403.

Chen Q, Lv X. 2015. The extreme-value dependence between the crude oil price and Chinese stock markets. International Review of Economics & Finance, 39: 121-132.

Chen W, Huang Z, Yi Y. 2015. Is there a structural change in the persistence of WTI-Brent oil price spreads in the post-2010 period. Economic Modelling, 50: 64-71.

Chen Z, Zhang L, Weng C. 2023. Does climate policy uncertainty affect Chinese stock market volatility. International Review of Economics & Finance, 84: 369-381.

Cheng D, Shi X, Yu J, et al. 2019. How does the Chinese economy react to uncertainty in international crude oil prices. International Review of Economics & Finance, 64: 147-164.

Cheng Y, Yi J, Yang X, et al. 2022. A CEEMD-ARIMA-SVM model with structural breaks to forecast the crude oil prices linked with extreme events. Soft Computing, 26(17): 8537-8551.

Chiah M, Hu X, Zhong A. 2022. Photo sentiment and stock returns around the world. Finance Research Letters, 46: 102417.

Chkili W, Aloui C, Nguyen D K. 2014a. Instabilities in the relationships and hedging strategies between crude oil and US stock markets: Do long memory and asymmetry matter. Journal of International Financial Markets, Institutions and Money, 33: 354-366.

Chkili W, Hammoudeh S, Nguyen D K. 2014b. Volatility forecasting and risk management for commodity markets in the presence of asymmetry and long memory. Energy Economics, 41: 1-18.

Chow G C. 1960. Tests of equality between sets of coefficients in two linear regressions. Econometrica, 28(3): 591-605.

Chuliá H, Furió D, Uribe J M. 2019. Volatility spillovers in energy markets. The Energy Journal, 40(3): 173-197.

Colacito R, Engle R F, Ghysels E. 2011. A component model for dynamic correlations. Journal of Econometrics, 164(1): 45-59.

Cong R G, Wei Y M, Jiao J L, et al. 2008. Relationships between oil price shocks and stock market: An empirical analysis from China. Energy Policy, 36(9): 3544-3553.

Conrad C, Kleen O. 2020. Two are better than one: Volatility forecasting using multiplicative component GARCH-MIDAS models. Journal of Applied Econometrics, 35(1): 19-45.

Conrad C, Rittler D, Rotfuß W. 2012. Modeling and explaining the dynamics of European Union allowance prices at high-frequency. Energy Economics, 34(1): 316-326.

Conrad C, Loch K, Rittler D. 2014. On the macroeconomic determinants of long-term volatilities and correlations in U.S. stock and crude oil markets. Journal of Empirical Finance, 29: 26-40.

Corredor P, Ferrer E, Santamaria R. 2013. Investor sentiment effect in stock markets: Stock characteristics or country-specific factors. International Review of Economics & Finance, 27: 572-591.

Creti A, Ftiti Z, Guesmi K. 2014. Oil price and financial markets: Multivariate dynamic frequency analysis. Energy Policy, 73: 245-258.

Cui J, Goh M, Li B, et al. 2021. Dynamic dependence and risk connectedness among oil and stock markets: New evidence from time-frequency domain perspectives. Energy, 216: 119302.

Cui J, Maghyereh A. 2023. Time-frequency dependence and connectedness among global oil markets: Fresh evidence from higher-order moment perspective. Journal of Commodity Markets, 30, 100323.

Dagher L, Hariri E S. 2013. The impact of global oil price shocks on the Lebanese stock market. Energy, 63: 366-374.

Dahl R E, Oglend A, Yahya M. 2020. Dynamics of volatility spillover in commodity markets: Linking crude oil to agriculture. Journal of Commodity Markets, 20: 100111.

Dai Z, Zhu J, Zhang X. 2022a. Time-frequency connectedness and cross-quantile dependence between crude oil, Chinese commodity market, stock market and investor sentiment. Energy Economics, 114: 106226.

Dai Z, Zhu H, Zhang X. 2022b. Dynamic spillover effects and portfolio strategies between crude oil, gold and Chinese stock markets related to new energy vehicle. Energy Economics, 109: 105959.

Degiannakis S, Filis G, Kizys R. 2014. The effects of oil price shocks on stock market volatility: Evidence from European data. The Energy Journal, 35(1): 35-56.

Degiannakis S, Filis G, Arora V. 2018. Oil Prices and stock markets: A review of the theory and empirical evidence. The Energy Journal, 39(1): 85-130.

Demirer R, Kutan A M, Chen C D. 2010. Do investors herd in emerging stock markets: Evidence from the Taiwanese market. Journal of Economic Behavior & Organization, 76(2): 283-295.

Demirer R, Gupta R, Suleman T, et al. 2018. Time-varying rare disaster risks, oil returns and volatility. Energy Economics, 75: 239-248.

Demirer R, Ferrer R, Shahzad S J H. 2020. Oil price shocks, global financial markets and their connectedness. Energy Economics, 88: 104771.

Dette H, Golosnoy V, Kellermann J. 2022. Correcting intraday periodicity bias in realized volatility measures. Econometrics and Statistics, 23: 36-52.

Dew-Becker I, Giglio S. 2016. Asset pricing in the frequency domain: Theory and empirics. The Review of Financial Studies, 29(8): 2029-2068.

Diaz E M, Molero J C, de Gracia F P. 2016. Oil price volatility and stock returns in the G7 economies. Energy Economics, 54: 417-430.

Dickey D A, Fuller W A. 1979. Distribution of the estimators for autoregressive time series with a unit root. Journal of the American Statistical Association, 74(366a): 427-431.

Diebold F X, Yilmaz K. 2009. Measuring financial asset return and volatility spillovers, with application to global equity markets. The Economic Journal, 119(534): 158-171.

Diebold F X, Yilmaz K. 2012. Better to give than to receive: Predictive directional measurement of volatility spillovers. International Journal of Forecasting, 28(1): 57-66.

Diebold F X, Yilmaz K. 2014. On the network topology of variance decompositions: Measuring the connectedness of financial firms. Journal of Econometrics, 182(1): 119-134.

Ding H, Kim H G, Park S Y. 2016. Crude oil and stock markets: Causal relationships in tails. Energy Economics, 59: 58-69.

Ding Q, Huang J, Zhang H. 2022. Time-frequency spillovers among carbon, fossil energy and clean energy markets: The effects of attention to climate change. International Review of Financial Analysis, 83: 102222.

Ding Z, Liu Z, Zhang Y, et al. 2017. The contagion effect of international crude oil price fluctuations on Chinese stock market investor sentiment. Applied Energy, 187: 27-36.

Du L, He Y. 2015. Extreme risk spillovers between crude oil and stock markets. Energy Economics, 51: 455-465.

Duan K, Ren X, Wen F, et al. 2023a. Evolution of the information transmission between Chinese and international oil markets: A quantile-based framework. Journal of Commodity Markets, 29: 100304.

Duan X, Xiao Y, Ren X, et al. 2023b. Dynamic spillover between traditional energy markets and emerging green markets: Implications for sustainable development. Resources Policy, 82: 103483.

Dumas B, Fleming J, Whaley R E. 1998. Implied volatility functions: Empirical tests. The Journal of Finance, 53(6): 2059-2106.

Dutta A. 2017. Oil price uncertainty and clean energy stock returns: New evidence from crude oil volatility index. Journal of Cleaner Production, 164: 1157-1166.

Dutta A. 2018. Oil and energy sector stock markets: An analysis of implied volatility indexes. Journal of Multinational Financial Management, 44: 61-68.

EIA. 2018. China surpassed the United States as the world's largest crude oil importer in 2017. [2018-08-31]. https://www.eia.gov/todayinenergy/detail.php?id=34812.

Elder J, Miao H, Ramchander S. 2013. Jumps in oil prices: The role of economic news. The Energy Journal, 34(3): S271-S237.

Elder J, Miao H, Ramchander S. 2014. Price discovery in crude oil futures. Energy Economics, 46: S18-S27.

Elsayed A H, Nasreen S, Tiwari A K. 2020. Time-varying co-movements between energy market and global financial markets: Implication for portfolio diversification and hedging strategies. Energy Economics, 90: 104847.

Engle R F. 1982. Autoregressive conditional heteroscedasticity with estimates of the variance of United Kingdom inflation. Econometrica, 50(4): 987-1007.

Engle R. 2002. Dynamic conditional correlation: A simple class of multivariate generalized autoregressive conditional heteroskedasticity models. Journal of Business & Economic Statistics, 20(3): 339-350.

Engle R F, Kroner. K. F 1995. Multivariate simultaneous generalized ARCH. Econometric Theory, 11(1): 122-150.

Engle R F, Rangel J G. 2008. The spline-GARCH model for low-frequency volatility and its global macroeconomic causes. Review of Financial Studies, 21(3): 1187-1222.

Engle R F, Ghysels E, Sohn B. 2013. Stock market volatility and macroeconomic fundamentals. The Review of Economics and Statistics, 95(3): 776-797.

Ewing B T, Malik F. 2013. Volatility transmission between gold and oil futures under structural breaks. International Review of Economics & Finance, 25: 113-121.

Ewing B T, Malik F. 2016. Volatility spillovers between oil prices and the stock market under structural breaks. Global Finance Journal, 29: 12-23.

Ewing B T, Malik F. 2017. Modelling asymmetric volatility in oil prices under structural breaks. Energy Economics, 63: 227-233.

Fang L, Chen B, Yu H, et al. 2018. The effect of economic policy uncertainty on the long-run correlation between crude oil and the U.S. stock markets. Finance Research Letters, 24: 56-63.

Fang T, Su Z, Yin L. 2020. Economic fundamentals or investor perceptions? The role of uncertainty in predicting long-term cryptocurrency volatility. International Review of Financial Analysis, 71: 101566.

Fattouh B. 2010. The dynamics of crude oil price differentials. Energy Economics, 32(2): 334-342.

Fernandez-Perez A, Fuertes A M, Miffre J. 2023. The negative pricing of the May 2020 WTI contract. The Energy Journal, 44(1): 119-142.

Ferrer R, Shahzad S J H, López R, et al. 2018. Time and frequency dynamics of connectedness between renewable energy stocks and crude oil prices. Energy Economics, 76: 1-20.

Ferson W E, Harvey C R. 1994. Sources of risk and expected returns in global equity markets. Journal of Banking & Finance, 18(4): 775-803.

Filis G, Degiannakis S, Floros C. 2011. Dynamic correlation between stock market and oil prices: The case of oil-importing and oil-exporting countries. International Review of Financial Analysis, 20(3): 152-164.

Foroni C, Guérin P, Marcellino M. 2017. Explaining the time-varying effects of oil market shocks on US stock returns. Economics Letters, 155: 84-88.

Frugier A. 2016. Returns, volatility and investor sentiment: Evidence from European stock markets. Research in International Business and Finance, 38: 45-55.

Ftiti Z, Hadhri S. 2019. Can economic policy uncertainty, oil prices, and investor sentiment predict Islamic stock returns? A multi-scale perspective. Pacific-Basin Finance Journal, 53: 40-55.

Fu J, Qiao H. 2022. The time-varying connectedness between China's crude oil futures and international oil markets: A return and volatility spillover analysis. Letters in Spatial and Resource Sciences, 15(3): 341-376.

Galay G. 2019. Are crude oil markets cointegrated? Testing the co-movement of weekly crude oil spot prices. Journal of Commodity Markets, 16: 100088.

Gao R, Zhao Y, Zhang B. 2021. The spillover effects of economic policy uncertainty on the oil, gold, and stock markets: Evidence from China. International Journal of Finance & Economics, 26(2): 2134-2141.

Gavriilidis K. 2021. Measuring climate policy uncertainty. Available at SSRN 3847388.

Ghysels E, Santa-Clara P, Valkanov R. 2005. There is a risk-return trade-off after all. Journal of Financial Economics, 76(3): 509-548.

Gong X, Lin B. 2018. Structural breaks and volatility forecasting in the copper futures market. Journal of Futures Markets, 38(3): 290-339.

Gong X, Xu J. 2022. Geopolitical risk and dynamic connectedness between commodity markets. Energy Economics, 110: 106028.

Gong X, Liu Y, Wang X. 2021. Dynamic volatility spillovers across oil and natural gas futures markets based on a time-varying spillover method. International Review of Financial Analysis, 76: 101790.

Gong X, Wang M, Shao L. 2022. The impact of macro economy on the oil price volatility from the perspective of mixing frequency. International Journal of Finance & Economics, 27(4): 4487-4514.

Green R, Larsson K, Lunina V, et al. 2018. Cross-commodity news transmission and volatility spillovers in the German energy markets. Journal of Banking & Finance, 95: 231-243.

Greenwood-Nimmo M, Huang J, Nguyen V H. 2019. Financial sector bailouts, sovereign bailouts, and the transfer of credit risk. Journal of Financial Markets, 42: 121-142.

Guhathakurta K, Dash S R, Maitra D. 2020. Period specific volatility spillover based connectedness between oil and other commodity prices and their portfolio implications. Energy Economics, 85: 104566.

Gülen S G. 1999. Regionalization in the world crude oil market: Further evidence. The Energy Journal, 20(1): 125-139.

Guo J, Long S, Luo W. 2022. Nonlinear effects of climate policy uncertainty and financial speculation on the global prices of oil and gas. International Review of Financial Analysis, 83: 102286.

Hamao Y. 1988. An empirical examination of the Arbitrage Pricing Theory. Japan and the World Economy, 1(1): 45-61.

Hamdi B, Aloui M, Alqahtani F, et al. 2019. Relationship between the oil price volatility and sectoral stock markets in oil-exporting economies: Evidence from wavelet nonlinear denoised based quantile and Granger-causality analysis. Energy Economics, 80: 536-552.

Hamilton J D. 1983. Oil and the macroeconomy since World War II. Journal of Political Economy, 91(2): 228-248.

Hamilton J D. 2009. Understanding crude oil prices. The Energy Journal, 30(2): 179-206.

Hamilton J D. 2011. Nonlinearities and the macroeconomic effects of oil prices. Macroeconomic Dynamics, 15(S3): 364-378.

Hammoudeh S M, Ewing B T, Thompson M A. 2008. Threshold cointegration analysis of crude oil benchmarks. The Energy Journal, 29(4): 79-95.

Härdle W K, Wang W, Yu L. 2016. Tail-event driven NETwork risk. Journal of Econometrics, 192(2): 499-513.

Hasbrouck J. 1995. One security, many markets: Determining the contributions to price discovery. The Journal of Finance, 50(4): 1175-1199.

He F, Ma F, Wang Z, et al. 2021. Asymmetric volatility spillover between oil-importing and oil-exporting countries' economic policy uncertainty and China's energy sector. International Review of Financial Analysis, 75: 101739.

He L T, Casey K M. 2015. Forecasting ability of the investor sentiment endurance index: The case of oil service stock returns and crude oil prices. Energy Economics, 47: 121-128.

He Z, Chen J, Zhou F, et al. 2022. Oil price uncertainty and the risk-return relation in stock markets: Evidence from oil-importing and oil-exporting countries. International Journal of Finance & Economics, 27(1): 1154-1172.

Henriques I, Sadorsky P. 2008. Oil prices and the stock prices of alternative energy companies. Energy Economics, 30(3): 998-1010.

Hong H, Li F, Xu J. 2019. Climate risks and market efficiency. Journal of Econometrics, 208(1): 265-281.

Hoque M E, Soo-Wah L, Bilgili F, et al. 2022. Connectedness and spillover effects of US climate policy uncertainty on energy stock, alternative energy stock, and carbon future. Environmental Science and Pollution Research, 30(7): 18956-18972.

Hou Y, Li S. 2016. Information transmission between U.S. and China index futures markets: An asymmetric DCC GARCH approach. Economic Modelling, 52: 884-897.

Huang R D, Masulis R W, Stoll H R. 1996. Energy shocks and financial markets. Journal of Futures Markets, 16(1): 1-27.

Huang B N, Lee C C, Chang Y F, et al. 2021. Dynamic linkage between oil prices and exchange rates: New global evidence. Empirical Economics, 61(2): 719-742.

Huang X, Huang S. 2020. Identifying the comovement of price between China's and international crude oil futures: A time-frequency perspective. International Review of Financial Analysis, 72: 101562.

Huang Y, Luk P. 2020. Measuring economic policy uncertainty in China. China Economic Review, 59: 101367.

Huo R, Ahmed A D. 2018. Relationships between Chinese stock market and its index futures market: Evaluating the impact of QFII scheme. Research in International Business and Finance, 44: 135-152.

Ilhan E, Sautner Z, Vilkov G. 2021. Carbon tail risk. The Review of Financial Studies, 34(3): 1540-1571.

Inclán C, Tiao G C. 1994. Use of cumulative sums of squares for retrospective detection of changes of variance. Journal of the American Statistical Association, 89(427): 913-923.

Ioannidis C, Ka K. 2018. The impact of oil price shocks on the term structure of interest rates. Energy Economics, 72: 601-620.

Jammazi R, Aloui C. 2010. Wavelet decomposition and regime shifts: Assessing the effects of crude oil shocks on stock market returns. Energy Policy, 38(3): 1415-1435.

Jammazi R, Ferrer R, Jareño F, et al. 2017. Time-varying causality between crude oil and stock markets: What can we learn from a multiscale perspective. International Review of Economics & Finance, 49: 453-483.

Ji Q, Fan Y. 2015. Dynamic integration of world oil prices: A reinvestigation of globalisation vs. regionalisation. Applied Energy, 155: 171-180.

Ji Q, Fan Y. 2016. Evolution of the world crude oil market integration: A graph theory analysis. Energy Economics, 53: 90-100.

Ji Q, Zhang D. 2019. China's crude oil futures: Introduction and some stylized facts. Finance Research Letters, 28: 376-380.

Ji Q, Liu B Y, Nehler H, et al. 2018a. Uncertainties and extreme risk spillover in the energy markets: A time-varying copula-based CoVaR approach. Energy Economics, 76: 115-126.

Ji Q, Geng J, Tiwari A K. 2018b. Information spillovers and connectedness networks in the oil and gas markets. Energy Economics, 75: 71-84.

Ji Q, Liu B Y, Zhao W L, et al. 2020. Modelling dynamic dependence and risk spillover between all oil price shocks and stock market returns in the BRICS. International Review of Financial Analysis, 68: 101238.

Ji Q, Zhang D, Zhao Y. 2022. Intra-day co-movements of crude oil futures: China and the international benchmarks. Annals of Operations Research, 313(1): 77-103.

Jia S, Dong H, Yang H. 2021. Asymmetric risk spillover of the international crude oil market in the Perspective of Crude Oil Dual Attributes. Frontiers in Environmental Science, 9: 720278.

Jia X, An H, Sun X, et al. 2017. Evolution of world crude oil market integration and diversification: A wavelet-based complex network perspective. Applied Energy, 185: 1788-1798.

Jiang G J, Tian Y S. 2005. The model-free implied volatility and its information content. The Review of Financial Studies, 18(4): 1305-1342.

Jiang Y, Lie J, Wang J, et al. 2021. Revisiting the roles of cryptocurrencies in stock markets: A quantile coherency perspective. Economic Modelling, 95: 21-34.

Jones C M, Kaul G. 1996. Oil and the stock markets. The Journal of Finance, 51(2): 463-491.

Joo Y C, Park S Y. 2017. Oil prices and stock markets: Does the effect of uncertainty change over time. Energy Economics, 61: 42-51.

Jouini J. 2013. Return and volatility interaction between oil prices and stock markets in Saudi Arabia. Journal of Policy Modeling, 35(6): 1124-1144.

Jouini J, Harrathi N. 2014. Revisiting the shock and volatility transmissions among GCC stock and oil markets: A further investigation. Economic Modelling, 38: 486-494.

Ju K, Zhou D, Zhou P, et al. 2014. Macroeconomic effects of oil price shocks in China: An empirical study based on Hilbert-Huang transform and event study. Applied Energy, 136: 1053-1066.

Ju K, Su B, Zhou D, et al. 2016. An incentive-oriented early warning system for predicting the co-movements between oil price shocks and macroeconomy. Applied Energy, 163: 452-463.

Junttila J, Pesonen J, Raatikainen J. 2018. Commodity market based hedging against stock market risk in times of financial crisis: The case of crude oil and gold. Journal of International Financial Markets, Institutions and Money, 56: 255-280.

Kadilli A. 2015. Predictability of stock returns of financial companies and the role of investor sentiment: A multi-country analysis. Journal of Financial Stability, 21: 26-45.

Kaneko T, Lee B S. 1995. Relative importance of economic factors in the U.S. and Japanese stock markets. Journal of the Japanese and International Economies, 9(3): 290-307.

Kang L. 2011. Volatility and time series econometrics: Essays in honor of Robert Engle. Journal of Applied Statistics, 38(10): 2371-2372.

Kang S H, Cheong C, Yoon S M. 2011. Structural changes and volatility transmission in crude oil markets. Physica A: Statistical Mechanics and its Applications, 390(23): 4317-4324.

Kang S H, Maitra D, Dash S R, et al. 2019. Dynamic spillovers and connectedness between stock, commodities, bonds, and VIX markets. Pacific-Basin Finance Journal, 58: 101221.

Kang W, de Gracia F P, Ratti R A. 2017a. Oil price shocks, policy uncertainty, and stock returns of oil and gas corporations. Journal of International Money and Finance, 70: 344-359.

Kang S H, McIver R, Yoon S M. 2017b. Dynamic spillover effects among crude oil, precious metal, and agricultural commodity futures markets. Energy Economics, 62: 19-32.

Kang W, Ratti R A. 2013. Oil shocks, policy uncertainty and stock market return. Journal of International Financial Markets. Institutions and Money, 26: 305-318.

Kang W, Ratti R A, Vespignani J. 2021. Financial and nonfinancial global stock market volatility shocks. Economic Modelling, 96: 128-134.

Kang W, Ratti R A, Yoon K H. 2015a. The impact of oil price shocks on the stock market return and volatility relationship. Journal of International Financial Markets, Institutions and Money, 34: 41-54.

Kang W, Ratti R A, Yoon K H. 2015b. Time-varying effect of oil market shocks on the stock market. Journal of Banking & Finance, 61: S150-S163.

Kao C W, Wan J Y. 2012. Price discount, inventories and the distortion of WTI benchmark. Energy Economics, 34(1): 117-124.

Karali B, Ramirez O A. 2014. Macro determinants of volatility and volatility spillover in energy markets. Energy Economics, 46: 413-421.

Khalfaoui R, Boutahar M, Boubaker H. 2015. Analyzing volatility spillovers and hedging between oil and stock markets: Evidence from wavelet analysis. Energy Economics, 49: 540-549.

Khalfaoui R, Baumöhl E, Sarwar S, et al. 2021a. Connectedness between energy and nonenergy commodity markets: Evidence from quantile coherency networks. Resources Policy, 74: 102318.

Khalfaoui R, Tiwari A K, Kablan S, et al. 2021b. Interdependence and lead-lag relationships between the oil price and metal markets: Fresh insights from the wavelet and quantile coherency approaches. Energy Economics, 101: 105421.

Kilian L. 2008. The economic effects of energy price shocks. Journal of Economic Literature, 46(4): 871-909.

Kilian L. 2009. Not all oil price shocks are alike: Disentangling demand and supply shocks in the crude oil market. American Economic Review, 99(3): 1053-1069.

Kilian L, Park C. 2009. The impact of all price shocks on the U.S. stock market. International Economic Review, 50(4): 1267-1287.

Kilian L, Murphy D P. 2014. The role of inventories and speculative trading in the global market for crude oil. Journal of Applied Econometrics, 29(3): 454-478.

Kim J S, Ryu D, Seo S W. 2014. Investor sentiment and return predictability of disagreement. Journal of Banking & Finance, 42: 166-178.

Klein T. 2018. Trends and contagion in WTI and Brent crude oil spot and futures markets - the role of OPEC in the last decade. Energy Economics, 75: 636-646.

Kocaarslan B, Sari R, Gormus A, et al. 2017. Dynamic correlations between BRIC and U.S. stock markets: The asymmetric impact of volatility expectations in oil, gold and financial markets. Journal of Commodity Markets, 7: 41-56.

Koop G, Pesaran M H, Potter S M. 1996. Impulse response analysis in nonlinear multivariate models. Journal of Econometrics, 74(1): 119-147.

Křehlík T, Baruník J. 2017. Cyclical properties of supply-side and demand-side shocks in oil-based commodity markets. Energy Economics, 65: 208-218.

Krol R. 2014. Economic policy uncertainty and exchange rate volatility: Economic policy uncertainty and exchange rate volatility. International Finance, 17(2): 241-256.

Kroner K F, Sultan J. 1993.Time-varying distributions and dynamic hedging with foreign currency futures. The Journal of Financial and Quantitative Analysis, 28(4): 535-551.

Kroner K F, Ng V K. 1998. Modeling asymmetric comovements of asset returns. Review of Financial Studies, 11(4): 817-844.

Kuck K, Schweikert K. 2017. A Markov regime-switching model of crude oil market integration. Journal of Commodity Markets, 6: 16-31.

Kumari J, Mahakud J. 2015. Does investor sentiment predict the asset volatility? Evidence from emerging stock market India. Journal of Behavioral and Experimental Finance, 8: 25-39.

Kwiatkowski D, Phillips P C B, Schmidt P, et al. 1992. Testing the null hypothesis of stationarity against the alternative of a unit root. Journal of Econometrics, 54(1-3): 159-178.

Lamoureux C G, Lastrapes W D. 1990. Persistence in variance, structural change, and the GARCH model. Journal of Business & Economic Statistics, 8(2): 225-234.

Le T H, Chang Y. 2015. Effects of oil price shocks on the stock market performance: Do nature of shocks and economies matter. Energy Economics, 51: 261-274.

Lean H H, McAleer M, Wong W K. 2010. Market efficiency of oil spot and futures: A mean-variance and stochastic dominance approach. Energy Economics, 32(5): 979-986.

Lean H H, Teng K T. 2013. Integration of world leaders and emerging powers into the Malaysian stock market: A DCC-MGARCH approach. Economic Modelling, 32: 333-342.

Lee C C, Zeng J H. 2011. The impact of oil price shocks on stock market activities: Asymmetric effect with quantile regression. Mathematics and Computers in Simulation, 81(9): 1910-1920.

Lee C C, Zhou H, Xu C, et al. 2023. Dynamic spillover effects among international crude oil markets from the time-frequency perspective. Resources Policy, 80: 103218.

Lee K, Jeon Y, Nam E Y. 2021. Chinese economic policy uncertainty and the cross-section of U.S. asset returns. International Review of Economics & Finance, 76: 1063-1077.

Lee Y H, Hu H N, Chiou J S. 2010. Jump dynamics with structural breaks for crude oil prices. Energy Economics, 32(2): 343-350.

Lee Y H, Tucker A L, Wang D K, et al. 2014. Global contagion of market sentiment during the US subprime crisis. Global Finance Journal, 25(1): 17-26.

Li H J, Huang X Y, Zhou D H, et al. 2023. The dynamic linkages among crude oil price, climate change and carbon price in China. Energy Strategy Reviews, 48: 101123.

Li R, Leung G C K. 2011. The integration of China into the world crude oil market since 1998. Energy Policy, 39(9): 5159-5166.

Li R, Joyeux R, Ripple R D. 2010. International steam coal market integration. The Energy Journal, 31(3): 181-202.

Li R, Joyeux R, Ripple R D. 2014. International natural gas market integration. The Energy Journal, 35(4): 159-179.

Li S F, Zhu H M, Yu K. 2012. Oil prices and stock market in China: A sector analysis using panel cointegration with multiple breaks. Energy Economics, 34(6): 1951-1958.

Li S, Li J, Lu X, et al. 2022. Exploring the dynamic nonlinear relationship between crude oil price and implied volatility indices: A new perspective from MMV-MFDFA. Physica A: Statistical Mechanics and its Applications, 603: 127684.

Li X, Wei Y. 2018. The dependence and risk spillover between crude oil market and China stock market: New evidence from a variational mode decomposition-based copula method. Energy Economics, 74: 565-581.

Li Y, Ma F, Zhang Y, et al. 2019. Economic policy uncertainty and the Chinese stock market volatility: New evidence. Applied Economics, 51(49): 5398-5410.

Li L Z, Wang S S, Hu Z M. 2021. International investor sentiment and stock returns: Evidence from China. Investment Analysts Journal, 50(1): 60-76.

Liang C, Umar M, Ma F, et al. 2022. Climate policy uncertainty and world renewable energy index volatility forecasting. Technological Forecasting and Social Change, 182: 121810.

Liston D P. 2016. Sin stock returns and investor sentiment. The Quarterly Review of Economics and Finance, 59: 63-70.

Liu L, Wan J. 2012. A study of Shanghai fuel oil futures price volatility based on high frequency data: Long-range dependence, modeling and forecasting. Economic Modelling, 29(6): 2245-2253.

Liu L, Chen C C, Wan J. 2013a. Is world oil market "one great pool": An example from China's and international oil markets. Economic Modelling, 35: 364-373.

Liu M L, Ji Q, Fan Y. 2013b. How does oil market uncertainty interact with other markets? An empirical analysis of implied volatility index. Energy, 55: 860-868.

Liu L, Wang Y, Wu C, et al. 2016. Disentangling the determinants of real oil prices. Energy Economics, 56: 363-373.

Liu Z, Ding Z, Li R, et al. 2017a. Research on differences of spillover effects between international crude oil price and stock markets in China and America. Natural Hazards, 88(1): 575-590.

Liu X, An H, Huang S, et al. 2017b. The evolution of spillover effects between oil and stock markets across multi-scales using a wavelet-based GARCH-BEKK model. Physica A: Statistical Mechanics and its Applications, 465: 374-383.

Liu Z, Ding Z, Zhai P, et al. 2019. Revisiting the integration of China into the world crude oil market: The role of structural breaks. Frontiers in Energy Research, 7: 146.

Liu Z, Tseng H K, Wu J S, et al. 2020. Implied volatility relationships between crude oil and the U.S. stock markets: Dynamic correlation and spillover effects. Resources Policy, 66: 101637.

Liu Z, Shi X, Zhai P, et al. 2021. Tail risk connectedness in the oil-stock nexus: Evidence from a novel quantile spillover approach. Resources Policy, 74: 102381.

Liu Z, Zhang H, Ding Z, et al. 2022. When are the effects of economic policy uncertainty on oil-stock correlations larger? Evidence from a regime-switching analysis. Economic Modelling, 114: 105941.

Liu Z, Dai P F, Huynh T L D, et al. 2023. Industries' heterogeneous reactions during the COVID-19 outbreak: Evidence from Chinese stock markets. Journal of International Financial Management & Accounting, 34(2): 243-278.

Lombardi M J, van Robays I. 2011. Do financial investors destabilize the oil price. Available at SSRN 2281796.

Lovcha Y, Perez-Laborda A. 2020. Dynamic frequency connectedness between oil and natural gas volatilities. Economic Modelling, 84: 181-189.

Luo X, Qin S. 2017. Oil price uncertainty and Chinese stock returns: New evidence from the oil volatility index. Finance Research Letters, 20: 29-34.

Ma F, Wahab M I M, Liu J, et al.2018. Is economic policy uncertainty important to forecast the realized volatility of crude oil futures. Applied Economics, 50(18): 2087-2101.

Ma R, Liu Z, Zhai P. 2022a. Does economic policy uncertainty drive volatility spillovers in electricity markets: Time and frequency evidence. Energy Economics, 107: 105848.

Ma X, Zhang Z, Ma X, et al. 2019. Measuring cross-category spillovers of policy-specific uncertainty in China. Economics Letters, 183: 108611.

Ma Y, Wang Z, He F. 2022b. How do economic policy uncertainties affect stock market volatility? Evidence from G7 countries. International Journal of Finance & Economics, 27(2): 2303-2325.

Maghyereh A I, Awartani B, Bouri E. 2016. The directional volatility connectedness between crude oil and equity markets: New evidence from implied volatility indexes. Energy Economics, 57: 78-93.

Malik F, Ewing B T. 2009. Volatility transmission between oil prices and equity sector returns. International Review of Financial Analysis, 18(3): 95-100.

Mann J, Sephton P. 2016. Global relationships across crude oil benchmarks. Journal of Commodity Markets, 2(1): 1-5.

McLeod R C D, Haughton A Y. 2018. The value of the US dollar and its impact on oil prices: Evidence from a non-linear asymmetric cointegration approach. Energy Economics, 70: 61-69.

Meneu V, Torró H. 2003. Asymmetric covariance in spot-futures markets. Journal of Futures Markets, 23(11): 1019-1046.

Mensi W, Beljid M, Boubaker A, et al. 2013. Correlations and volatility spillovers across commodity and stock markets: Linking energies, food, and gold. Economic Modelling, 32: 15-22.

Mensi W, Hammoudeh S, Yoon S M. 2014. How do OPEC news and structural breaks impact returns and volatility in crude oil markets? Further evidence from a long memory process. Energy Economics, 42: 343-354.

Mensi W, Hammoudeh S, Yoon S M. 2015. Structural breaks, dynamic correlations, asymmetric volatility transmission, and hedging strategies for petroleum prices and USD exchange rate. Energy Economics, 48: 46-60.

Mensi W, Hammoudeh S, Nguyen D K, et al. 2016. Global financial crisis and spillover effects among the U.S. and BRICS stock markets. International Review of Economics & Finance, 42: 257-276.

Mensi W, Hammoudeh S, Shahzad S J H, et al. 2017. Modeling systemic risk and dependence structure between oil and stock markets using a variational mode decomposition-based copula method. Journal of Banking & Finance, 75: 258-279.

Mensi W, Hkiri B, Al-Yahyaee K H, et al. 2018. Analyzing time-frequency co-movements across gold and oil prices with BRICS stock markets: A VaR based on wavelet approach. International Review of Economics & Finance, 54: 74-102.

Mensi W, Rehman M U, Vo X V. 2021. Dynamic frequency relationships and volatility spillovers in natural gas, crude oil, gas oil, gasoline, and heating oil markets: Implications for portfolio management. Resources Policy, 73: 102172.

Mensi W, Vo X V, Kang S H. 2022. COVID-19 pandemic's impact on intraday volatility spillover between oil, gold, and stock markets. Economic Analysis and Policy, 74: 702-715.

Mikosch T, Stărică C. 2004. Nonstationarities in financial time series, the long-range dependence, and the IGARCH effects. Review of Economics and Statistics, 86(1): 378-390.

Miller J I, Ratti R A. 2009. Crude oil and stock markets: Stability, instability, and bubbles. Energy Economics, 31(4): 559-568.

Mo B, Meng J, Wang G. 2023. Risk dependence and risk spillovers effect from crude oil on the Chinese stock market and gold market: Implications on portfolio management. Energies, 16(5): 2141.

Mohammadi H. 2009. Electricity prices and fuel costs: Long-run relations and short-run dynamics. Energy Economics, 31(3): 503-509.

Mokni K. 2020. Time-varying effect of oil price shocks on the stock market returns: Evidence from oil-importing and oil-exporting countries. Energy Reports, 6: 605-619.

Mokni K. 2021. When, where, and how economic policy uncertainty predicts Bitcoin returns and volatility? A quantiles-based analysis. The Quarterly Review of Economics and Finance, 80: 65-73.

Mork K. 1989. Oil and the macroeconomy when prices go up and down: An extension of Hamilton's results. Journal of Political Economy, 97(3): 740-744.

Nadal R, Szklo A, Lucena A E. 2017. Time-varying impacts of demand and supply oil shocks on correlations between crude oil prices and stock markets indices. Research in International Business and Finance, 42: 1011-1020.

Naeem M A, Peng Z, Suleman M T, et al. 2020. Time and frequency connectedness among oil shocks, electricity and clean energy markets. Energy Economics, 91: 104914.

Naifar N, Al Dohaiman M S. 2013. Nonlinear analysis among crude oil prices, stock markets' return and macroeconomic variables. International Review of Economics & Finance, 27: 416-431.

Nandha M, Faff R. 2008. Does oil move equity prices? A global view. Energy Economics, 30(3): 986-997.

Nejad M K, Jahantigh F, Rahbari H. 2016. The long run relationship between oil price risk and Tehran stock exchange returns in presence of structural breaks. Procedia Economics and Finance, 36: 201-209.

Newman M E J. 2002. Assortative mixing in networks. Physical Review Letters, 89(20): 208701.

Ni Z X, Wang D Z, Xue W J. 2015. Investor sentiment and its nonlinear effect on stock returns-new evidence from the Chinese stock market based on panel quantile regression model. Economic Modelling, 50: 266-274.

Nishimura Y, Sun B. 2018. The intraday volatility spillover index approach and an application in the Brexit vote. Journal of International Financial Markets, Institutions and Money, 55: 241-253.

Nonejad N. 2020. A comprehensive empirical analysis of the predictive impact of the price of crude oil on aggregate equity return volatility. Journal of Commodity Markets, 20: 100121.

Ortu F, Tamoni A, Tebaldi C. 2013. Long-run risk and the persistence of consumption shocks. Review of Financial Studies, 26(11): 2876-2915.

Pan Z, Wang Y, Yang L. 2014. Hedging crude oil using refined product: A regime switching asymmetric DCC approach. Energy Economics, 46: 472-484.

Park J, Ratti R A. 2008. Oil price shocks and stock markets in the U.S. and 13 European countries. Energy Economics, 30(5): 2587-2608.

Pástor Ľ, Veronesi P. 2013. Political uncertainty and risk premia. Journal of Financial Economics, 110(3): 520-545.

Pástor Ľ, Stambaugh R F, Taylor L A. 2021. Sustainable investing in equilibrium. Journal of Financial Economics, 142(2): 550-571.

Pástor Ľ, Veronesi P. 2012. Uncertainty about government policy and stock prices. The Journal of Finance, 67(4): 1219-1264.

Peng Y, Ng W L. 2012. Analysing financial contagion and asymmetric market dependence with volatility indices via copulas. Annals of Finance, 8(1): 49-74.

Pesaran H H, Shin Y. 1998. Generalized impulse response analysis in linear multivariate models. Economics Letters, 58(1): 17-29.

Phillips P C B, Perron P. 1988. Testing for a unit root in time series regression. Biometrika, 75(2): 335-346.

Pilbeam K, Langeland K N. 2015. Forecasting exchange rate volatility: GARCH models versus implied volatility forecasts. International Economics and Economic Policy, 12(1): 127-142.

Ping L, Ziyi Z, Tianna Y, et al. 2018. The relationship among China's fuel oil spot, futures and stock markets. Finance Research Letters, 24: 151-162.

Plante M, Strickler G. 2021. Closer to one great pool? Evidence from structural breaks in oil price differentials. The Energy Journal, 42(2): 1-30.

Prange P. 2021. Does online investor attention drive the co-movement of stock-, commodity-, and energy markets? Insights from Google searches. Energy Economics, 99: 105282.

Reboredo J C, Rivera-Castro M A. 2014. Wavelet-based evidence of the impact of oil prices on stock returns. International Review of Economics & Finance, 29: 145-176.

Reboredo J C. 2011. How do crude oil prices co-move. Energy Economics, 33(5): 948-955.

Ren X, Zhang X, Yan C, et al. 2022. Climate policy uncertainty and firm-level total factor productivity: Evidence from China. Energy Economics, 113: 106209.

Ripple R, Broadstock D. 2019. China's crude oil futures contract: It's characteristics, trading history, and potential for success. 37th USAEE/IAEE North American Conference, Denver.

Rodriguez A E, Williams M D. 1993. Is the World Oil Market "One Great Pool"? A test. Energy Studies Review, 5(2): 121-130.

Rosa C. 2014. The high-frequency response of energy prices to U.S. monetary policy: Understanding the empirical evidence. Energy Economics, 45: 295-303.

Ross S A. 1989. Information and volatility: The no-arbitrage martingale approach to timing and resolution irrelevancy. The Journal of Finance, 44(1): 1-17.

Sadorsky P. 1999. Oil price shocks and stock market activity. Energy Economics, 21: 449-469.

Saeed T, Bouri E, Alsulami H. 2021. Extreme return connectedness and its determinants between clean/green and dirty energy investments. Energy Economics, 96: 105017.

Salisu A, Oloko T. 2015. Modeling oil price-US stock nexus: A VARMA-BEKK-AGARCH approach. Energy Economics, 50: 1-12.

Sardar．N, Sharma S. 2022. Oil prices & stock returns: Modeling the asymmetric effects around the zero lower bound. Energy Economics, 107: 105814.

Serletis A, Xu L B. 2016. Volatility and a century of energy markets dynamics. Energy Economics, 55: 1-9.

Shahzad S J H, Mensi W, Hammoudeh S, et al. 2018. Extreme dependence and risk spillovers between oil and Islamic stock markets. Emerging Markets Review, 34: 42-63.

Shaikh I, Padhi P. 2015. The implied volatility index: Is 'investor fear gauge' or 'forward-looking'. Borsa Istanbul Review, 15(1): 44-52.

Shen H, Liu R, Xiong H, et al. 2021. Economic policy uncertainty and stock price synchronicity: Evidence from China. Pacific-Basin Finance Journal, 65: 101485.

Sheng J, Li J, Yang J, et al. 2023. High-dimensional CoVaR risk spillover network from oil market to global stock markets-lessons from the Kyoto Protocol. Frontiers in Environmental Science, 11: 1103625.

Sim N, Zhou H. 2015. Oil prices, US stock return, and the dependence between their quantiles. Journal of Banking & Finance, 55: 1-8.

Singhal S, Ghosh S. 2016. Returns and volatility linkages between international crude oil price, metal and other stock indices in India: Evidence from VAR-DCC-GARCH models. Resources Policy, 50: 276-288.

Singleton K J. 2014. Investor flows and the 2008 boom/bust in oil prices. Management Science, 60(2): 300-318.

Song C, Li C. 2015. Relationship between Chinese and international crude oil prices: A VEC-TARCH approach. Mathematical Problems in Engineering, 2015: 1-10.

Song Y, Ji Q, Du Y J, et al. 2016. The dynamic dependence of fossil energy, investor sentiment and renewable energy stock markets. Energy Economics, 84: 104564.

Stărică C, Granger C. 2005. Nonstationarities in stock returns. Review of Economics and Statistics, 87(3): 503-522.

Stiassny A. 1996. A spectral decomposition for structural VAR models. Empirical Economics, 21(4): 535-555.

Sun M, Li J, Gao C, et al. 2016. Identifying regime shifts in the US electricity market based on price fluctuations. Applied Energy, 194: 658-666.

Sun X, Li J, Tang L, et al. 2012. Identifying the risk-return tradeoff and exploring the dynamic risk exposure of country portfolio of the FSU's oil economies. Economic Modelling, 29(6): 2494-2503.

Sun X, Chen X, Wang J, et al. 2020. Multi-scale interactions between economic policy uncertainty and oil prices in time-frequency domains. The North American Journal of Economics and Finance, 51: 100854.

Tian M, Alshater M M, Yoon S M. 2022. Dynamic risk spillovers from oil to stock markets: Fresh evidence from GARCH copula quantile regression-based CoVaR model. Energy Economics, 115: 106341.

Tiwari A K, Trabelsi N, Alqahtani F, et al. 2019. Modelling systemic risk and dependence structure between the prices of crude oil and exchange rates in BRICS economies: Evidence using quantile coherency and NGCoVaR approaches. Energy Economics, 81: 1011-1028.

Tiwari A K, Trabelsi N, Alqahtani F, et al. 2020. Systemic risk spillovers between crude oil and stock index returns of G7 economies: Conditional value-at-risk and marginal expected shortfall approaches. Energy Economics, 86: 104646.

Tong D, Zhang Q, Zheng Y, et al. 2019. Committed emissions from existing energy infrastructure jeopardize 1.5℃ climate target. Nature, 572(7769): 373-377.

Toyoshima Y, Hamori S. 2018. Measuring the time-frequency dynamics of return and volatility connectedness in global crude oil markets. Energies, 11(11): 2893.

Tule M K, Ndako U B, Onipede S F. 2017. Oil price shocks and volatility spillovers in the Nigerian sovereign bond market. Review of Financial Economics, 35: 57-65.

Tursoy T, Faisal F. 2018. The impact of gold and crude oil prices on stock market in Turkey: Empirical evidences from ARDL bounds test and combined cointegration. Resources Policy, 55: 49-54.

Venturini A. 2022. Climate change, risk factors and stock returns: A review of the literature. International Review of Financial Analysis, 79: 101934.

Vo M. 2011. Oil and stock market volatility: A multivariate stochastic volatility perspective. Energy Economics, 33(5): 956-965.

Vozlyublennaia N. 2014. Investor attention, index performance, and return predictability. Journal of Banking & Finance, 41: 17-35.

Wang H, Li S. 2021. Asymmetric volatility spillovers between crude oil and China's financial markets. Energy, 233: 121168.

Wang P, Li Y, Liu X. 2023. Asymmetric spillover between economic policy uncertainty and exchange rate volatility: A global network connectedness perspective. PLOS ONE, 18(1): e0279729.

Wang P, Zhang H, Yang C, et al. 2021. Time and frequency dynamics of connectedness and hedging performance in global stock markets: Bitcoin versus conventional hedges. Research in International Business and Finance, 58: 101479.

Wang W, Su C, Duxbury D. 2022. The conditional impact of investor sentiment in global stock markets: A two-channel examination. Journal of Banking & Finance, 138: 106458.

Wang X, Wang Y. 2019. Volatility spillovers between crude oil and Chinese sectoral equity markets: Evidence from a frequency dynamics perspective. Energy Economics, 80: 995-1009.

Wang Y, Wu C. 2013. Efficiency of crude oil futures markets: New evidence from multifractal detrending moving average analysis. Computational Economics, 42(4): 393-414.

Wang Y, Wu C, Yang L. 2013. Oil price shocks and stock market activities: Evidence from oil-importing and oil-exporting countries. Journal of Comparative Economics, 41(4): 1220-1239.

Wang Y, Wu C, Yang L. 2015. Hedging with futures: Does anything beat the naïve hedging strategy. Management Science, 61(12): 2870-2889.

Wang Y, Geng Q, Meng F. 2019. Futures hedging in crude oil markets: A comparison between minimum-variance and minimum-risk frameworks. Energy, 181: 815-826.

Wang Y D, Guo Z Y. 2018. The dynamic spillover between carbon and energy markets: New evidence. Energy, 149: 24-33.

Wasserman S, Galaskiewicz J. 1994. Advances in social network analysis: research in the social and behavioral sciences. Thousand Oaks, California: Sage.

Wei Y, Guo X. 2017. Oil price shocks and China's stock market. Energy, 140: 185-197.

Wei Y, Zhang Y, Wang Y. 2022. Information connectedness of international crude oil futures: Evidence from SC, WTI, and Brent. International Review of Financial Analysis, 81: 102100.

Weiner R J. 1991. Is the world oil market "one great pool". The Energy Journal, 12(3): 95-107.

Wen F, Gong X, Cai S. 2016. Forecasting the volatility of crude oil futures using HAR-type models with structural breaks. Energy Economics, 59: 400-413.

Wen F, Xiao J, Huang C, et al. 2018. Interaction between oil and US dollar exchange rate: Nonlinear causality, time-varying influence and structural breaks in volatility. Applied Economics, 50(3): 319-334.

Wen F, Zhao H, Zhao L, et al. 2022. What drive carbon price dynamics in China. International Review of Financial Analysis, 79: 101999.

Wen X, Bouri E, Cheng H. 2019.The Crude oil-stock market dependence and its determinants: Evidence from emerging economies. Emerging Markets Finance and Trade, 55(10): 2254-2274.

Wen X Q, Wei Y, Huang D S. 2012. Measuring contagion between energy market and stock market during financial crisis: A copula approach . Energy Economics, 34(5): 1435-1446.

Whaley R E. 2000. The investor fear gauge. The Journal of Portfolio Management, 26(3): 12-17.

Wilson N I. 1996. A study of the structure of low fat spreads, water-in-oil emulsions and water-in-oil-in-water emulsions made with food grade materials. Leeds: University of Leeds.

Wu B B. 2021. The dynamics of oil on China's commodity sectors: What can we learn from a quantile perspective. Journal of Commodity Markets, 23: 100158.

Wu F, Ji Q, Ma Y, et al. 2023. Investor sentiments and extreme risk spillovers from oil to stock markets: Evidence from Asian countries. Journal of the Asia Pacific Economy: 1-27.

Wu X, Liu T, Xie H. 2021. Economic policy uncertainty and Chinese stock market volatility: A CARR-MIDAS approach. Complexity, 2021: 4527314.

Xiao J, Chen X, Li Y, et al. 2022. Oil price uncertainty and stock price crash risk: Evidence from China. Energy Economics, 112: 106118.

Xinhua. 2020. China's 2-year-old crude oil futures help hedge risks amid COVID-19. [2021-05-09]. http://www.xinhuanet.com/ english/2020-03/27/c_138922120.htm.

Xu G, Gao W. 2019. Financial risk contagion in stock markets: Causality and measurement aspects. Sustainability, 11(5): 402.

Xu Y, Wang J, Chen Z, et al. 2021. Economic policy uncertainty and stock market returns: New evidence. The North American Journal of Economics and Finance, 58: 101525.

Yang J, Zhou Y. 2020. Return and volatility transmission between China's and international crude oil futures markets: A first look. Journal of Futures Markets, 40(6): 860-884.

Yang J, Yang Z, Zhou Y. 2012. Intraday price discovery and volatility transmission in stock index and stock index futures markets: Evidence from China. Journal of Futures Markets, 32(2): 99-121.

Yang L, Yang L, Ho K C, et al. 2019.Determinants of the long-term correlation between crude oil and stock markets. Energies, 12(21): 4123.

Yang T, Zhou F, Du M, et al. 2023. Fluctuation in the global oil market, stock market volatility, and economic policy uncertainty: A study of the US and China. The Quarterly Review of Economics and Finance, 87: 377-387.

Yang Y, Ma Y R, Hu M, et al. 2021. Extreme risk spillover between Chinese and global crude oil futures. Finance Research Letters, 40: 101743.

Yarovaya L, Brzeszczyński J, Lau C K M. 2016. Intra- and inter-regional return and volatility spillovers across emerging and developed markets: Evidence from stock indices and stock index futures. International Review of Financial Analysis, 43: 96-114.

Ye Z, Hu C, He L, et al. 2020. The dynamic time-frequency relationship between international oil prices and investor sentiment in China: A wavelet coherence analysis. The Energy Journal, 41(5): 251-270.

Yin S, Mazouz K, Benamraoui A, et al. 2018. Stock price reaction to profit warnings: The role of time-varying betas. Review of Quantitative Finance and Accounting, 50(1): 67-93.

You W, Guo Y, Zhu H, et al. 2017. Oil price shocks, economic policy uncertainty and industry stock returns in China: Asymmetric effects with quantile regression. Energy Economics, 68: 1-18.

Yousaf I, Ali S, Naveed M, et al. 2021. Risk and return transmissions from crude oil to Latin American stock markets during the crisis: Portfolio implications. SAGE Open, 11(2): 215824402110138.

Yu H, Du D, Fang L, et al. 2018. Risk contribution of crude oil to industry stock returns. International Review of Economics & Finance, 58: 179-199.

Yu L, Li J, Tang L. 2015. Dynamic volatility spillover effect analysis between carbon market and crude oil market: A DCC-ICSS approach. International Journal of Global Energy Issues, 38(4/5/6): 242.

Zhai P, Wu F, Ji Q, et al. 2022. From fears to recession? Time-frequency risk contagion among stock and credit default swap markets during the COVID pandemic. International Journal of Finance & Economics: 1-30.

Zhang B. 2019. Are Chinese and international oil markets integrated. International Review of Economics & Finance, 62: 41-52.

Zhang B, Wang P. 2014. Return and volatility spillovers between china and world oil markets. Economic Modelling, 42: 413-420.

Zhang D. 2017. Oil shocks and stock markets revisited: Measuring connectedness from a global perspective. Energy Economics, 62: 323-333.

Zhang D, Ji Q. 2018. Further evidence on the debate of oil-gas price decoupling: A long memory approach. Energy Policy, 113: 68-75.

Zhang D, Ji Q, Kutan A M. 2019. Dynamic transmission mechanisms in global crude oil prices: Estimation and implications. Energy, 175: 1181-1193.

Zhang H, Demirer R, Huang J, et al. 2021b. Economic policy uncertainty and gold return dynamics: Evidence from high-frequency data. Resources Policy, 72: 102078.

Zhang W, Gong X, Wang C, et al. 2021a. Predicting stock market volatility based on textual sentiment: A nonlinear analysis. Journal of Forecasting, 40(8): 1479-1500.

Zhang Y J. 2013. Speculative trading and WTI crude oil futures price movement: An empirical analysis. Applied Energy, 107: 394-402.

Zhang Y J, Wei Y M. 2011. The dynamic influence of advanced stock market risk on international crude oil returns: An empirical analysis. Quantitative Finance, 11(7): 967-978.

Zhang Y J, Wang Z Y. 2013. Investigating the price discovery and risk transfer functions in the crude oil and gasoline futures markets: Some empirical evidence. Applied Energy, 104: 220-228.

Zhang Y J, Sun Y F. 2016. The dynamic volatility spillover between European carbon trading market and fossil energy market. Journal of Cleaner Production, 112: 2654-2663.

Zhang Y J, Ma S J. 2019. How to effectively estimate the time-varying risk spillover between crude oil and stock markets? Evidence from the expectile perspective. Energy Economics, 84: 104562.

Zhang Y J, Yan X X. 2020. The impact of US economic policy uncertainty on WTI crude oil returns in different time and frequency domains. International Review of Economics & Finance, 69: 750-768.

Zhang Y J, Ma S J. 2021. Exploring the dynamic price discovery, risk transfer and spillover among INE, WTI and Brent crude oil futures markets: Evidence from the high-frequency data. International Journal of Finance & Economics, 26(2): 2414-2435.

Zhu H, Guo Y, You W, et al. 2016. The heterogeneity dependence between crude oil price changes and industry stock market returns in China: Evidence from a quantile regression approach. Energy Economics, 55: 30-41.

Zhu H, Chen Y, Ren Y, et al. 2022. Time-frequency causality and dependence structure between crude oil, EPU and Chinese industry stock: Evidence from multiscale quantile perspectives. The North American Journal of Economics and Finance, 61: 101698.

Zhu H M, Li R, Li S. 2014. Modelling dynamic dependence between crude oil prices and Asia-Pacific stock market returns. International Review of Economics & Finance, 29: 208-223.

Zhu Z, Ji Q, Sun L, et al. 2020. Oil price shocks, investor sentiment, and asset pricing anomalies in the oil and gas industry. International Review of Financial Analysis, 70: 101516.